Beck-Rechtsberater

Eheverträge

dtv

Beck-Rechtsberater

Eheverträge

Sicherheit für die Zukunft

Von Rechtsanwalt Michael W. Klein,
Mönchengladbach

4. Auflage

Deutscher Taschenbuch Verlag

www.dtv.de
www.beck.de

Originalausgabe

Deutscher Taschenbuch Verlag GmbH & Co. KG,
Friedrichstraße 1a, 80801 München
© 2012. Redaktionelle Verantwortung: Verlag C.H. Beck oHG
Druck und Bindung: Druckerei C.H. Beck, Nördlingen
(Adresse der Druckerei: Wilhelmstraße 9, 80801 München)
Satz: ottomedien, Darmstadt
Umschlaggestaltung: Design Concept Krön, Puchheim
unter Verwendung eines Fotos von GettyImages
ISBN 978-3-423-50719-6 (dtv)
ISBN 978-3-406-61722-5 (C. H. Beck)

Vorwort

Es ist ein zunehmendes Interesse an Eheverträgen festzustellen, was nicht zuletzt darauf zurückzuführen ist, dass immer mehr Ehen geschieden werden. Die Beteiligten möchten sich möglichst vor oder während der Ehe absichern mit einem „vorsorgenden Ehevertrag" oder zumindest im Falle einer Trennung einen „Trennungs- und Ehescheidungsfolgenvertrag" schließen.

Entsprechend hoch ist das Informationsbedürfnis. Dem trägt dieser Ratgeber Rechnung. Der Leser erfährt, was alles vereinbart werden kann und welche wichtigen Aspekte beachtet werden müssen.

Dabei ist die aktuelle Rechtsprechung zur Wirksamkeit von Eheverträgen ebenso berücksichtigt, wie alle Gesetzesänderungen im gesamten Familienrecht.

Zum besseren Verständnis der teils schwierigen juristischen Materie wurde auf eine verständliche Darstellung geachtet. Es gibt viele anschauliche Beispiele. Außerdem werden dem Leser eine Reihe von Musterverträgen an die Hand gegeben.

Der Ratgeber erscheint in vierter, völlig überarbeiteter und erweiterter Auflage. Zuvor erschien der Titel in der Reihe Ratgeber Recht bei der Nomos Verlagsgesellschaft.

Die Neuauflage wurde mit großer Sorgfalt erstellt. Gleichwohl ist eine Haftung des Autors ausgeschlossen. Vor Abschluss eines Ehevertrages ist eine zusätzliche individuelle Beratung stets angeraten.

Mönchengladbach, August 2011 *Michael W. Klein*

Inhaltsübersicht

Vorwort V
Inhaltsverzeichnis IX
Abkürzungsverzeichnis XVII

1. Kapitel
Einleitung 1

2. Kapitel
„Vorsorgender Ehevertrag" 27

3. Kapitel.
Trennungsvereinbarungen und Ehescheidungsfolgenverträge 139

4. Kapitel
Kosten 215

5. Kapitel
Mediation 229

Sachverzeichnis 237

Inhaltsverzeichnis

Vorwort V
Inhaltsübersicht VII
Abkürzungsverzeichnis XVII

1. Kapitel
Einleitung 1

I. Was ist ein Ehevertrag? 1

II. Verschiedene Arten von Verträgen 2
1. Vorsorgende Eheverträge (in glücklichen Zeiten) 2
2. Trennungsvereinbarungen (in der Krise) 4
3. Ehescheidungsfolgenverträge (bei zu erwartender
   Scheidung) 4

III. Wann ist ein Ehevertrag sinnvoll? 6
1. Der vorsorgende Vertrag 6
   a) Konstellation – Doppelverdiener-Ehe 7
   b) Konstellation – Doppelverdiener-Ehe mit Kindern 7
   c) Konstellation – Kurze Ehedauer 8
   d) Konstellation – Vermögende Ehegatten 8
   e) Konstellation – Unternehmer und Freiberufler 9
   f) Konstellation – Der verschuldete Partner 10
   g) Konstellation – Wiederverheiratete ältere Eheleute ... 10
   h) Konstellation – Ehepartner mit großem Alters- und
      Vermögensunterschied 12
   i) Konstellation – Ehe mit Ausländern 12
   j) Inhaltsübersicht der Regelungsmöglichkeiten beim
      vorsorgenden Ehevertrag 13
2. Der Trennungs- und Ehescheidungsfolgenvertrag 13
   a) Vorteil eines Vertrages 14
   b) Inhaltsübersicht beim Trennungs- und Ehescheidungs-
      folgenvertrag 15

IV. Formale Aspekte bei Eheverträgen ... 15
1. Zeitpunkt ... 15
2. In welcher Form wird ein Ehevertrag geschlossen? ... 16
   a) Notarielle Beurkundung ... 16
   b) Persönliche Anwesenheit im Notartermin ... 17
   c) Eintragung Güterrechtsregister ... 18
3. Präambel eines Vertrages ... 18
4. Abänderung/Aufhebung von Eheverträgen ... 19
   a) Gemeinschaftliche Aufhebung ... 19
   b) Einseitige Aufhebung ... 19

V. Grenzen der Vertragsfreiheit ... 19
1. Zwingende gesetzliche Bestimmungen ... 19
2. Anfechtung von Verträgen ... 20
3. Unwirksame Eheverträge ... 20

2. Kapitel
„Vorsorgender Ehevertrag" ... 27

I. Vertragliche Abänderungen allgemeiner Wirkungen der Ehe ... 27
1. Namenswahl ... 27
2. Rollenverteilung ... 29

II. Zum Vermögen – Güterstandsregelungen ... 30
1. Gütertrennung ... 39
   a) Kein Zugewinnausgleich ... 39
   b) Alleiniges Verfügungsrecht über Vermögen ... 39
   c) Verfügungsfreiheit über Haushaltsgegenstände ... 40
   d) Keine Erhöhung des Ehegattenerbrechts / andere -erbquote ... 40
   e) Höhere Erbschaftssteuer ... 41
2. Modifizierte Zugewinngemeinschaft ... 42
   a) Wegfall des Zugewinnausgleiches bei Scheidung ... 43
   b) „Kurze Ehedauer" ... 46
   c) Geburt eines Kindes ... 47
   d) Herausnahme von Erbschaften ... 47
   e) Herausnahme von einzelnen Vermögensgegenständen .. 48

    f) Festlegung von Werten / Bewertungskriterien 49
    g) Vereinbarung eines Ausgleichs in Sachwerten 50
    h) Änderung der Ausgleichsquote 50
    i) Festlegung des Anfangsvermögens 51
    j) Begrenzung des Endvermögens 53
    k) Rückabwicklung „ehebedingter Zuwendungen" 54
    l) Aufhebung der Verfügungsbeschränkung 58
  3. Güterstand der „Gütergemeinschaft" 59
    a) Wesen der Gütergemeinschaft 59
    b) Auseinandersetzung 63
    c) Fortgesetzte Gütergemeinschaft 63
    d) Steuerliche Aspekte 64

III. Vereinbarungen zum Versorgungsausgleich 65
  1. Formerfordernis 70
  2. Welche Abänderungen des gesetzlichen Versorgungsausgleiches sind möglich? 70
    a) Genereller Ausschluss 70
    b) Teilweiser Ausschluss 73
    c) Ausschluss gegen Äquivalent 75
    d) Rücktrittsrechte / Bedingungen 76

IV. Vereinbarungen zum Unterhalt 76
  1. Beim „Familienunterhalt" 76
    a) Bei der Doppelverdiener-Ehe 77
    b) Bei der Hausfrauen-Ehe 77
    c) Bei der Zuverdiener-Ehe 77
  2. Trennungsunterhalt (bis zu einer Scheidung) 78
  3. Nachehelicher Unterhalt 78
    a) Unterhaltsansprüche nach dem Gesetz 79
    b) welche Regelungen sind möglich? 83

V. Hausrat/Möbel 90
  1. Abänderung der Verfügungsbeschränkung des § 1369 BGB . 90
  2. Abbedingung § 1370 BGB (Ersatzbeschaffung) 91
  3. Eigentumsschutz nach außen (bei verschuldetem -Partner) 91
    a) Wie ist die Lage nach dem Gesetz? 91
    b) Möglichkeiten durch Ehevertrag 93

4. Eigentumsregelung für den Fall des Auseinandergehens der Eheleute 95

VI. Regelungen zur Ehewohnung 95
1. Bei Mietwohnungen 97
2. Bei Eigentum 99
   a) Bei gemeinschaftlichen Eigentum 99
   b) Bei Alleineigentum eines Ehegatten 100

VII. Verbindung mit Erbvertrag 100
1. Form 105
2. Kosten 105
3. Wann macht ein Erbvertrag Sinn? 105
   a) Bei Gütertrennung 105
   b) Bei Zugewinngemeinschaft 107
   c) Wiederverheiratung älterer Ehepaare 110
4. Weitere Gesichtspunkte einer erbrechtlichen Regelung 110
   a) Testamentsvollstrecker 110
   b) Pflichtteilsverzicht 111
   c) Wiederverheiratungsklausel 112
   d) Strafklausel 113
   e) Bindungswirkung 113
5. Wie lange gilt ein Erbvertrag? 113

VIII. Ehen mit Auslandsberührung 114
1. Welches Recht gilt? 114
2. Möglichkeiten einer Rechtswahl 116
3. Übersetzung 117

IX. Musterbeispiele vorsorgende Eheverträge 118
1. Muster – Gütertrennung 118
2. Muster – „Doppelverdiener-Ehe" 119
3. Muster – „Doppelverdiener-Ehe mit Kinderplanung" 121
4. Muster – „Kurze Ehedauer" 124
5. Muster – Vermögende Ehegatten 125
6. Muster – Ehevertrag eines Unternehmers / Selbstständigen . 127
7. Muster – Ehevertrag mit einem verschuldeten Partner 130
8. Muster – Ehevertrag älterer Eheleute 133

9. Muster – Vermögensübertragung mit Widerrufsklausel 135
10. Muster – Ehevertrag mit einem Ausländer 137

3. Kapitel
Trennungsvereinbarungen und Ehescheidungsfolgenverträge 139

I. Vereinbarungen zum Vermögen 139
1. Formelle Gesichtspunkte 139
   a) Notarielle Beurkundung 139
   b) Anwaltliche Beratung 140
   c) Protokollierung eines Vergleichs im gerichtlichen
      -Verfahren 141
2. Vereinbarung eines anderen Güterstandes 142
   a) Gütertrennung 142
   b) Vermögensausgleich 142
   c) Einvernehmliche Abwicklung des Vermögensstatus 143

II. Versorgungsausgleich 151
1. Formelle Aspekte 151
2. Inhaltliche Regelungen 151
3. Steuerliche Aspekte 151

III. Unterhalt 152
1. Formelle Aspekte 152
2. Inhaltliche Regelung zum Ehegattenunterhalt 152
   a) Wie regelt das Gesetz den Unterhalt während einer
      Trennung (bis zur Scheidung)? 152
   b) Regelungen im Trennungsvertrag 156
   c) Vereinbarungen über den nachehelichen Unterhalt 159
   d) Inflationsindex 163
   e) Krankenvorsorgeunterhalt 164
   f) Altersvorsorgeunterhalt 165
   g) Vollstreckbarkeit 165
   h) Unterhalt nur bis zum Tod des Verpflichteten 166
   i) Steuerliche Absetzbarkeit 167
3. Kindesunterhalt 168
   a) Barunterhalt / Betreuungsunterhalt 168

    b) Tabellenunterhalt nach Düsseldorfer Tabelle 169
    c) Kindergeld 169
    d) Höhe des zu zahlenden Kindesunterhaltes 170
    e) Grundlagen 173
    f) Vollstreckbarkeit 174
    g) Kein Verzicht auf Kindesunterhalt 174
    h) Freistellung 174
    i) Zeitliche Begrenzung des Kindesunterhaltes 174
    j) Volljährigenunterhalt 175
    k) Jugendamtsurkunde 177

IV. Hausrat/Möbel 177
1. Formelle Aspekte 177
2. Inhaltliche Regelungen 178

V. Ehewohnung 180
1. Formelle Aspekte 180
2. Inhaltliche Regelungen 180

VI. Erb- und Pflichtteilsverzicht 180

VII. Elterliche Sorge 181
1. Formelle Aspekte 181
2. Inhaltliche Regelung 182
    a) Gemeinsame elterliche Sorge 182
    b) Getrennte elterliche Sorge 182

VIII. Umgangsregelung 183
1. Unbestimmte Regelung 183
2. Konkrete Regelung 183

IX. Muster von Trennungs- und Ehescheidungsfolgenvereinbarungen 184
1. Muster – vorläufige Trennungsvereinbarung 184
2. Muster – endgültige Trennungsvereinbarung 187
3. Muster – Trennungs- und Scheidungsvereinbarung zum Unterhalt 192
4. Muster – Kurze Ehe ohne Kinder 195

5. Muster – Eheleute mit eigenem Einkommen und eigener Altersvorsorge 198
6. Muster – Einverdiener-Ehe mit Kindern 201
7. Muster – Vermögende Ehegatten 207

4. Kapitel
Kosten 215

I. Wie hoch sind die Kosten beim Notar? 215
1. Geschäftswert 215
2. Berechnung der Gebühren 217

II. Wie hoch sind die Kosten beim Rechtsanwalt? 220
1. Gebührenordnung 220
   a) Gegenstandswert 220
   b) Umfang der Tätigkeit 221
2. Vergütungsvereinbarung 225

III. Wer trägt die Kosten? 226
1. Bei Errichtung eines „vorsorgenden Ehevertrages" 226
2. Beim „Trennungs- und Ehescheidungsfolgenvertrag" 227
3. Steuerliche Abzugsfähigkeit 228

5. Kapitel
Mediation 229

I. Was ist Mediation? 229

II. In welchem Verhältnis steht Mediation zum Ehevertrag? .. 229

III. Wie ist der Ablauf einer Mediation? 230
1. Elemente des Mediationsverfahrens 230
2. Ziele der Mediation 231
3. Mediationsvertrag 232
4. Anwaltliche Begleitung 234

IV. Was kostet Mediation? 234

Sachverzeichnis 237

Abkürzungsverzeichnis

Abs.	Absatz
BGB	Bürgerliches Gesetzbuch
BGH	Bundesgerichtshof
BVerfG	Bundesverfassungsgericht
bzw.	beziehungsweise
d. h.	das heißt
EGBGB	Einführungsgesetz zum Bürgerlichen Gesetzbuch
ErbStG	Erbschaftsteuergesetz
EStG	Einkommensteuergesetz
etc.	et cetera
evtl.	eventuell
FamFG	Gesetz über das Verfahren in Familiensachen und in den Angelegenheiten der freiwilligen Gerichtsbarkeit
KostO	Kostenordnung
Nr.	Nummer
RVG	Rechtsanwaltsvergütungsgesetz
u. a.	unter anderem, und andere
VersAusglG	Versorgungsausgleichsgesetz
vgl.	vergleiche
z. B.	zum Beispiel
Ziff.	Ziffer
ZPO	Zivilprozessordnung

1. Kapitel

Einleitung

I. Was ist ein Ehevertrag?

Unter einem Ehevertrag versteht man eine Vereinbarung, mit der Eheleute ihre rechtliche Beziehung zueinander regeln.

Wer heiratet, geht nicht nur eine Liebesbeziehung ein, vielmehr wird durch die Eheschließung auch eine Rechtsbeziehung begründet. Die gesetzlichen Konsequenzen sind weitreichender als viele ahnen. Diese ergeben sich aus den Gesetzen, insbesondere dem Bürgerlichen Gesetzbuch, dem BGB. Das BGB gilt automatisch für jede Ehe, wenn nichts anderes vereinbart wird.

Das Gesetz führt nicht immer zu einer ausgewogenen und gerechten Lösung. In manchen Fällen kann es zu unbilligen und als ungerecht empfundenen Ergebnissen führen.

Mittels eines Ehevertrages kann die Gesetzeslage abgeändert werden. Bestimmte gesetzliche Regelungen können außer Kraft gesetzt werden. Eheleute können die Rechtsgrundlage ihrer Ehe größtenteils selbst festlegen. Sie bestimmen mit dem Vertrag, was für sie individuell rechtlich gelten soll. Dies gilt nicht nur für die Zeit des glücklichen Zusammenlebens, sondern auch – und insbesondere – für den Fall ihres Auseinandergehens.

Nach der gesetzlichen Definition kann man mit einem Ehevertrag die „güterrechtlichen Verhältnisse" regeln (§ 1408 Abs. 1 BGB). Gemeint sind die Vermögensverhältnisse. Darin erschöpft sich aber letztlich nicht der Ehevertrag. Es ist allgemein anerkannt, dass auch über die Regelung des Vermögens hinaus weitere Dinge geregelt werden können, z. B. der Versorgungsausgleich (Altersrentenausgleich) und nicht zu vergessen der Unterhalt. Absprachen können auch bezüglich Hausrat und Möbel getroffen werden sowie zur Nutzung einer Ehewohnung nach einer Trennung. Es gibt viele Regelungsmöglichkeiten, auf die im Folgenden noch näher eingegangen wird. Sofern die Eheleute darüber Vereinbarungen treffen wollen, so nennt man dies einen „Ehevertrag". Dabei bestimmen die Eheleute selbst, wie umfangreich der Vertrag sein soll, also was alles geregelt werden soll, ob nur der Unterhalt oder auch das Vermögen oder zusätzlich noch der Versorgungsausgleich.

II. Verschiedene Arten von Verträgen

Man muss Eheverträge nicht nur nach deren Inhalt unterscheiden, sondern auch hinsichtlich des Zeitpunktes, zu dem sie geschlossen werden. Entsprechend gibt es

- vorsorgende Eheverträge
- Trennungsvereinbarungen
- Ehescheidungsfolgenverträge.

Im Einzelnen:

1. Vorsorgende Eheverträge (in glücklichen Zeiten)

Darunter versteht man solche Verträge, die zu einem frühen Zeitpunkt geschlossen werden, wenn sich beide Seiten in glücklicher Partnerschaft befinden, etwa vor der Eheschließung. Das ist der klassische Zeitpunkt. Bevor man heiratet, wird der Vertrag geschlossen. Möglich ist ein Vertragsschluss aber auch später nach der Heirat. Jedenfalls aus einer funktionierenden Partnerschaft heraus möchten Verlobte oder Eheleute für ihr eheliches Zusammenleben bzw. meistens für den Fall des Auseinandergehens ihrer Beziehung Vereinbarungen treffen. Für den „Fall der Fälle" wird vorgesorgt. Beide Partner hoffen auf den Bestand der Ehe. Sollte sich diese

Hoffnung aber nicht erfüllen, geht man ohne Streit auseinander, weil alles schon vertraglich geregelt ist.

Ist ein vorsorgender Ehevertrag unromantisch?

Viele Paare würden die Frage spontan mit „Ja" beantworten. Wenn man sich liebt, denkt man doch nicht an Regelungen für ein Auseinandergehen. Man zieht ein Auseinandergehen gar nicht in Erwägung. Man schwebt auf „Wolke 7", ist glücklich und möchte heiraten oder ist bereits glücklich verheiratet, und zwar fürs Leben. Wird man beim Standesbeamten nicht gefragt, ob man verheiratet sein wolle „bis der Tod Euch scheidet"? Diese Frage wird auch regelmäßig mit „Ja" beantwortet!

Die Realität sieht anders aus. Mehr als jede dritte Ehe wird geschieden, Tendenz steigend. Es ist eine allgemein zu beobachtende Entwicklung in unserer Gesellschaft, dass der Ehebund oft vorzeitig aufgelöst wird. Dies mag auch mit einem allgemeinen Werteverfall zu tun haben. Wo auch immer die Ursachen liegen, es ist schlicht eine Tatsache, dass viele Ehen nicht auf Lebenszeit halten, obwohl beide Eheleute dies zu Beginn ernsthaft wollten.

Ist ein Ehevertrag nun unromantisch?

Die Antwort ist also „Nein".

Wer sich liebt, der einigt sich.

Wenn sich Paare in glücklichen Tagen zusammensetzen und darüber nachdenken, was gelten soll, wenn sie einmal auseinander gehen, so sind dies regelmäßig ausgewogene und gerechte Lösungen. Man ist objektiv. Man will niemanden übervorteilen. Man hat nur das Ziel, dann mit Anstand und ohne Streit auseinander zu gehen. Nach dem Empfinden der Beteiligten soll es dann gerecht zugehen. Wenn man glücklich zusammen ist, lässt sich eine solche Lösung leicht finden.

Die Erfahrung zeigt zudem, dass Ehen mit „vorsorgendem" Ehevertrag dauerhafter sind. Solche Ehen halten länger. Der Grund mag auch darin liegen, dass Eheleute, die in der Lage sind, zu Beginn ihrer Ehe gemeinsam Konfliktlösungen zu erarbeiten, viel Verantwortungsbewusstsein besitzen. Jedenfalls kann man sagen, dass der Abschluss eines Ehevertrages für den Bestand der Ehe förderlich ist.

2. Trennungsvereinbarungen (in der Krise)

Die Ausgangslage eines vorsorgenden Ehevertrages sind zwei glückliche Partner. Aus dieser Situation heraus wollen sie Vereinbarungen für den Eventualfall treffen, von dem sie hoffen, dass er nicht eintritt.

Demgegenüber ist Ausgangspunkt einer Trennungsvereinbarung oder eines Ehescheidungsfolgenvertrages (vgl. Ziff. 3.) eine zerbrochene Beziehung. Das Paar will sich trennen oder lebt bereits getrennt. Vor dem Scherbenhaufen ihrer Beziehung stehend, suchen sie eine konkrete Auseinandersetzung in Form eines Vertrages.

Eine reine Trennungsvereinbarung ist aber eher selten. Sie kommt in Betracht, wenn beide Partner „nur" getrennt leben wollen. Oder wenn man sich vorläufig einigen will. Eine Scheidung oder eine Regelung über eine Scheidung hinaus wollen sie – noch – nicht.

Für die reine Trennungszeit können verschiedene Dinge geregelt werden, z. B. der Unterhalt. Man vereinbart bestimmte Beträge für die Trennungszeit, sowohl hinsichtlich Ehegatten- als auch Kindesunterhalt. Es kann auch geregelt werden, welcher Ehegatte die Kredite und Verbindlichkeiten weiter zahlt und ob später noch ein Ausgleich zu zahlen ist. Regeln kann man auch die Nutzung des gemeinschaftlichen Hauses/der Wohnung, wer dort weiter wohnen kann und wie die Kosten verteilt werden etc.

Stets beschränkt sich die Trennungsvereinbarung aber – wie der Name schon sagt – auf die reine Trennungszeit, also maximal bis zum Zeitpunkt der Scheidung.

3. Ehescheidungsfolgenverträge (bei zu erwartender Scheidung)

Sollte sich bereits eine Scheidung abzeichnen, wie meist in Trennungssituationen, ist eine umfassendere und weit reichende Regelung notwendig, zumindest sinnvoll. Die Folgen einer Ehescheidung werden mitgeregelt. Die Eheleute schauen also schon weiter in die

II. Verschiedene Arten von Verträgen

Zukunft als dies bei der reinen Trennungsvereinbarung der Fall ist. Der Ehescheidungsfolgenvertrag kann alles für die Zeit nach der Scheidung regeln.

Dies betrifft vor allem die Vermögensregelung. Leben Eheleute im gesetzlichen Güterstand der Zugewinngemeinschaft, errechnet man den Zugewinnausgleich und legt diesen im Vertrag fest. Ist gemeinschaftliches Grundvermögen vorhanden, etwa ein Haus, einigt man sich, was damit geschieht, z. B. Übernahme der Haushälfte durch einen Partner. Es erfolgt also eine endgültige Verteilung des Vermögens.

Im Ehescheidungsfolgenvertrag wird meist auch der Unterhalt für die Zeit nach der Scheidung geregelt. Praktisch kann darin alles geregelt werden, was den Eheleuten für ihr endgültiges Auseinandergehen wichtig ist.

Inhaltlich kann es Überschneidungen geben zu einer Trennungsvereinbarung. Häufig werden auch Trennungs- und Ehescheidungsfolgenverträge kombiniert, sodass dann sowohl für die Trennungszeit wie auch für die Zeit nach einer Scheidung Regelungen getroffen werden.

Insgesamt kann mittels eines Ehescheidungsfolgenvertrages eine allumfassende Einigung vereinbart werden, sodass sich weitere Auseinandersetzungen erübrigen.

> **Hinweis:**
>
> Schließen Sie nie einen Ehevertrag, ohne vorherige anwaltliche Beratung. Im Ehevertrag werden Weichen gestellt, die in der Regel nicht mehr zurückgestellt werden können. Ohne vorherige fachkundige anwaltliche Beratung droht häufig großer Schaden.

III. Wann ist ein Ehevertrag sinnvoll?

1. Der vorsorgende Vertrag

> **Hinweis:**
>
> Es gibt eine Vielzahl von Ehen, bei denen ein Ehevertrag von Vorteil ist, mitunter wichtig ist oder auch dringend zu empfehlen ist.

Für welche ehelichen Konstellationen gilt dies?

Bevor man die Frage beantwortet, muss man sich klar machen, was das Gesetz regeln will, welche Zielsetzung der Gesetzgeber verfolgte. Der Gesetzgeber hatte bei Schaffung des Eherechtes eine Ehe vor Augen, in der **ein** Ehepartner erwerbstätig war, **der andere** den Haushalt führte und die aus der Ehe hervorgehenden Kinder versorgte, also die klassische Hausfrauen-Ehe. Der Gesetzgeber wollte denjenigen Ehegatten, der sich der Kinderbetreuung widmete, kein Einkommen erzielte, kein Vermögen bilden konnte und keine eigene Altersversorgung betreiben konnte, schützen. Aus der Schutzfunktion heraus sollten sich verschiedene Ansprüche für den wirtschaftlich schwächeren Partner ergeben. Er soll im Fall des Scheiterns der Ehe möglichst hälftig an allem beteiligt werden. So soll ihm ein Unterhaltsanspruch zustehen in Höhe der Hälfte des Mehrverdienstes. Ihm sollen die Hälfte der in der Ehe erwirtschafteten Rentenanwartschaften übertragen werden. Er soll die Hälfte des in der Ehe erwirtschafteten Vermögens erhalten. Der Gesetzgeber hatte insoweit eine Art „Standard-Ehe-Typ" vor Augen.

In der Realität gibt es dagegen eine Fülle ehelicher Konstellationen, die von der gesetzgeberischen Vorstellung abweichen. Eheleute leben ihre Ehe heutzutage ganz unterschiedlich. Dies gilt sowohl für die Frage der Erwerbstätigkeit der Eheleute, wie für die Frage der Rollenverteilung. Aber auch aufgrund sonstiger Umstände ergeben sich in der Realität eheliche Konstellationen, die von dem Ehe-Typ abweichen, den sich der Gesetzgeber ursprünglich vorstellte. Denken Sie etwa an folgende Situationen:

a) Konstellation – Doppelverdiener-Ehe

> **BEISPIEL:** Beide Eheleute sind erwerbstätig und verdienen eigenes Geld. Sie wollen auch nach der Heirat ihre Jobs behalten. Sie haben keinen Kinderwunsch. Die Eheleute teilen sich die anfallenden Kosten. Jeder Ehegatte begründet eigene Rentenanwartschaften für das Alter. Beide können Vermögen bilden.

Sollte eine solche Ehe scheitern und geschieden werden, ist nicht unbedingt nahe liegend – wie das Gesetz es vorsehen kann – einem Ehegatten einen Unterhaltsanspruch zuzubilligen, möglicherweise über mehrere Jahre, wenn der Verdienst unterschiedlich ist. Ein solcher Unterhaltsanspruch kann geradezu als ungerecht empfunden werden. Hier liegt es nahe, eine zeitliche und/oder höhenmäßige Begrenzung des nachehelichen Unterhaltes zu vereinbaren oder den Unterhalt ganz auszuschließen. Auch hinsichtlich des Versorgungsausgleiches ist es – wie es das Gesetz vorsieht – nicht unbedingt nahe liegend, die in der Ehe erworbenen Anwartschaften für beide Eheleute jeweils auf den Cent auszurechnen und den Unterschiedsbetrag hälftig aufzuteilen. Gleiches gilt für das in der Ehe erwirtschaftete Vermögen. Es bietet sich an, eine dahingehende Vereinbarung zu treffen, dass jeder die in der Ehe erworbenen Rentenanwartschaften behält, ebenso sein Vermögen und etwaige Unterschiedsbeträge nicht auszugleichen sind, denn beide Ehegatten haben durch die Scheidung „ehebedingte Nachteile" nicht erlitten.

b) Konstellation – Doppelverdiener-Ehe mit Kindern

> **BEISPIEL:** Beide Eheleute sind die ersten Jahre erwerbstätig. In der Zeit teilen sie sich die Kosten. In der Zeit erwerben sie eigene Rentenanwartschaften und bilden Vermögen. Später geht der Kinderwunsch in Erfüllung und ein Ehepartner, zumeist die Mutter, gibt die Erwerbstätigkeit auf und kümmert sich dann ausschließlich um Haushalt und Kinderbetreuung. Ab dem Zeitpunkt ist ihr die Begründung eigener Rentenanwartschaften, abgesehen von Kindererziehungszeiten, unmöglich, ebenso weitere Vermögensbildung.

In einem solchen Fall kann es sich empfehlen, den gesetzlichen Versorgungsausgleich teilweise auszuschließen für die Zeit der beiderseitigen Berufstätigkeit und nur stattfinden zu lassen ab dem Zeitpunkt der Geburt des gemeinschaftlichen Kindes. Was den Unterhalt anbetrifft, könnten die Eheleute in einem Vertrag vereinbaren, dass der Verzicht auf nachehelichen Unterhalt dann nicht gilt, wenn aus der Ehe gemeinschaftliche Kinder hervorgehen und aufgrund der notwendigen Kindesbetreuung einem Ehegatten eine Erwerbstätigkeit nicht möglich ist. Ein Unterhaltsanspruch kann also von einer Bedingung – z. B. notwendiger Kinderbetreuung – abhängig gemacht werden. Gleiches gilt für den Vermögensausgleich. Dieser könnte an die Bedingung geknüpft werden, dass Kinder aus der Ehe hervorgehen, infolgedessen ein Partner kein eigenes Vermögen erwirtschaften kann.

c) Konstellation – Kurze Ehedauer

BEISPIEL: Beide Eheleute sind erwerbstätig. Aus der Ehe gehen keine Kinder hervor. Nach kurzer Zeit scheitert die Ehe und es kommt zur Trennung. Die Ehe wird schon nach etwa drei Jahren geschieden.

In einem solchen Fall muss einem Ehegatten kein nachehelicher Unterhaltsanspruch zustehen, auch wenn die Einkünfte in der Ehe unterschiedlich waren. Denn letztlich stehen beide „auf eigenen Beinen". Jeder Ehegatte kann für sich selbst sorgen. Hier könnte ehevertraglich vereinbart werden, dass ein Unterhaltsanspruch ausgeschlossen ist, wenn die Ehe weniger als fünf Jahre dauert. Ebenso könnte man an einen Ausschluss des Versorgungsausgleiches oder des Vermögensausgleiches denken, wenn die Ehe weniger als 5 Jahre dauert. Ansprüche der Ehegatten könnten also an eine Mindestdauer der Ehe geknüpft werden.

d) Konstellation – Vermögende Ehegatten

BEISPIEL: Die Ehefrau hat schon zum Zeitpunkt der Hochzeit ein größeres Vermögen, etwa ein unbebautes Grundstück.

Nach dem Gesetz stehen zwar dem betreffenden Ehegatten die Vermögenswerte alleine zu, sie sind nicht ausgleichspflichtig, weil sie zur Hochzeit schon vorhanden waren, unterfallen insbesondere in Höhe ihres damaligen Wertes nicht dem Zugewinnausgleich. Allerdings sind im Scheidungsfalle etwaige Wertsteigerungen ausgleichspflichtig. Wertsteigerungen können bisweilen erheblich sein, was an folgendem Beispiel deutlich wird:

> **BEISPIEL:** Das unbebaute Grundstück der Ehefrau war zu Beginn der Ehe Ackerland und hatte einen Wert von 100.000 €. Während der Ehe wird es zu Bauland und hat danach einen Wert von 1.500.000 €.

Dieser Wertzuwachs wäre nach dem Gesetz ausgleichspflichtig, obwohl er an sich nichts mit der eigentlichen Ehe zu tun hatte. Mit welchem Recht sollte ein geschiedener Ehegatte an der Wertsteigerung teilhaben?

Solche Vermögenswerte können aus dem Zugewinnausgleich gänzlich ausgeklammert werden, sodass auch der Zuwachs nicht auszugleichen ist. Solches Vermögen bleibt dann einschließlich etwaiger Wertsteigerungen voll dem einen Ehegatten erhalten.

e) Konstellation – Unternehmer und Freiberufler

> **BEISPIEL:** Der Ehemann ist Schreiner und hat kurz vor der Hochzeit eine kleine Schreinerei übernommen. Er hat Pläne, die Firma zu erweitern, will weitere Mitarbeiter einstellen und noch einen anderen Betrieb übernehmen.

Sollte die Ehe nach Jahren scheitern, wird der Wert des Unternehmens festzustellen sein und ist in die Vermögensauseinandersetzung einzubeziehen. Dem anderen Ehegatten steht ein Ausgleichsanspruch in Höhe der Hälfte des Wertzuwachses zu. Er hat einen Geldanspruch. Die Durchführung des Zugewinnausgleiches kann dem Unternehmer die Existenz kosten, wenn er zur Begleichung des Zugewinnausgleichsanspruches sein Unternehmen/seine Praxis verkaufen muss.

Um dies zu verhindern, ist ein Ehevertrag notwendig. So kann im Vorfeld z. B. vereinbart werden, wie das Unternehmen zu bewerten ist, um einen späteren Streit allein über den Wert zu vermeiden. Oder aber man kann festlegen, dass gar kein Geldausgleich stattfindet oder ein geringerer als das Gesetz es vorsieht. Oder man vereinbart, dass stattdessen eines Barbetrages ein Äquivalent gegeben wird. Oder man vereinbart zumindest Zahlungsmodalitäten, sodass der Unternehmer-Ehegatte nicht sein Lebenswerk verkaufen muss, um den anderen auszugleichen. Wie man sieht, gibt es eine Vielzahl von Varianten, die in einem vorsorgenden Ehevertrag vereinbart werden können.

f) Konstellation – Der verschuldete Partner

Bei Eheschließung hat ein Ehepartner hohe Verbindlichkeiten. Er geht also mit Schulden in die Ehe. Diese werden während der Ehe getilgt. Für beide Ehepartner bedeutet dies Einbußen im Lebensstandard; evtl. kommt es dadurch auch zu einer mangelnden Vermögensbildung beim anderen Ehepartner. Wenn dann die Ehe scheitert und der ursprünglich verschuldete Ehegatte seine Vermögenssituation während der Ehe durch Schuldentilgung verbessert hat, muss er zwar – nach dem neuen seit 1. 9. 2009 geltenden Gesetz – einen Ausgleich zahlen, da nun auch Schuldentilgung in der Ehe einen Zugewinn darstellt (es wurde das sog. „negative Anfangsvermögen" eingeführt). Jedoch kann es im Scheidungsfall schwierig sein, die Höhe des früheren Schuldenstandes zu beweisen. Deshalb empfiehlt es sich durchaus, das negative Anfangsvermögen im Ehevertrag zu dokumentieren.

g) Konstellation – Wiederverheiratete ältere Eheleute

> **BEISPIEL:** Nehmen Sie an, zwei Menschen heiraten in fortgeschrittenem Alter. Jeder von ihnen war bereits verheiratet. Beide sind wirtschaftlich unabhängig und verfügen über eigenes Einkommen. Auf die Versorgung des anderen Partners kommt es ihnen letztlich nicht mehr an.

Nach dem Gesetz gilt für sie aber das Unterhaltsrecht wie für jeden anderen Ehegatten auch, ebenso gelten die Regelungen zum Vermögensausgleich. D. h. nach dem Gesetz würde im Scheidungsfall exakt ausgerechnet, wer dem anderen wie viel Unterhalt und wie viel Vermögensausgleich zu zahlen hat. Das werden die Beteiligten vielleicht nicht wollen.

Derartige Folgewirkungen können sie deshalb für den Fall einer Ehescheidung einvernehmlich ausschließen. In Betracht kommt hier ein wechselseitiger Unterhaltsverzicht wie auch ein Ausschluss des Zugewinnausgleiches für den Fall der Scheidung.

Sollte hinzukommen, dass die Eheleute jeweils eigene Kinder aus früheren Verbindungen mitbringen, so würde beim Tode eines Ehegatten nach dem – gesetzlichen – Erbrecht das Vermögen zwischen dem überlebenden Ehegatten und den Kindern aufgeteilt werden. Dem überlebenden Ehegatten stünde sogar ein Pflichtteil zu, wenn die Kinder kraft Testament alleine erben würden. Dies wird häufig nicht gewollt sein.

BEISPIEL: Frau Müller ist Witwe und hat aus erster Ehe die Kinder Max und Moritz. Sie heiratet Herrn Schmitz, der geschieden ist und die Töchter Susanne und Silke hat. Sowohl Frau Müller als auch Herr Schmitz, machen ein Testament, indem sie für den Fall ihres Todes verfügen, dass jeweils nur ihre Kinder erben. – Nach fünf Jahren Ehe stirbt Frau Müller. Sie hatte ein Vermögen von 100.000 €. Ihre Söhne Max und Moritz werden Alleinerben und erben je 50.000 €. Jedoch hat der Ehemann ein gesetzliches Erbrecht, das hier zwar durch die testamentarische Verfügung der Ehefrau zugunsten deren Söhne entfallen ist. Jedoch löst die „Enterbung" ein Pflichtteilsrecht des Ehemannes aus. Das Pflichtteil besteht in Höhe der Hälfte des gesetzlichen Erbrechts. Hier beträgt es 25.000 €. Die Söhne Max und Moritz müssen also von ihrem Erbe 25.000 € an Herrn Schmitz zahlen.

Hinweis:

Es empfiehlt sich neben dem Ehevertrag der Abschluss eines Erbvertrages bzw. die Vereinbarung eines Erbverzichtes und Pflichtteilsrechtverzichtes zwischen den Eheleuten. Damit kann erreicht werden, dass jeweils nur die Kinder des betreffenden Ehegatten erben.

1. KAPITEL Einleitung

h) Konstellation – Ehepartner mit großem Alters- und Vermögensunterschied

BEISPIEL: Nehmen Sie an, der 50-jährige Zahnarzt heiratet seine 25-jährige Sprechstundenhilfe. Hier besteht nicht nur ein erheblicher Altersunterschied, sondern auch ein Einkommens- und Vermögensunterschied. Nach einigen Jahren geht die Beziehung auseinander. Der Ehefrau kann ein hoher Unterhaltsanspruch zustehen, da sich – nach dem Gesetz – der Unterhalt nach den „eheprägenden" Verhältnissen orientiert, die hier üppig waren. Ihr kann deshalb monatlich eine stattliche Summe zustehen, damit sie ihren Bedarf, den sie in der Ehe hatte, auch nach der Scheidung abdecken kann. Ein solcher Unterhaltsanspruch kann dauerhaft über viele Jahre bestehen.

Dies dürfte nicht immer als gerecht empfunden werden.

Abhilfe schafft ein Vertrag, mit dem der Unterhalt der Höhe und/oder der Dauer nach begrenzt wird. Oder es wird vereinbart, dass sich ein Unterhaltsanspruch nicht nach den ehelichen Verhältnissen bemisst, sondern nach anderen Maßstäben. Denkbar sind auch alternative Absicherungen oder Abfindungsregelungen, z. B. die Vereinbarung eines einmaligen Abfindungsbetrages.

i) Konstellation – Ehe mit Ausländern

Immer häufiger kommt es vor, dass Ehegatten unterschiedlicher Nationalität sind. Dies führt zur Frage, welche Rechtsordnung gilt, insbesondere ob deutsches Recht Anwendung findet oder ausländisches Recht. Dies betrifft die allgemeinen Wirkungen der Ehe wie auch – was noch von größerer Bedeutung ist – hinsichtlich der vermögensrechtlichen Situation. Häufig sind dies komplizierte Rechtsfragen, über die man bei Gericht trefflich streiten kann. Je nachdem welche Rechtsordnung gilt, führt dies zu total unterschiedlichen, wirtschaftlich bedeutsamen Konsequenzen.

Eine notariell zu beurkundende Vereinbarung, wonach eine bestimmte Rechtsordnung gilt, schafft hier Klarheit. Dies gilt wie gesagt insbesondere für die güterrechtlichen Wirkungen der Ehe, also ob beispielsweise für gemischt-nationale Ehen der deutsche Güterstand, die Zugewinngemeinschaft, gelten soll.

> **Hinweis:**
>
> Wie man sieht, gibt es eine Fülle ehelicher Konstellationen, die von der Standardsituation, die der Gesetzgeber im Auge hat, abweichen. Mittels eines Ehevertrages kann auf die jeweiligen individuellen Umstände eingegangen werden, wie die Eheleute dies möchten. Mit Sicherheit sind ehevertragliche Vereinbarungen vielfach sinnvoll.

j) Inhaltsübersicht der Regelungsmöglichkeiten beim vorsorgenden Ehevertrag

Nachfolgend eine erste Übersicht, welche Vereinbarungen getroffen werden können:
- Wahl des Ehenamens
- Rollenverteilung in der Ehe
- Vermögensordnung in der Ehe, z. B. Modifizierung der Zugewinngemeinschaft
- Aufhebung von Verfügungsbeschränkungen bezüglich des Vermögens und des Hausrates
- sog. „Familienunterhalt" und die Beteiligung der Eheleute am Familienunterhalt während des Zusammenlebens
- Unterhalt nach einer Scheidung
- Versorgungsausgleich (Rentenausgleich) für den Fall einer Scheidung
- Rückabwicklungen von Schenkungen/Zuwendungen unter den Eheleuten für den Fall des Scheiterns der Ehe
- Hausratsverteilung
- Vereinbarungen zur Ehewohnung
- Rechtswahl bei Ausländerbeteiligung.

2. Der Trennungs- und Ehescheidungsfolgenvertrag

Beide Vertragstypen, also die reine Trennungsvereinbarung als auch der Ehescheidungsfolgenvertrag, werden hier zusammen behandelt. Denn in der Praxis ist es meistens so, dass Eheleute einen umfassenden Vertrag wünschen, der sowohl die Trennungs- als auch die Scheidungsfolgen regelt.

1. KAPITEL Einleitung

a) Vorteil eines Vertrages

Geht die Ehe auseinander, sind die wirtschaftlichen Folgen von Bedeutung, besonders nach langer Ehezeit. Mit Recht erwarten Eheleute dann eine ordnungsgemäße Abwicklung des Vermögens. Etwaig entstandener Zugewinn auf Seiten eines Ehegatten muss ausgeglichen werden. Das Schicksal von Immobilien bedarf einer Regelung. Der Unterhalt eines Ehegatten und etwaig vorhandener Kinder muss ebenso geklärt werden, wie die Verteilung von Hausrat, Pkws, Schulden. etc.

Kurzum: Es geht um Geld, teilweise viel Geld, was dem einen oder anderen zusteht.

Es liegt in der Natur der Sache, dass man über all dies trefflich streiten kann. Und das ist in der Praxis allzu häufig der Fall. Besser ist, wenn Eheleute zu einer einvernehmlichen Lösung finden und darüber einen Vertrag schließen, eben einen Trennungs- und Ehescheidungsfolgenvertrag (oder auch „Ehe- und Auseinandersetzungsvertrag", oder „Scheidungsvereinbarung"oder „scheidungserleichternde Vereinbarung".

> Gegenüber einer gerichtlichen Regelung hat der Abschluss eines Vertrages unbestreitbare Vorteile:
> – Jahrelange Gerichtsprozesse, teils über mehrere Instanzen, werden vermieden.
> – Ein Vertrag, zumal wenn er zu einem frühen Zeitpunkt geschlossen wird, führt zu einer allgemeinen Befriedung. Die Eheleute streiten dann nicht mehr. Das spart Nerven. Insgesamt tritt eine Beruhigung der Situation ein. Ein Vertrag wirkt für die Beteiligten oft „befreiend".
> – Falls Kinder vorhanden sind, ist ein Vertrag der Eltern für sie von besonderem psychologischen Nutzen. Kinder leiden sowieso schon aufgrund der Trennung. Wenn sich ihre Eltern dann noch über die wirtschaftlichen Folgen ihres Auseinandergehens streiten und Prozesse führen, leiden sie noch mehr. Häufig ist zu beobachten, dass Kinder aufgrund der Gerichtsverfahren ihrer Eltern psychische Schwierigkeiten haben, die sich in Verhaltensauffälligkeiten, Nachlassen schulischer Leistungen etc. offenbaren. Solche Probleme der Kinder können größtenteils vermieden werden mit einer einvernehmlichen Regelung der Eltern in Form eines Ehevertrages.
> – Ein Ehevertrag spart meist Kosten. Denn die anfallenden Gerichts- und Anwaltskosten in einem Gerichtsverfahren, noch dazu wenn Sachverständige

eingeschaltet werden, sind oft höher, als die Kosten im Zusammenhang mit der Errichtung eines Ehevertrages. Er ist regelmäßig günstiger, als Prozesse bei Gericht zu führen, noch dazu über mehrere Instanzen.

b) Inhaltsübersicht beim Trennungs- und Ehescheidungsfolgenvertrag

Eine erste Übersicht, welche Vereinbarungen getroffen werden können:
- Vereinbarung eines anderen Güterstandes, namentlich der Gütertrennung
- Vermögensauseinandersetzung im Rahmen des in der Ehe bestandenen Güterstandes (z. B. Zahlung eines Zugewinnausgleiches)
- Auseinandersetzung der Grundstücksgemeinschaft (z. B. Übertragung einer Haushälfte auf einen Ehegatten)
- Rückabwicklung von ehebedingte Zuwendung / Schenkungen (z. B. Rückübertragung eines Grundstückes)
- Übernahme von Schulden
- Rechtsverhältnisse an der Ehewohnung (z. B. weitere Nutzung durch einen Partner, Übernahme des Mietverhältnisses durch einen Partner)
- Verteilung des Hausrates bei Getrenntleben
- Vereinbarungen über den Ehegattenunterhalt während der Trennung
- Vereinbarungen über den Ehegattenunterhalt nach der Scheidung
- Vereinbarungen über den Kindesunterhalt
- Vereinbarungen über den Versorgungsausgleich
- Vereinbarungen über elterliche Sorge bei Kindern
- Umgangsregelungen mit den Kindern
- Ausschluss des Ehegattenerbrechtes/Ausschluss des Pflichtteilsrechtes in einem kombinierten Erbvertrag
- Aufhebung eines früheren Erbvertrages oder eines gemeinschaftlichen Testamentes.

IV. Formale Aspekte bei Eheverträgen

1. Zeitpunkt

Der Ehevertrag kann **vor der Eheschließung** wie aber auch zu jeder Zeit **während der Ehe** geschlossen werden.

Auch nach einer Trennung kann ein Vertrag noch geschlossen werden, dann spricht man vom Trennungs- oder Ehescheidungsfolgenvertrag.

Wird ein Vertrag vorehelich geschlossen, wird er erst mit der Eheschließung wirksam.

2. In welcher Form wird ein Ehevertrag geschlossen?

a) Notarielle Beurkundung

> **Achtung!**
>
> Fast jeder Ehevertrag bedarf grundsätzlich der notariellen Beurkundung!

Notarielle Form ist insbesondere dann erforderlich, wenn der Vertrag folgende Regelungen enthält:

- eine Güterstandswahl (z. B. Vereinbarung der Gütertrennung)
- Regelungen zum Zugewinnausgleich
- Regelungen zum Versorgungsausgleich/Rentenausgleich
- Vereinbarungen über den nachehelichen Unterhalt eines Ehegatten
- sonstige vermögensrechtliche Auseinandersetzungen (z. B. insbesondere Grundstücksübertragungen)
- Vereinbarung einer Rechtswahl (z. B. die Vereinbarung über die Geltung deutschen Rechtes bei Ausländerbeteiligung).

Ausnahmsweise ist ein Vertrag ohne notarielle Beurkundung möglich, wenn nur folgende Dinge vereinbart werden:

- Regelung über die Rollenverteilung der Eheleute während des Zusammenlebens
- Einzelheiten der ehelichen Lebensgemeinschaft.

> **Achtung!**
>
> Sofern ein Vertrag teilweise Vereinbarungen enthält, die der notariellen Beurkundung bedürfen, bedarf der gesamte Vertrag der notariellen Beurkundung. Ansonsten kann der gesamte Vertrag formell unwirksam werden.

In der Praxis stellt man in Gesprächen immer wieder fest, dass Eheleute, um Kosten zu sparen, möglichst viel selbst machen wollen, was zwar nachvollziehbar, aber auch mit großen Gefahren verbunden ist. Was haben sie von einer privaten Regelung, die zwar nichts kostet, aber auch nichts wert ist, weil sie im Streitfall unwirksam ist?

Man kann deshalb nur eindringlich vor privaten Regelungen warnen. Der spätere Schaden kann enorm sein. Eheleute sollten sich deshalb – bevor sie solche Alleingänge machen – fachkundig beraten lassen, vorzugsweise von darauf spezialisierten Fachanwälten für Familienrecht.

b) Persönliche Anwesenheit im Notartermin

Wörtlich heißt es im Gesetz, dass der Ehevertrag „bei gleichzeitiger Anwesenheit beider Ehegatten zur Niederschrift eines Notars geschlossen" werde, § 1410 BGB.

Dies bedeutet nun nicht unbedingt, dass beide Ehegatten „persönlich" anwesend sein müssen. Möglich ist eine Stellvertretung, indem man jemandem eine Vollmacht erteilt. Dies wird aber in der Praxis so gut wie nicht vorkommen. Es ist auch nicht sinnvoll. Denn die persönliche Anwesenheit beider Ehegatten im Beurkundungstermin ist wichtig. Der Notar liest den Vertrag komplett vor und soll dabei wichtige Erläuterungen und Hinweise geben. Die Beteiligten sollen über die Tragweite des Vertrages umfassend informiert werden. Sie können dabei auch nochmals Fragen stellen, die der Notar beantwortet. Sollte einer der Beteiligten im Beurkundungstermin vertreten werden, ist nicht gewährleistet, dass der Vertretene alle Belehrungen erhält.

Insbesondere aufgrund der zum Teil weit reichenden Bedeutungen eines Ehevertrages sollte man also persönlich beim Notartermin anwesend sein.

> **Hinweis:**
>
> Man sollte sich keinesfalls vertreten lassen.

Erst recht gilt dies, wenn es um eine Trennungsvereinbarung oder Scheidungsfolgenvereinbarung geht. Den Belehrungen des Notars kommt dann eine besondere Bedeutung zu, zumal wenn einer der Eheleute auf wichtige Rechtspositionen verzichtet.

c) Eintragung Güterrechtsregister

Für die Wirksamkeit des Ehevertrages ist eine Eintragung ins sog. „Güterrechtsregister" nicht erforderlich, § 1412 BGB. Insbesondere müssen Änderungen des Güterstandes, z. B. die Vereinbarung einer Gütertrennung, nicht in das Register eingetragen werden, um wirksam zu sein. Das Güterrechtsregister hat heutzutage kaum noch praktische Bedeutung, weshalb viele sogar die Abschaffung fordern.

Abgesehen davon entstehen für die Eintragung auch Gerichtskosten, die sich vermeiden lassen.

3. Präambel eines Vertrages

Aufgrund neuerer Rechtsprechung kommt es für die Beurteilung der Wirksamkeit eines Ehevertrages entscheidend auf die Verhältnisse der Beteiligten im Zeitpunkt des Vertragsabschlusses an. Insoweit ist – in einem späteren Streitfall – also von Gerichts wegen aufzuklären, wie die persönlichen und wirtschaftlichen Verhältnisse der Eheleute damals waren. Diese Überprüfung wird erleichtert, wenn die Verhältnisse im Vertrag dokumentiert sind. Deshalb sollten in einer Präambel aufgenommen werden:

- die persönlichen Verhältnisse der Beteiligten (Vorhandensein von Kindern, Bestehen von Schwangerschaft)
- die wirtschaftlichen Verhältnisse der Beteiligten (Beruf, monatliches Einkommen, laufende monatliche Verpflichtungen/Schulden, Bestehen von Arbeitsverhältnissen, Vermögenssituation, vorhandene Altersversorgung)

- weitere Lebensplanung (in beruflicher Hinsicht, ob Kinderwunsch besteht).

4. Abänderung/Aufhebung von Eheverträgen

a) Gemeinschaftliche Aufhebung

Ein Ehevertrag kann jederzeit inhaltlich abgeändert oder auch ganz aufgehoben werden. Voraussetzung ist natürlich das Einverständnis beider Eheleute. Denn diejenigen, die den Vertrag ursprünglich geschlossen haben, entscheiden auch darüber, ob er zu einem späteren Zeitpunkt geändert oder gar aufgehoben werden soll. Also durch gemeinsames Handeln ist jederzeit eine Änderung möglich. Ist ein Ehepartner später nicht zu einer Änderung bereit, bleibt es beim ursprünglichen Vertrag.

Jede Änderung oder Aufhebung eines Ehevertrages bedarf der Form, in der der ursprüngliche Vertrag geschlossen wurde, also regelmäßig der notariellen Form.

b) Einseitige Aufhebung

Eine einseitige Aufhebung des Ehevertrages ist so ohne Weiteres nicht möglich. Dies geht nur, wenn sich ein Ehepartner einen Rücktritt vorbehalten hat (was möglich ist).

V. Grenzen der Vertragsfreiheit

> **Hinweis:**
>
> Es gilt grundsätzlich eine Vertragsfreiheit. Sehr vieles kann vereinbart werden. Aber es gibt Grenzen, die beachtet werden müssen.

1. Zwingende gesetzliche Bestimmungen

Es gibt gesetzliche Vorschriften, die unabänderlich sind und deshalb der vertraglichen Disposition entzogen sind. Dies gilt etwa für die

Ehescheidungsvoraussetzungen. Sie sind gesetzlich vorgeschrieben und können nicht durch Vertrag abgeändert werden.

> **BEISPIEL:** Unzulässig wäre es bspw., als Scheidungsvoraussetzung das frühere „Verschuldensprinzip" für eine Ehe zu vereinbaren.

Stattdessen bleibt es beim „Zerrüttungsprinzip", wonach eine Ehe geschieden werden kann, wenn sie als gescheitert anzusehen ist, insbesondere wenn Eheleute eine bestimmte Zeit voneinander getrennt lebten. So heißt es etwa in § 1566 BGB:

> **§ 1566 BGB Vermutung für das Scheitern**
>
> (1) Es wird unwiderlegbar vermutet, dass die Ehe gescheitert ist, wenn die Ehegatten seit einem Jahr getrennt leben und beide Ehegatten die Scheidung beantragen oder der Antragsgegner der Scheidung zustimmt.
> (2) Es wird unwiderlegbar vermutet, dass die Ehe gescheitert ist, wenn die Ehegatten seit drei Jahren getrennt leben.

Diese Scheidungsvoraussetzung ist also gesetzlich festgelegt und kann nicht durch einen Vertrag aufgehoben werden.

2. Anfechtung von Verträgen

Wie jeder andere Vertrag auch, so können auch Eheverträge angefochten werden, wenn ein Partner getäuscht oder bedroht wurde oder über wesentliche Vertragsbestandteile im Irrtum war. Es gelten die allgemeinen gesetzlichen Anfechtungsregelungen der §§ 119, 123 BGB. In der Praxis dürfte eine Anfechtung höchst selten vorkommen. Gleichwohl muss es im Falle der Drohung oder der Täuschung eine Möglichkeit geben, sich von einem Vertrag zu lösen.

3. Unwirksame Eheverträge

Verträge, die „gegen die guten Sitten" verstoßen, sind unwirksam (§ 138 BGB). Was gegen die guten Sitten verstößt, ist häufig Anschauungssache. Solche Bewertungen unterliegen dem Wandel der Zeit und richterlicher Beurteilung.

V. Grenzen der Vertragsfreiheit

Vor nicht allzu langer Zeit wurden die Grenzen der Vertragsfreiheit durch das oberste deutsche Gericht, das Bundesverfassungsgericht, neu definiert. Das Bundesverfassungsgericht hat im Februar und im März 2001 zwei grundlegende Entscheidungen zur Wirksamkeit von Eheverträgen getroffen. Danach wird der schwächere Ehepartner mehr geschützt.

Eheverträge unterliegen nunmehr einer sogenannten „Inhaltskontrolle". Sofern die Regelungen in einem Vertrag eine extreme Benachteiligung eines Partners bedeuten, kann dies zur Unwirksamkeit eines Vertrages führen.

Hinweis:

Für die Bewertung eines Vertrages gelten folgende Richtlinien, die vom Bundesverfassungsgericht (BverfG) aufgestellt wurden:
- Die vom Grundgesetz gewährleistete Privatautonomie setzt voraus, dass beide Vertragspartner in freier Selbstbestimmung handeln. Der Vertrag muss von einer gleichberechtigten Partnerschaft ausgehen.
- Durch den Vertrag darf es nicht zu einer „einseitigen Dominanz" eines Vertragspartners kommen.
- Es kann für eine einseitige Benachteiligung eines Ehegatten sprechen, wenn in einem Vertrag mehrere gesetzliche Ansprüche / Rechte abbedungen werden.
- Es kann für eine einseitige Benachteiligung eines Ehegatten sprechen, wenn eine erkennbare intellektuelle oder wirtschaftliche Unterlegenheit vorliegt.
- Sollte die Frau bei Abschluss des Vertrages schwanger sein oder ein kleines Kind zu versorgen haben, ist deren Schutzbedürftigkeit besonders zu prüfen.

BEISPIEL: Der gut verdienende Arzt lebt mit seiner Sprechstundenhilfe seit Längerem in „wilder Ehe" zusammen. Nachdem sie schwanger wird, möchte sie heiraten, auch damit das Kind ehelich zur Welt kommt. Er ist zu einer Heirat nur bereit, wenn zuvor ein Ehevertrag geschlossen wird, worin
(a) Gütertrennung vereinbart wird

1. KAPITEL — Einleitung

> (b) auf nacheheliche Unterhaltsansprüche wechselseitig verzichtet wird und
> (c) der Versorgungsausgleich (Rentenausgleich) ausgeschlossen wird.
> Die Sprechstundenhilfe ist letztlich einverstanden und unterschreibt einen entsprechenden Ehevertrag.
> Ist dieser wirksam?
> Antwort: Nein.
> Hier liegt eine eindeutige Benachteiligung eines Vertragspartners vor. Hinzu kommt hier, dass die Frau im Zeitpunkt des Vertragsabschlusses ein Kind erwartete und – für den Fall einer etwaigen späteren Ehescheidung – klar auf Unterhaltsansprüche angewiesen wäre; sie könnte es sich normalerweise nicht leisten, auf nacheheliche Unterhaltsansprüche zu verzichten. Sie ist dem Zahnarzt wirtschaftlich unterlegen. Die vertragliche Vereinbarung ist nicht Ausdruck einer gleichberechtigten Partnerschaft.

Nachdem 2001 durch das Bundesverfassungsgericht neue Maßstäbe gesetzt wurden, sind diverse Entscheidungen anderer Gerichte ergangen, die mit der Überprüfung von Eheverträgen befasst waren und denen weitere Kriterien entnommen werden können, was zulässig ist und was nicht. Besonderer Bedeutung kommt einer Entscheidung des Bundesgerichtshofs zu, die im Februar 2004 erging.

Hinweis:

Bei den Scheidungsfolgen gibt es sog. „Kernbereiche", die Eheleute besonders schützen sollen.
Solche Kernbereiche sind in erster Linie der Unterhalt wegen Kindesbetreuung und in zweiter Linie der Alters- und Krankheitsunterhalt. Der Versorgungsausgleich (Altersrentenausgleich) steht auf gleicher Stufe wie der Altersunterhalt. Der Zugewinnausgleich fällt – für sich allein genommen – nicht darunter.
Je mehr durch einen Ehevertrag in die genannten Kernbereiche eingegriffen wird, diese z. B. ausgeschlossen werden, desto eher kann dies für eine unangemessene Benachteiligung eines Partners sprechen.
Wird ein Ehevertrag durch ein Gericht auf seine Wirksamkeit hin untersucht, wird zweistufig geprüft: In einer ersten Stufe wird bezogen auf den **Zeitpunkt des Vertragsschlusses** eine Gesamtwürdi-

> gung der individuellen Verhältnisse der Ehegatten vorgenommen ("Wirksamkeitskontrolle" gemäß § 138 Abs. 1 BGB). Eine Sittenwidrigkeit wird man regelmäßig nur dann annehmen, wenn in dem Vertrag Regelungen aus dem Kernbereich ausgeschlossen werden, ohne dass dies im Vertrag kompensiert wird oder durch die besonderen Verhältnisse der Eheleute gerechtfertigt ist. Kommt das Gericht zum Ergebnis, dass der Vertrag unwirksam ist, gelten dann stattdessen die gesetzlichen Regelungen. Andernfalls ist in einer zweiten Stufe bezogen auf die aktuelle Situation zu prüfen, ob es rechtsmissbräuchlich ist, dass sich ein Ehegatte jetzt auf den vertraglichen Ausschluss gesetzlicher Scheidungsfolgen beruft ("Ausübungskontrolle" gemäß § 242 BGB). Sollte dies der Fall sein, ordnet das Gericht die Rechtsfolgen an, die es für angebracht hält.

Um zu verhindern, dass ein Ehevertrag eventuell nach vielen Jahren für unwirksam erklärt wird, ist eine sorgfältige und kompetente juristische Beratung der Eheleute unverzichtbar! Der Berater sollte die im Zeitpunkt des Vertragsabschlusses gültige Rechtsprechung kennen. Natürlich kann aber niemand die **zukünftige Rechtsprechung** zur Wirksamkeit von Eheverträgen vorhersehen. Deshalb kann es letztlich nicht ganz ausgeschlossen werden, dass Verträge in der Zukunft mit Wirksamkeitsbedenken konfrontiert werden oder angepasst werden müssen.

Soweit in diesem Buch Musterverträge abgedruckt sind, handelt es sich nur um allgemeine Beispiele. Sie können nicht in jedem Einzelfall übernommen werden. Stets ist eine individuelle Vertragsgestaltung notwendig. Und stets wird eine auf den Einzelfall bezogene eingehende juristische Beratung empfohlen.

Um dem zukünftigen Einwand der Unwirksamkeit eines Vertrages besser begegnen zu können, empfiehlt sich im übrigen die Aufnahme einer Präambel in den Vertrag, worin Folgendes dargelegt wird:

- Die im Zeitpunkt des Vertragsabschlusses gegebenen persönlichen und wirtschaftlichen Verhältnisse der Partner sollten im Vertrag festgehalten werden (z. B. ob und wie die Partner erwerbstätig sind, inwieweit sie über eigenes Einkommen verfügen, ob Schulden bedient werden etc).

- Ferner sollte dem Ehepartner ein Entwurf des Vertrages geraume Zeit vor dem Vertragsschluss, mindestens 14 Tage vorher, vorab zugeleitet werden – dies ist im Vertrag zu dokumentieren.
- Sofern beide Ehepartner anwaltlich beraten wurden, macht es Sinn, dies ebenfalls mit in den Vertrag aufzunehmen.
- Die eigentliche Beurkundung (Unterzeichnung) des Vertrages sollte möglichst nicht unmittelbar vor der Hochzeit erfolgen und erst recht nicht am Hochzeitstag, sondern besser in zeitlichem Abstand.

Gesamtverzichtsvereinbarungen, die vor der Eheschließung getroffen werden, können gültig und zulässig sein, wenn keine einseitige Benachteiligung vorliegt.

> **BEISPIEL:** Die Verlobten schließen noch vor der Heirat einen Ehevertrag, worin sie Gütertrennung vereinbaren, sowie den Ausschluss des Versorgungsausgleiches und jeglichen Verzicht auf nachehelichen Unterhalt. Die Frau ist im Zeitpunkt des Abschlusses des Notarvertrages nicht schwanger. Beide sind erwerbstätig und verfügen über eigenes Einkommen. Beide wollen auch weiter arbeiten. Sie haben keinen Kinderwunsch. Nach zehn Jahren kinderloser Ehe kommt es zur Scheidung. Vertrag wirksam?
> Antwort: Ja.
> Hier ist keine einseitige Benachteiligung erkennbar.

Für die während der Ehe geschlossenen Eheverträge gelten die gleichen Kriterien. Stets ist zu prüfen, ob ein Ehepartner unangemessen und einseitig benachteiligt wird.

> **BEISPIEL:** Eheleute sind seit 25 Jahren verheiratet. Der Mann ist erwerbstätig. Die Frau führt den Haushalt. Nachdem es in der Ehe kriselt, macht der Ehemann die Fortsetzung davon abhängig, dass sich seine Frau zu einem Ehevertrag bereit findet, in dem Gütertrennung vereinbart wird, ein wechselseitiger Unterhaltsverzicht für den Fall der Scheidung und ein Ausschluss des Versorgungsausgleiches, ferner lässt sich der Ehemann die Miteigentumshälfte am gemeinsamen Haus übertragen ohne Gegenleistung. Die Ehefrau steht erheblich unter Druck und lässt sich notgedrungen auf die Forderungen des Mannes ein. Vertrag wirksam?
> Antwort: Nein.

V. Grenzen der Vertragsfreiheit

Ein Ehevertrag, in dem die Eheleute Gütertrennung vereinbaren, den Versorgungsausgleich ausschließen und für den Fall der Scheidung auf Unterhalt verzichten, ist nicht deshalb wegen Sittenwidrigkeit nichtig, weil ein Ehegatte in einer Ehekrise den Versuch, die Ehe fortzusetzen, vom Abschluss eines solchen Vertrages abhängig gemacht hat. Aber dennoch ist dieser Vertrag unwirksam, denn die Ehefrau verzichtet praktisch auf ihre sämtlichen Rechte ohne jegliche Gegenleistung, sodass sie einseitig benachteiligt wird.

Gelegentlich kommen Verträge vor, die zu Lasten Dritter gehen, etwa zu Lasten des Sozialhilfeträgers.

> **BEISPIEL:** Die Ehefrau ist erwerbstätig mit gutem Einkommen. Der Ehemann ist schwer erkrankt und es ist absehbar, dass er auf Dauer seiner Erwerbstätigkeit nicht mehr nachgehen kann und er – da gesetzlich nicht abgesichert – weder Krankengeld noch Rente bezieht. Es kommt zum Scheitern der Ehe. Die Eheleute schließen einen Ehevertrag zur Regelung aller Ehescheidungsfolgen. Darin wird u. a. eine Klausel aufgenommen, wonach die Eheleute wechselseitig auf nacheheliche Unterhaltsansprüche verzichten.
> Wirksam?
> Antwort: Nein.
> Denn der Ehemann war bereits zum Zeitpunkt des Vertragsabschlusses unterhaltsbedürftig. Aufgrund der Krankheit war er auf Unterhalt seiner Frau angewiesen. Aufgrund des Unterhaltsverzichtes war absehbar, dass er der Sozialhilfe anheim fallen würde. Die Vereinbarung ging deshalb zu Lasten des Sozialhilfeträgers und damit der Allgemeinheit.

Anders wäre der Fall zu beurteilen, wenn im Zeitpunkt des Vertragsabschlusses – worauf abzustellen ist – noch nicht absehbar wäre, dass ein Ehegatte später aufgrund des Unterhaltsverzichtes der Sozialhilfe anheim fallen würde. Liegen also im Zeitpunkt des Vertragsabschlusses keine Anhaltspunkte für eine Unterhaltsbedürftigkeit vor, weil beide Ehepartner gesund und erwerbstätig sind, dann kann ein Unterhaltsverzicht wirksam vereinbart werden.

2. Kapitel

„Vorsorgender Ehevertrag"

I. Vertragliche Abänderungen allgemeiner Wirkungen der Ehe

1. Namenswahl

Grundsätzlich besteht Vertragsfreiheit hinsichtlich des Namensrechtes in der Ehe.

Vor der Eheschließung können Verlobte in einem Ehevertrag vereinbaren, welche gemeinsame Bestimmung sie hinsichtlich des Ehenamens treffen wollen. Sie können auch vereinbaren, dass der andere Ehegatte auf die Hinzufügung seines Namens als Begleitnamen verzichtet.

> **BEISPIEL:** Die Verlobten sind sich darüber einig, dass im Falle ihrer Eheschließung zum „Ehenamen" der Geburtsname des Ehemannes bestimmt wird. Sie verpflichten sich, eine diesbezügliche Erklärung gegenüber dem Standesbeamten abzugeben. Ferner sind sie sich darüber einig, dass die zukünftige Ehefrau ihren Namen nicht als Begleitnamen dem Ehenamen voranstellt oder hinzufügen wird. Insoweit verzichtet die zukünftige Ehefrau auf ihr Recht zur Bestimmung eines Begleitnamens.

Problematisch wird es, wenn sich ein Vertragspartner später nicht an die getroffene Vereinbarung hält. Denn die Vereinbarung muss ja beim Standesbeamten umgesetzt werden. Sollte sich dann ein Ehegatte weigern, die vorher vereinbarte Erklärung abzugeben, kann diese nicht zwangsweise durchgesetzt werden. Eine entsprechende Regelung im Ehevertrag hängt also letztlich davon ab, dass sich beide Eheleute auch daran halten.

Es kommt gelegentlich vor, dass Eheleute ein Interesse daran haben, dass im Falle der Scheidung ein Ehename wieder abgelegt wird und der andere Partner dann seinen Geburtsnamen wieder annimmt. Zu denken ist etwa an bekannte Namen aus der Industrie. Es ist möglich, dazu eine entsprechende Regelung in einen Ehevertrag aufzunehmen.

> **BEISPIEL:** Die Eheleute sind sich darüber einig, dass im Falle der Auflösung der Ehe durch Scheidung der Ehename seitens der Ehefrau wieder abgelegt wird. Die Ehefrau verpflichtet sich unwiderruflich, nach Rechtskraft der Scheidung ihren Geburtsnamen wieder anzunehmen. Sie verpflichtet sich insoweit, die nötigen Erklärungen gegenüber Behörden, insbesondere dem Standesamt abzugeben.

Eine solche Vereinbarung wird in der Regel für durchsetzbar und notfalls vollstreckbar angesehen. Sollte sich die Ehefrau nach Auflösung der Ehe weigern, den Namen zu wechseln, kann der Anspruch zwangsweise durchgesetzt werden.

Möglich ist auch, dass Eheleute für den Scheidungsfall, wenn aus der Ehe Kinder hervorgehen, in einem Ehevertrag die Vereinbarung aufnehmen, dass der Elternteil, bei dem die Kinder leben, den früheren Ehenamen beibehält. Nach dem Gesetz wäre es nach der Scheidung bekanntlich möglich, dass ein Ehegatte seinen Geburtsnamen wieder annimmt. Dies führt dann dazu, dass ein Elternteil einen anderen Namen erhält als die Kinder. Viele möchten dies im Interesse der Kinder vermeiden, jedenfalls bis die Kinder erwachsen sind. Regelbar wäre deshalb:

> **BEISPIEL:** Die Eheleute sind darüber einig, dass im Falle der Auflösung der Ehe durch Scheidung der bisherige Ehename beibehalten wird, jedenfalls so lange die aus der Ehe hervorgehenden Kinder noch minderjährig sind. Die Ehefrau verzichtet auf diese Dauer auf ihr Recht, ab Rechtskraft der Scheidung ihren Geburtsnamen wieder anzunehmen oder dem Ehenamen voranzustellen oder hinzuzufügen.

2. Rollenverteilung

Das Gesetz macht keine Vorschriften darüber, wie die Aufgaben in der Ehe verteilt werden. Die Eheleute entscheiden frei darüber, welche Rolle sie in der Ehe übernehmen. Sie entscheiden selbst, wer den Haushalt führt, wer von ihnen erwerbstätig ist, ob einer von ihnen die Kinderbetreuung übernimmt etc.

Im Laufe der Zeit haben sich unterschiedliche Formen des Zusammenlebens herausgebildet, die häufiger vorkommen. Man spricht bei bestimmten Rollenverteilungen von bestimmten „Ehetypen":

- **Hausfrauen-Ehe**

Diese war früher die absolut vorherrschende und gängige Form des Zusammenlebens. Einer der Eheleute führte den Haushalt, zumeist war dies die Ehefrau, sie versorgte auch die Kinder. Zumeist war der Ehemann erwerbstätig und verdiente das Geld.

- **Doppelverdiener-Ehe**

Sie kommt heutzutage häufig vor. Beide Ehepartner sind erwerbstätig und verdienen. Sie teilen sich die Aufgaben des Haushaltes. Soweit Kinder aus der Ehe hervorgehen, teilen sie sich auch die Betreuung auf oder es kommt zur Fremdbetreuung durch dritte Personen.

- **Zuverdiener-Ehe**

Auch diese Form ist häufig heutzutage. Ein Ehegatte ist erwerbstätig und verdient das Geld. Der andere Ehegatte versorgt den Haushalt und betreut die Kinder, arbeitet aber nebenbei und verdient Geld hinzu. Teilweise teilt man sich auch die Aufgaben.

Denkbar ist zwar, dass Eheleute vorab eine Regelung darüber treffen, wer von ihnen welche Aufgaben übernimmt. Regelbar wäre etwa, dass beide Partner einer Erwerbstätigkeit nachgehen oder ihren bisherigen Beruf nach der Heirat beibehalten, oder dass sich ein Ehegatte zur Übernahme der Haushaltstätigkeit verpflichtet oder die Aufgaben im Haushalt von Vorneherein aufgeteilt werden. Denkbar wäre auch, dem Beruf eines Ehegatten grundsätzliche Priorität einzuräumen, sodass sich der andere Ehepartner der beruflichen Entwicklung des Ehegatten unterordnen muss, sich also von Vornherein zu beruflich bedingten Ortswechseln bereit erklärt etc.

Hinweis:
Sinn machen solche Regelungen indes nicht. Man findet sie auch nur selten in Eheverträgen. Sie sind ohnehin nicht durchsetzbar. Diesbezügliche Regelungen in einem Ehevertrag aufzunehmen, bringt deshalb letztlich nichts.

Unzulässig wäre es, in einem Ehevertrag Sanktionen zu vereinbaren für den Fall, dass eine bestimmte Rollenverteilung nicht eingehalten wird. Eine Rollenverteilung kann zwar festgeschrieben werden, jedoch würde es gegen das Gesetz verstoßen, Strafen zu vereinbaren, wenn ein Ehegatte davon abweicht.

II. Zum Vermögen – Güterstandsregelungen

In Eheverträgen haben die Vermögensregelungen besondere Bedeutung. Die wirtschaftlichen Auswirkungen können gravierend sein. Das gilt insbesondere bei Scheitern der Ehe.

Hinweis:
Eine Vermögensauseinandersetzung hängt entscheidend vom „Güterstand" ab, in dem die Eheleute leben.

Wie ist die Gesetzeslage?

Wenn Eheleute keinen Ehevertrag geschlossen haben, leben sie im gesetzlichen Güterstand. Gesetzlicher Güterstand ist die sog. **Zugewinngemeinschaft**.

Was versteht man darunter?

Es gilt der Grundsatz, das die Vermögen der Ehegatten getrennt bleiben. Jeder Ehegatte behält also sein Vermögen. Es bleibt bei getrennten Vermögensmassen. Jeder Ehegatte verwaltet auch sein Vermögen selbstständig mit gewissen Einschränkungen.

II. Zum Vermögen – Güterstandsregelungen

> **Hinweis:**
>
> Vereinfacht ausgedrückt bedeutet Zugewinngemeinschaft: Das Vermögen, welches in der Ehe „hinzugewonnen" wird, ist bei Beendigung des Güterstandes durch Scheidung zu teilen.

Der Begriff „Zugewinngemeinschaft" ist irreführend, denn er vermittelt fälschlicherweise den Eindruck, durch die Eheschließung käme es zu einer „Gemeinschaft" der Vermögen. Richtiger wäre es, den gesetzlichen Güterstand als eine Art **Gütertrennung unter Eheleuten mit Ausgleichsanspruch bei Ende der Ehe** zu bezeichnen. Lediglich dann, wenn es zu einer Auflösung der Ehe kommt, etwa durch Scheidung, kommt es eventuell zu einem Vergleich des Vermögens beider Eheleute und wenn sich danach ergibt, dass ein Ehegatte während der Ehe ein größeres Vermögen erworben hat als der andere, entsteht ein **Anspruch auf Zugewinnausgleich**.

Man vergleicht also bei jedem Ehegatten das Vermögen zu Beginn der Ehe (sog. „Anfangsvermögen") mit dem Vermögen am Ende der Ehe (sog. „Endvermögen"). Ist das Endvermögen höher als das Anfangsvermögen, spricht man zu einem Zugewinn. Dann vergleicht man den Zugewinn der Frau mit dem Zugewinn des Mannes. Wer den höheren Zugewinn hat, muss einen Ausgleich zahlen, den sog. „Zugewinnausgleich". Dieser beträgt 1/2 der Differenz der beiden Zugewinne.

> **BEISPIEL:** Der Ehemann hatte zu Beginn der Ehe kein Vermögen, am Ende der Ehe hingegen 50.000 €. Sein Zugewinn ist also 50.000 €.
> Die Ehefrau hatte zu Beginn der Ehe kein Vermögen, am Ende der Ehe ebenso kein Vermögen. Ihr Zugewinn ist 0 €.
> Die Differenz der beiderseitigen Zugewinne ist 50.000 €. Der Ehemann ist deshalb verpflichtet, 1/2 der Differenz, also 25.000 € an die Ehefrau zu zahlen.

Nun gibt es noch einige Besonderheiten bei der Berechnung, wie etwa, das Erbschaften nicht ausgleichspflichtig sind. Denn Erbschaften werden nicht in der Ehe „erwirtschaftet". Sie sind sozusagen innerfamiliär nur für den verwandten Ehegatten bestimmt.

2. KAPITEL "Vorsorgender Ehevertrag"

BEISPIEL: Der Ehemann hatte zu Beginn der Ehe kein Vermögen, am Ende der Ehe hingegen 50.000 € zuzüglich einer während der Ehe erhaltenen Erbschaft nach dem Tod seines Vaters von 10.000 €, die noch vorhanden ist, gesamt also ein Endvermögen von 60.000 €. Damit hat er an sich einen Zugewinn von 60.000 €. Jedoch werden Erbschaften wie gesagt nicht ausgeglichen, was dadurch erreicht wird, dass man Erbschaften so behandelt, als wenn sie schon zu Beginn der Ehe vorhanden gewesen wären, sie sind sog. "privilegiertes Anfangsvermögen". Mithin berechnet sich der Zugewinn wie folgt:

Vermögen Ehemann

Anfangsvermögen	0 €
+ Erbschaft/privilegiertes Anfangsvermögen	10.000 €
Gesamtes Anfangsvermögen	10.000 €
Endvermögen	60.000 €
Zugewinn des Ehemannes	50.000 €

Vermögen Ehefrau

Anfangsvermögen	0 €
Endvermögen	0 €
Zugewinn Ehefrau	0 €

Zugewinnausgleich

Differenz Zugewinn zugunsten Ehemann	50.000 €
Ausgleichsanspruch zugunsten Ehefrau	25.000 €

Gleiches gilt für Schenkungen im Wege vorweggenommener Erbfolge.

BEISPIEL: Die Ehefrau erhält irgendwann während der Ehe von ihren Eltern einen Geldbetrag von 100.000 € geschenkt im Vorgriff auf ihr späteres Erbrecht. Sie zahlt den Betrag in einen Sparvertrag auf ihren Namen ein. Die jährlichen Zinsen verbraucht sie zusammen mit dem Ehemann, das Kapital als solches bleibt erhalten. Als die Ehe nach mehreren Jahren scheitert, wird eine Zugewinnausgleichsberechnung gemacht. Im "Endvermögen" muss sie den Kapitalbetrag von 100.000 € zwar aufführen, sodass er ihr Endvermögen darstellt. Jedoch kann sie die Schenkung auch beim Anfangsvermögen als "privilegiertes Anfangsvermögen" ansetzen. Dadurch neutralisiert sich der Betrag. Die 100.000 € sind nicht als Zugewinn auszugleichen.

Sollten Erbschaften oder Schenkungen indes während der Ehe mehr wert werden, ist der Wertzuwachs zugewinnausgleichspflichtig.

BEISPIEL: Das Erbe des Ehemannes bestand nicht in einem Geldbetrag von 10.000 €, sondern in einem unbebauten Grundstück, das reines Ackerland war, und im Zeitpunkt des Anfalls der Erbschaft 10.000 € wert war. Während der Ehe wird dann plötzlich der Bebauungsplan für das Gebiet geändert und das Ackerland wird zu Bauland und ist nun am Ende der Ehe 100.000 € wert. Dann ist dieser Wertzuwachs von 90.000 € ausgleichspflichtig:

Vermögen Ehemann

Anfangsvermögen	0 €
+ Erbschaft/privilegiertes Anfangsvermögen	10.000 €
Gesamtes Anfangsvermögen	10.000 €
Endvermögen	50.000 €
Baulandgrundstück	100.000 €
Gesamtes Endvermögen	150.000 €
Zugewinn Ehemann	140.000 €

Vermögen Ehefrau

Zugewinn	0 €

Zugewinnausgleich

Differenz Zugewinn zugunsten Ehemann	140.000 €
Ausgleichsanspruch zugunsten Ehefrau	70.000 €

Selbst wenn ein Ehegatte mit Schulden in die Ehe geht und diese während der Ehe getilgt werden, stellt dies einen Zugewinn dar.

BEISPIEL: Der Ehemann hat vor der Eheschließung sein gesamtes Vermögen in einen Schreinereibetrieb investiert und ist zusätzlich Kreditverbindlichkeiten eingegangen von 200.000 €. Während der Ehezeit von 20 Jahren tilgt er seine Schulden von 200.000 € und hat ein positives Endvermögen von 200.000 € erzielt. – Die Ehefrau hat kein Vermögen. – Dann ist wie folgt zu rechnen:

Vermögen Ehemann	
Anfangsvermögen	minus 200.000 €
Endvermögen	200.000 €
Zugewinn	400.000 €
Vermögen Ehefrau	
Anfangsvermögen	0 €
Endvermögen	0 €
Zugewinn	0 €
Zugewinnausgleich	
Differenz Zugewinn zugunsten des Ehemannes	400.000 €
Ausgleichsanspruch zugunsten der Ehefrau	200.000 €

Hinweis:

Unter der Zugewinngemeinschaft ist zusammenfassend im Wesentlichen folgendes zu verstehen:

- Grundsätzlich haben Eheleute getrenntes Vermögen. Jeder behält also eigenes Vermögen, was er vor der Ehe besaß. Jeder kann auch während der Ehe eigenes Vermögen haben (z. B. die Ehefrau hat ein Sparbuch auf ihren Namen). Durch die Eheschließung kommt es nicht automatisch zu gemeinschaftlichem Vermögen.
- Regelmäßig kommt es nur zu gemeinschaftlichem Vermögen, wenn beide Eheleute etwas gemeinsam erwerben wollen (z. B. Eheleute schließen gemeinsam einen Kaufvertrag über den Erwerb eines Hauses).
- In der Regel haften Eheleute nicht für die Schulden des anderen Partners; gemeinsame Haftung nur, wenn Verträge (z. B. ein Kreditvertrag bei der Bank) von beiden unterschrieben wurde. (Ausnahme sog. „Geschäfte des täglichen Lebens", die vorliegen können, wenn es um den alltäglichen Bedarf der Familie geht und um ein angemessenes Geschäft)
- Endet die Ehe durch Scheidung, findet ein Zugewinnausgleich statt, wenn dies einer der Eheleute verlangt. Die Vermögen beider Eheleute werden verglichen. Hat ein Ehegatte seit der Heirat mehr Vermögen hinzu erworben als der andere, muss er von der Differenz 1/2 als Ausgleich zahlen.

II. Zum Vermögen – Güterstandsregelungen

- Endet die Ehe durch Tod wird der Zugewinnausgleich durch eine pauschale Erhöhung des Ehegattenerbrechtes um 1/4 durchgeführt.
- Eheleute unterliegen Verfügungsbeschränkungen über ihr Vermögen im Ganzen und über Hausratsgegenstände.

Dazu nachfolgend einige Beispiele:

BEISPIEL: Frau Müller hat seit Kindheitstagen ein Sparbuch bei der örtlichen Stadtsparkasse auf dem nun 25.000 € angespart sind. Darüber hinaus hat sie einen VW Golf im Wert von 10.000 €, der ihr von den Eltern zum Abitur geschenkt worden war. Sie ist mit Herrn Schneider befreundet, den sie in Kürze heiraten will. Herr Schneider hat ein Aktiendepot bei der Bank mit einem Wert von 10.000 €, ferner Anteile an einem Investmentfonds, in den er laufend monatlich 100 € einzahlt und der einen aktuellen Wert von ebenfalls 10.000 € hat. Beide heiraten am 2. 5. 2011. Sie wählen den Ehenamen Schneider und leben seitdem zusammen.
Wie ist nun die Eigentumslage nach der Heirat bezüglich Pkw und Kapitalanlagen?
Antwort: Die frisch vermählte Frau Schneider ist nach wie vor Alleineigentümerin des VW Golf und auch alleinige Inhaberin des Sparbuches bei der Sparkasse. Sie hat also ihre Vermögenswerte behalten. Gleiches gilt für Herrn Schneider und dessen Aktiendepot und Investmentfonds. Auch er bleibt also Eigentümer seiner Werte. Trotz Eheschließung hat jeder also sein Vermögen behalten auf seinem Namen.

BEISPIEL: Nachdem Eheleute Schneider fünf Jahre verheiratet sind, beschließen sie, eine Eigentumswohnung zu kaufen. Der Notar bereitet einen Kaufvertrag vor, wonach Käufer der Wohnung Herrn und Frau Schneider sind. Beide unterschreiben den Kaufvertrag. Beide werden anschließend als Miteigentümer ins Grundbuch eingetragen.
Durch den gemeinsamen Kaufvertrag – und nur durch diesen persönlichen Entschluss – werden Eheleute Schneider gemeinsame Eigentümer.

2. KAPITEL „Vorsorgender Ehevertrag"

> **BEISPIEL:** Die Eigentumswohnung der Eheleute Schneider kostet 120.000 €. Da sie den Betrag nicht haben, müssen sie einen Teil des Kaufpreises finanzieren. Bei der Bank muss deshalb ein Kredit über 60.000 € aufgenommen werden. Die Bank besteht darauf, dass beide Eheleute den Kreditvertrag unterschreiben. Entsprechend unterschreiben beide Eheleute. Sie sind dadurch beide Kreditnehmer geworden. Sie haften deshalb auch beide.
> Demgegenüber kauft Herr Schneider in dem Jahr auch noch ein Motorrad für 6.000 €. Den Betrag finanziert er über ein zinsgünstiges Darlehen des Motorradherstellers. Er unterzeichnet den Kreditvertrag. Er ist deshalb auch nur alleine Kreditnehmer. Frau Schneider hat mit dem Kredit nichts zu tun. Die Bank könnte nicht an Frau Schneider herantreten, falls Herr Schneider mal die Zahlungen einstellen würde. Als Ehegatte besteht grundsätzlich keine Haftung für Schulden des anderen.

> **BEISPIEL:** Der Ehemann ist Eigentümer eines Hauses. Er besitzt einen Pkw, der geleast ist. Nennenswertes Sparvermögen hat er nicht. Auch sonstiges Vermögen hat er nicht. Sein monatliches Verdienst fließt auf ein Girokonto. Das Verdienst wird monatlich verbraucht für die Lebenshaltung der Familie.
> Darf er das Haus ohne Zustimmung der Frau verkaufen?
> Antwort: Nein. Das Haus ist zwar sein alleiniges Eigentum. Jedoch ist es auch sein einziger Vermögenswert. Der Pkw steht nicht in seinem Eigentum, da er geleast ist und die Leasinggesellschaft rechtlich gesehen Eigentümer ist. Durch den Verkauf des Hauses würde er über sein Vermögen im Ganzen verfügen. Dies ist unzulässig ohne Zustimmung des Ehepartners.

Anders wäre der Fall zu beurteilen, wenn der Ehemann noch weitere Vermögenswerte hätte und das in Rede stehende Haus nicht sein wesentliches Vermögen darstellen würde.

> **BEISPIEL:** Der Ehemann hat neben dem Haus im Wert von 200.000 € noch ein Aktiendepot von 50.000 € und ein Spartguthaben von 20.000 €. Sein Gesamtvermögen beläuft sich also auf 270.000 €. In dem Beispielsfall stellt das Haus zwar einen großen Teil seines Vermögens dar, aber eben

nicht sein Gesamtvermögen, wovon man ab etwa 85 – 90 % des Vermögens spricht. Der Ehemann dürfte also ohne Zustimmung der Ehefrau veräußern.

Nachdem die Grundzüge des gesetzlichen Güterstandes der Zugewinngemeinschaft dargestellt wurden, sollen nun Möglichkeiten dargestellt werden, die Gesetzeslage abzuändern.

Der Güterstand der Zugewinngemeinschaft kann abgeändert werden durch einen Ehevertrag, indem entweder ein anderer Güterstand vereinbart wird oder der gesetzliche Güterstand modifiziert wird.

Hinweis:

Je nachdem welcher Güterstand gilt, hat dies völlig unterschiedliche Auswirkungen auf die Vermögenssituation in der Ehe.

Welche Möglichkeiten gibt es durch Ehevertrag?

Abweichend vom gesetzlichen Güterstand werden folgende Güterstandsregelungen vorgestellt, die im Rahmen eines Ehevertrages vereinbart werden können:

- Gütertrennung
- modifizierte Zugewinngemeinschaft
- Gütergemeinschaft.

Achtung!

Grundsätzlich bedarf eine Vereinbarung darüber der notariellen Beurkundung. Private Vereinbarungen sind unwirksam.

BEISPIEL: Vor der Ehe sind sich die Verlobten Klaus und Petra einig, dass jeder von ihnen in der Ehe sein eigenes Vermögen haben und auch behalten soll. In keinem Fall möchten sie, dass sie einander einen Ausgleich zahlen müssen, auch dann nicht, wenn die Ehe einmal in die Brüche gehen sollte. Sie beschließen deshalb, ein Schriftstück aufzusetzen mit folgendem Inhalt:

2. KAPITEL — "Vorsorgender Ehevertrag"

> Vereinbarung
> Wir wollen in Kürze heiraten. Wir sind uns darüber einig, dass jeder von uns sein eigenes Vermögen erwirtschaften und auch behalten soll. Keiner von uns soll verpflichtet sein, irgendwelche vermögensrechtliche Ausgleichsansprüche an den anderen zu zahlen.
> Insbesondere schließen wir für den Fall einer etwaigen Scheidung den Zugewinnausgleich hiermit aus.
> Dies entspricht unserem festen Willen.
> Datum ...
> Unterschriften

Auch wenn die Eheleute dies als ihren festen und unumstößlichen Willen dokumentiert haben, ist **diese Vereinbarung gleichwohl unwirksam**, da sie nicht notariell beurkundet wurde. Gleiches gilt auch für vermögensrechtliche Vereinbarungen während der Ehe.

> **BEISPIEL:** Zu Beginn der Ehe haben die Eheleute keinen Vertrag geschlossen. Nachdem sie zehn Jahre verheiratet sind, kriselt es. Sie kommen letztlich überein, dass es besser ist, eine Trennung durchzuführen. Hinsichtlich der Aufteilung des Vermögens sind sie sich einig. Sie vereinbaren, dass die Ehefrau einen bestimmten Geldbetrag von 10.000 € erhält für die Lebensversicherung des Ehemannes und einen auf ihn lautenden Bausparvertrag. Damit wollen sie vermögensmäßig endgültig auseinander sein. Um Kosten zu sparen, lassen sie sich weder anwaltlich beraten noch machen sie einen Notartermin. Vielmehr setzen sie folgenden schriftlichen Vertrag auf:

> **Vertrag**
> Wir möchten uns abschließend über die vermögensrechtliche Auseinandersetzung unserer Ehe einigen. Zum Ausgleich aller Ansprüche zahlt der Ehemann an die Ehefrau einen Betrag 10.000 €, der sofort ausgezahlt wird. Mit Zahlung dieses Betrages verzichten die Eheleute wechselseitig auf weitergehende Ansprüche. Insbesondere wird hiermit auf Zugewinnausgleichsansprüche ausdrücklich und endgültig verzichtet.
> Keiner von uns soll anlässlich der Scheidung noch einen weiteren Vermögensausgleichsanspruch gegenüber dem anderen Ehegatten haben.
> Datum ...
> Unterschriften

Diese Vereinbarung ist das Papier nicht wert und **unwirksam.** Denn sie ist nicht notariell beurkundet.

Festzuhalten ist danach: Wollen die Eheleute abweichend von der Gesetzeslage einen anderen Güterstand vereinbaren oder eine vermögensrechtliche Regelung treffen, dann erfordert dies stets eine notarielle Beurkundung des Vertrages.

1. Gütertrennung

Im Gesetz gibt es nur einen einzigen Paragrafen, in dem die Gütertrennung geregelt ist (§ 1414 BGB). Damit hat der Gesetzgeber kurz und knapp die Gütertrennung geregelt, deren Auswirkungen wie folgt zusammengefasst werden können:

- Eheleute, die diesen Güterstand gewählt haben, stehen sich vermögensmäßig wie unverheiratete Personen gegenüber.
- Jeder hat sein eigenes Vermögen, über das er auch alleine verfügen kann, ohne den anderen zu fragen.
- Es gibt keinen Vermögensausgleich am Ende der Ehe.

Wie sind die Unterschiede zur Zugewinngemeinschaft im einzelnen?

a) Kein Zugewinnausgleich

Die Gütertrennung kennt keinen Zugewinnausgleich. Vermögensmehrungen in der Ehe werden also nicht ausgeglichen.

b) Alleiniges Verfügungsrecht über Vermögen

Ehegatten können im gesetzlichen Güterstand der Zugewinngemeinschaft nicht ohne Zustimmung des anderen Partners über ihr Vermögen im Ganzen verfügen, auch nicht über ihr wesentliches Vermögen (§ 1365 BGB). Dies ist bei der Gütertrennung anders. Jeder kann ohne den anderen zu fragen auch über sein komplettes Vermögen verfügen, etwa veräußern, verschenken, etc. Im Gegensatz zur Zugewinngemeinschaft gilt hier § 1365 BGB also nicht.

c) Verfügungsfreiheit über Haushaltsgegenstände

Während im gesetzlichen Güterstand der Zugewinngemeinschaft ein Ehegatte nur mit Zustimmung des anderen Partners über Haushaltsgegenstände verfügen darf (§ 1369 BGB), brauchen Ehegatten, die in Gütertrennung leben, danach nicht zur fragen. Sie können mit ihren Haushaltsgegenständen tun und lassen, was sie wollen, ohne den anderen zu fragen.

Entsprechend gibt es bei der Gütertrennung auch nicht die Regelung über die sog. „Ersatzbeschaffung" bezüglich Haushaltsgegenständen (§ 1370 BGB), wonach bei Erneuerung von Gegenständen derjenige kraft Gesetzes Eigentümer wird, dem der frühere Gegenstand gehört hat.

d) Keine Erhöhung des Ehegattenerbrechts / andere -erbquote

Wenn die Ehe ihr natürliches Ende findet durch Tod eines Ehegatten, hat der überlebende Ehegatte zwar ein gesetzliches Erbrecht. Jedoch gibt es keine Erhöhung der gesetzlichen Erbquote um 1/4 (§ 1371 Abs. 1 BGB), wie in der Zugewinngemeinschaft.

Der Erbanspruch berechnet sich der Höhe nach anders. Die gesetzliche Erbquote des in Gütertrennung lebenden Ehegatten ist unterschiedlich hoch und abhängig davon, ob – neben dem Ehegatten – Kinder vorhanden sind oder, wenn die Ehe kinderlos blieb, ob Eltern oder Großeltern als Miterben in Betracht kommen. Lebten die Ehegatten in Gütertrennung, beträgt die Erbquote des überlebenden Ehegatten:

- 1/2, wenn neben dem Ehegatten ein Kind aus der Ehe hervorgegangen ist (das Kind erbt die andere Hälfte)
- 1/3, wenn aus der Ehe zwei Kinder hervorgegangen sind (die anderen Kinder erben jeweils auch 1/3)
- 1/4, wenn aus der Ehe drei oder mehr Kinder hervorgegangen sind (die Kinder erben die übrigen 3/4)
- 1/2, wenn die Ehe kinderlos blieb und noch Eltern des verstorbenen Ehegatten vorhanden sind oder deren Abkömmlinge (Eltern oder deren Abkömmlinge erben die andere Hälfte)

- 1/2, wenn die Ehe kinderlos blieb, zwar keine Eltern des verstorbenen Ehegatten mehr vorhanden sind, aber noch dessen Großeltern (die Großeltern erben die andere Hälfte)
- 1/1, also ganze Erbschaft für den überlebenden Ehegatten, wenn weder Kinder aus der Ehe hervorgegangen sind, noch von dem verstorbenen Ehegatten Eltern oder Großeltern vorhanden sind.

Der Pflichtteilsanspruch des Ehegatten orientiert sich an den obigen Erbquoten. Wenn ein Ehegatte von der Erbschaft ausgeschlossen ist aufgrund einer testamentarischen Verfügung des verstorbenen Ehegatten, dann bleibt dem überlebenden Ehegatten sein Pflichtteil, nämlich in Höhe der Hälfte des gesetzlichen Erbteils. Die Höhe des Pflichtteils ist also abhängig von der gesetzlichen Erbquote des Ehegatten (siehe oben).

e) Höhere Erbschaftssteuer

Hinweis:

Von vielen Eheleuten wird ein Negativpunkt bei Vereinbarung der Gütertrennung übersehen: Es ist eine mögliche höhere Erbschaftssteuerbelastung des überlebenden Ehegatten.

Wenn die Ehe glücklich verläuft und irgendwann durch Tod endet, dann dürfte es sicher im Interesse der Ehegatten liegen, dass der überlebende Ehegatte möglichst wenig Erbschaftssteuer zu zahlen hat. Dieses Ziel wird mit der Gütertrennung verfehlt. Bei der Gütertrennung unterliegt der komplette Nachlass des Ehegatten der Erbschaftssteuer, sofern der Nachlass über dem für alle Ehegatten geltenden Freibetrag liegt (500.000 €, Stand 2011). Im Gegensatz dazu hat der überlebende Ehegatte, der im gesetzlichen Güterstand der Zugewinngemeinschaft lebt, eine Erhöhung des Freibetrages um seinen Zugewinnausgleichsanspruch, der jedenfalls 1/4 des Nachlasswertes beträgt, § 5 Abs. 1 ErbStG. Bei der Gütertrennung kann es also ohne Erhöhung des Freibetrages zu einer erheblichen Steuermehrbelastung führen.

Bei bestehender Ehe gibt es hinsichtlich der Besteuerung des Einkommens keine Unterschiede zum gesetzlichen Güterstand.

Festzuhalten ist bei der Gütertrennung, dass es sich um eine extreme Regelung handelt. Kraft Gesetzes haben die Eheleute vermögensmäßig keinerlei Bindungen und stehen einander wie Fremde gegenüber. Davon unabhängig ist natürlich – wie beim gesetzlichen Güterstand der Zugewinngemeinschaft auch – die Möglichkeit vorhanden, dass Eheleute aufgrund ihres individuellen Willens Miteigentümer von Gegenständen werden können, etwa wenn sie gemeinsam einen Kaufvertrag über den Erwerb eines Hauses abschließen; sie können dann auch gemeinsam Grundbesitz erwerben. In einem solchen Fall bilden sie ggf. eine Grundstückgemeinschaft, die nach zivilrechtlichen (nicht familienrechtlichen) Gemeinschaftsregeln zu behandeln ist.

2. Modifizierte Zugewinngemeinschaft

> **Hinweis:**
>
> Dieser Güterstand ist in vielen Fällen eine gute Lösung!

Die modifizierte Zugewinngemeinschaft wurde früher nur selten gewählt. Dies lag vor allem daran, dass als Alternative zum gesetzlichen Güterstand praktisch nur die Gütertrennung bekannt war. Vom Güterstand der Gütertrennung hatte man allgemein eine gute Meinung wegen der vermeintlichen Vorteile, die dieser Güterstand mit sich bringe; der Güterstand war wie ein „Muss", zumal in wohlhabenden Kreisen. Dies beruhte vielfach auf einem entscheidenden Irrtum über die Rechtslage. Man glaubte nämlich, man benötige Gütertrennung, um für die Schulden des Ehepartners nicht zu haften. Wenn ein Ehepartner selbstständig war oder ein Unternehmen hatte, meinte man, Gütertrennung zu benötigen, um das Unternehmen im Scheidungsfall nicht zu gefährden oder keinen Zugewinnausgleich zahlen zu müssen. In der irrigen Annahme, dies könne nur durch Gütertrennung erreicht werden, begaben sich früher die Eheleute scharenweise zum Notar und wünschten nur eins: Gütertrennung. Um im Scheidungsfalle bestimmte Vermögenswerte, wie etwa ein Unternehmen, nicht ausgleichen zu müssen, bedarf es aber nicht zwingend einer Gütertrennung!

Hinweis:

Der bessere Güterstand ist vielfach die sog. modifizierte Zugewinngemeinschaft. Wenn die Eheleute dies wünschen, können mit ihr dieselben Wirkungen einer Gütertrennung erreicht werden, ohne deren Nachteile – z. B. den steuerlichen Nachteil im Falle des Todes – mit in Kauf zu nehmen. Darüber hinaus bietet die modifizierte Zugewinngemeinschaft eine Vielzahl von Variationsmöglichkeiten, die den individuellen Interessen der Ehepaare gerecht werden.

Im Folgenden sollen die Modifizierungsmöglichkeiten, mit denen der gesetzliche Güterstand modifiziert werden kann (daher der Name) dargestellt werden:

a) Wegfall des Zugewinnausgleiches bei Scheidung

Der Ausschluss des Zugewinnausgleiches nur für den Scheidungsfall (nicht also für den Todesfall) ist möglich. Es handelt sich zwar um eine extreme Abänderungsmöglichkeit des gesetzlichen Güterstandes. Denn immerhin wird dadurch ein wesentliches Element der gesetzlichen Regelung außer Kraft gesetzt. Aber der Ausschluss des Zugewinnausgleiches ist zulässig.

Eine ehevertragliche Vereinbarung dahingehend, dass der Zugewinnausgleich im Scheidungsfall ausgeschlossen ist, kann durchaus Sinn machen. Denkbar sind insoweit folgende Fallkonstellationen:

- **kinderlose Ehe**

BEISPIEL: Beide Ehegatten sind voll erwerbstätig. Jeder Ehegatte kann – neben der Lebenshaltung – Vermögen erwirtschaften. Wirtschaftlich gesehen sind beide Eheleute stark und nicht voneinander abhängig. Sollte die Ehe einmal geschieden werden, ist nicht einzusehen, dass eine genaue Berechnung stattfinden müsse, ob der eine Ehepartner nun mehr Vermögen während der Ehe hinzu erworben hat als der andere und dafür einen Zugewinnausgleich zu zahlen hat.

- **große Vermögensunterschiede der Eheleute**

BEISPIEL: Man stelle sich vor, dass einer der Eheleute zu Beginn der Ehe sehr vermögend ist, während der andere Ehegatte vermögenslos ist. Bei derartigen Konstellationen gibt es manchmal die Befürchtung des vermögenden Ehegatten, der andere habe es auf sein Vermögen „abgesehen", sodass der andere im Scheidungsfall von seinem Vermögen partizipieren wolle. Für den Fall kann der von vornehrein vereinbarte Ausschluss des Vermögensausgleiches – für den Scheidungsfall – Abhilfe leisten.

- **großer Altersunterschied der Eheleute**

BEISPIEL: Angenommen, ein Ehegatte ist wesentlich älter, möglicherweise hat er bereits eine gescheiterte Ehe hinter sich, dann kann es sein Interesse sein, für den Fall eines Scheiterns der Ehe keine Vermögensauseinandersetzung (mehr) durchzuführen.

Wenn Eheleute dies in einem Ehevertrag vereinbaren wollen, dann würde dies etwa in folgender Weise lauten:

Sofern der Güterstand durch Tod eines Ehegatten beendet wird, soll es beim Zugewinnausgleich durch Erbteilserhöhung oder güterrechtliche Lösung verbleiben. Sollte der Güterstand auf andere Weise als durch Tod eines Ehegatten beendet werden, insbesondere durch Scheidung der Ehe, so findet kein Zugewinnausgleich statt.

Eheleute hätten damit erreicht, dass für den Scheidungsfall – und nur für den Scheidungsfall -praktisch eine Gütertrennung gilt. Also bei Scheidung keine vermögensrechtliche Auseinandersetzung. Damit kein Ausgleichsanspruch für evtl. Vermögensmehrungen.

BEISPIEL: Nehmen wir einmal an, Eheleute sind beide erwerbstätig und jeder von ihnen kann im Laufe der Ehe Vermögen bilden, etwa in der Form, dass jeder Ehegatte auf seinen Namen ein Bankguthaben anspart, ein Aktiendepot hat oder in eine Lebensversicherung einbezahlt. Kommt es dann zur Scheidung, hat jeder Ehegatte – weil auf seinem Namen stehend – eigenes Vermögen erworben, das ihm im Scheidungsfall ungeschmälert verbleibt. Sicher ein gerechtes Ergebnis.

Ein ebenso gerechtes Ergebnis erzielt man dann, wenn zwar nur einer der Eheleute verdient, dieses Geld aber, soweit es nicht zur

Haushaltsführung benötigt wird, auf den Namen beider Eheleute angelegt wird. Dies kann etwa dadurch geschehen, dass ein Sparkonto oder ein Aktiendepot auf den Namen beider Eheleute errichtet wird. Dadurch werden dann beide Ehegatten je hälftig Vermögensinhaber. Kommt es dann zur Scheidung, kann jeder von ihnen die Hälfte des Sparguthabens, des Aktiendepots etc. beanspruchen.

Anders sieht es dann aus, wenn Vermögensanlagen nur auf den Namen eines Ehegatten getätigt werden. Dann nämlich wird rechtlich gesehen auch nur dieser Ehegatte Eigentümer des Vermögensgegenstandes. Nehmen wir nun einmal an, dass in einer Ehe die Vermögensgegenstände – aus welchen Gründen auch immer – nur auf den Namen des Mannes angeschafft werden, wenn also das Bankkonto auf den Namen des Mannes lautet, ebenso das Aktiendepot, gleichfalls die Lebensversicherung etc. Dies ist alles kein Problem, so lange die Ehe funktioniert. Kommt es aber mal zur Scheidung, stünden die Vermögenswerte nur auf den Namen des Ehemannes, ein Zugewinnausgleich wäre vertraglich ausgeschlossen, die Ehefrau würde also im Scheidungsfall nichts erhalten. Dies selbst dann nicht, wenn die betreffenden Vermögenswerte mit ihrem Geld angeschafft worden wären. In dem Fall „guckt die Ehefrau in die Röhre".

Hinweis:

Der vertragliche Ausschluss des Zugewinnausgleiches im Scheidungsfall kann also dann nachteilhafte Auswirkungen für einen Ehegatten haben, wenn die in der Ehe angeschafften Werte nur auf den Namen eines Ehegatten angelegt werden.

Deutlich wird dies an folgendem BEISPIEL: Im Laufe der Ehe wird ein Haus erworben. Da die Ehefrau aufgrund der Kinderbetreuung gehindert ist, zum Notartermin zu erscheinen, wird der Grundstückskaufvertrag nur auf den Namen des Ehemannes abgeschlossen. Er allein wird Eigentümer im Grundbuch. In den folgenden zehn Jahren glücklichen Zusammenlebens im Haus denkt niemand daran, wer Eigentümer des Hauses ist. Als es dann doch zur Scheidung kommt, möchte die Ehefrau die Hälfte des Hauswertes erhalten. Sie hat darauf aber keinen Anspruch, da sie nicht zur Hälfte Miteigentümerin des Hauses ist. Sie hat auch keinen Zugewinnausgleichsanspruch, weil dieser durch Ehevertrag ausgeschlossen wurde. Der Ehemann kann das gesamte Haus behalten, ohne einen Wertausgleich zu zahlen, auch wenn das Haus teilweise mit dem Geld der Ehefrau gekauft wurde.

> **Achtung!**
>
> Wenn im Ehevertrag der gesetzliche Güterstand dahingehend modifiziert wird, dass für den Scheidungsfall der Zugewinn ausgeschlossen wird, sollten Ehegatten darauf achten, dass das während der Ehe erwirtschaftete Vermögen gerecht verteilt wird, etwa indem Vermögenswerte hälftig auf den Namen beider Eheleute angelegt werden.

b) „Kurze Ehedauer"

Manchmal scheitern Ehen schon nach kurzer Zeit. Bereits nach wenigen Monaten oder Jahren stellen die Partner fest, dass sie nicht zueinander passen. Sie kommen dann schnell überein, wieder auseinander zu gehen. Es erscheint in derartigen Fällen durchaus sachgerecht, im Rahmen der notwendigen Scheidung auf die komplizierte Zugewinnausgleichsberechnung zu verzichten. Ohnehin sind meist keine oder nur geringe Vermögenszuwächse gegeben. Die Durchführung eines Zugewinnausgleichsverfahren kann deshalb nur zu einer Verzögerung und auch Verteuerung des Scheidungsverfahrens führen. Eheleute können deshalb vom Zugewinnausgleich von Vorneherein Abstand nehmen, sollte ihre Ehe nur eine kurze Zeit dauern. Sie müssen natürlich selbst definieren, was sie unter „kurz" verstehen.

Man kann also vereinbaren, dass ein Zugewinnausgleich nur dann stattfindet, wenn die Ehe mindestens eine bestimmte Zeit Bestand hatte.

> **BEISPIEL:** Wir vereinbaren, dass es grundsätzlich beim gesetzlichen Güterstand der Zugewinngemeinschaft bleibt. Für den Fall jedoch, dass einer der Ehegatten vor Ablauf von drei Jahren einen Antrag auf Scheidung der Ehe stellt, in dessen Folge die Ehe geschieden wird, soll kein Zugewinnausgleich stattfinden.

II. Zum Vermögen – Güterstandsregelungen

c) Geburt eines Kindes

Nehmen Sie an, beide Eheleute sind voll erwerbstätig. Sie sind sich darüber einig, dass jeder von ihnen eigenes Vermögen begründen kann und es im Fall des Scheiterns der Ehe nicht zu einem Zugewinnausgleich kommen soll. Sie wünschen sich aber Kinder. Sollten Kinder aus der Ehe hervorgehen, möchten sie, dass die Ehefrau die Erwerbstätigkeit aufgibt und sich voll der Kinderbetreuung widmet. Trifft dies ein, kann die Ehefrau kein eigenes Vermögen mehr bilden und es entspricht dem Wunsch der Eheleute, dass sie dann am Vermögenszuwachs des Ehemannes teilhat. Für den Fall, dass Kinder aus der Ehe hervorgehen, soll ein Zugewinnausgleich erfolgen. Eine solche Regelung ist möglich.

Der gesetzliche Güterstand wird wie folgt modifiziert:
Sofern der Güterstand durch Tod eines Ehegatten endet, soll es beim Zugewinnausgleich durch Erbteilserhöhung oder güterrechtliche Lösung verbleiben. Sollte der Güterstand auf andere Weise als durch Tod eines Ehegatten enden, insbesondere durch Scheidung, so findet ein Zugewinnausgleich nicht statt. Dieser Ausschluss des Zugewinnausgleiches für den Scheidungsfall ist dadurch auflösend bedingt, dass ein Ehegatte aufgrund Geburt eines gemeinschaftlichen Kindes seine Berufstätigkeit ganz oder teilweise aufgibt. Die Bedingung tritt ein ab dem Monat, der auf die Geburt eines Kindes folgt. Ab dem Zeitpunkt wird ggf. der Zugewinnausgleich berechnet.

d) Herausnahme von Erbschaften

Der Wert einer Erbschaft ist nicht zugewinnausgleichspflichtig, wohl aber Wertsteigerungen, die eine Erbschaft im Laufe der Ehe erfährt.

Möglich ist, Erbschaften gänzlich vom Zugewinnausgleich auszuklammern. Damit partizipiert der andere Ehegatte auch nicht an Wertsteigerungen. Dies erscheint auch sachgerecht, da er weder zu den Erbschaften etwas beigetragen hat noch zu deren Wertsteigerungen, sondern diese unabhängig von der Ehe eintreten.

Sollte der Güterstand durch Tod eines Ehegatten enden, soll es beim Zugewinnausgleich durch Erbteilserhöhung oder güterrechtliche Lösung verbleiben. Sollte der Güterstand jedoch auf andere Weise als durch Tod eines Ehegatten enden,

> insbesondere durch Scheidung der Ehe, vereinbaren wir, dass Wertsteigerungen des Anfangsvermögens vom Zugewinnausgleich ausgeschlossen sind. Gleiches gilt für Vermögenswerte, die ein Ehegatte nach Eintritt des gesetzlichen Güterstandes von Dritten durch Schenkung/Erbfolge erhalten hat oder noch erhalten wird. Derartige Vermögensgegenstände, deren Wertsteigerungen und Surrogate dieser Vermögensgegenstände sollen sowohl bei der Ermittlung des Anfangsvermögens als auch bei der Ermittlung des Endvermögens außer Ansatz bleiben.

e) Herausnahme von einzelnen Vermögensgegenständen

Gelegentlich besteht der Wunsch, dass bestimmte Vermögensgegenstände nicht dem Zugewinnausgleich unterfallen. Dies kann etwa ein Haus sein. Denkbar ist auch, dass es sich um irgendeine private Kunstsammlung handelt. Denkbar ist auch, dass ein Unternehmen oder ein Gewerbebetrieb ausgeklammert werden sollen.

Dies kann vielfältige Gründe haben. Möglich ist jedenfalls, dass einzelne Gegenstände einer späteren Vermögensauseinandersetzung entzogen werden.

> Sofern der Güterstand durch Tod eines Ehegatten beendet wird, verbleibt es beim Zugewinnausgleich durch Erbteilserhöhung oder güterrechtliche Lösung. Sollte jedoch der Güterstand auf andere Weise als durch Tod eines Ehegatten beendet werden, insbesondere durch Scheidung, wird vereinbart, dass das Einfamilienhaus *(genaue Bezeichnung)*, welches im Eigentum des Ehemannes steht und die Kunstsammlung *(genaue Bezeichnung)*, welche im Eigentum der Ehefrau steht, vom Zugewinnausgleich ausgeschlossen sind. Im Übrigen soll der Zugewinnausgleich nach dem Gesetz durchgeführt werden.

Indem Eheleute bestimmte Vermögensgegenstände vom gesetzlichen Zugewinnausgleich ausklammern, haben sie gleichzeitig auch Streit über den Wert der Gegenstände vermieden. Kommt es zur Ehescheidung, sind die ausgeklammerten Gegenstände schlicht kein Thema mehr.

Denn wenn ein Ehegatte einen Gewerbebetrieb aufbaut, ist dies eine Vermögensmehrung während der Ehe, zu der der andere Ehegatte meist beigetragen hat. Es ist deshalb durchaus sachgerecht, dem anderen Ehegatten dafür einen Ausgleich zu zahlen. Wenn man nun durch Ehevertrag das Unternehmen selbst vom Zugewinnausgleich ausklammert, kann auf unterschiedliche Weise eine Ausgleichszahlung für den anderen Ehegatten festgelegt werden:

> Wollen Eheleute etwa ein Unternehmen aus dem Zugewinnausgleich ausklammern, weil im Fall des Zugewinnausgleiches dafür ein großer Wertausgleich zu zahlen wäre, der zur Zerschlagung des Unternehmens führen könnte, so empfiehlt sich für den anderen Ehegatten, ein Äquivalent zu vereinbaren.

BEISPIEL: Möglich ist, dass dem anderen Ehegatten anstelle einer Ausgleichszahlung eine Immobilie zugesprochen wird. Möglich ist auch, dass für den anderen Ehegatten ein bestimmter Ausgleichsbetrag X von Vorneherein festgelegt wird. Denkbar wäre auch, für den anderen Ehegatten eine Lebensversicherung abzuschließen, auf die der Unternehmer – Ehegatte einzahlt. So wird zwar das Unternehmen selbst dem Zugewinnausgleich entzogen, jedoch wird dem anderen Ehegatten dafür ein Äquivalent erbracht. Über Art und Höhe einer Äquivalentsleistung müssen sich die Eheleute einigen bzw. beraten lassen.

f) Festlegung von Werten / Bewertungskriterien

Man kann über den Wert bestimmter Vermögensgegenstände trefflich streiten. Einleuchtend ist dies für Geschäftsanteile, den Wert einer Arztpraxis, einer Steuerberaterpraxis, eines Hausgrundstückes etc. Kommt es einmal zum Streit darüber, kann dieser lang und teuer werden. Vermieden werden kann ein Streit von Vorneherein dadurch, dass im Ehevertrag entweder

- für einen bestimmten Vermögensgegenstand ein fester Betrag vereinbart wird, evtl. mit Index-Klausel oder
- eine feste Regelung für die Bewertung vereinbart wird.

Als Bewertungsvereinbarung kann man sich z. B. auf eine gesellschaftsvertragliche Bewertungsklausel beziehen, die üblicherweise in Gesellschaftsverträgen enthalten ist. Danach soll sich auch der Wert des Gesellschafteranteils für den Zugewinnausgleich richten.

> Die Eheleute sind darüber einig, dass die Beteiligung des Ehemannes an der XY-GmbH für den Zugewinnausgleich bewertet wird, so wie es der GmbH-Gesellschaftsvertrag für die Abfindung eines durch Ausschluss oder Kündigung aus-

scheidenden Gesellschafters vorsieht. Sollte in dem GmbH-Gesellschaftsvertrag keine Bewertungsregelung enthalten sein oder sollten die Eheleute später über die Bewertungsregelung streiten, so vereinbaren sie schon jetzt, dass ein Sachverständiger, der auf Antrag einer der Eheleute von der zuständigen Industrie- und Handelskammer bestimmt wird, die Bewertung vornehmen soll; etwaige Sachverständigenkosten tragen die Eheleute zu je 1/2.

g) Vereinbarung eines Ausgleichs in Sachwerten

Nach dem Gesetz ist ein Zugewinnausgleich in Form eines Geldbetrages zu zahlen. Der Geldbetrag kann erheblich sein und den ausgleichspflichtigen Ehegatten in Liquiditätsschwierigkeiten bringen. Gerade bei Gewerbetreibenden ist es oft so, dass die Barmittel im Unternehmen stecken, häufig auch die Kreditlinie erreicht ist, sodass flüssiges Geld nicht zur Verfügung steht. Ein Ehegatte kann dadurch gezwungen sein, seinen Gewerbebetrieb zu verkaufen, um den anderen Ehegatte auszahlen zu können. Dies kann die Existenz vernichtend sein.

Abhilfe schafft ein Ehevertrag, mit dem – statt einer Barleistung – ein anderer Zugewinnausgleich vereinbart wird. Möglich ist, eine Sachleistung zu vereinbaren, etwa in Form der Übertragung einer Eigentumswohnung oder eines Miteigentumsanteils daran. Eheleute können sich also zu Beginn der Ehe darauf verständigen, dass der Zugewinnausgleich nicht in Geld, sondern in Form einer Immobilie geleistet wird. Denkbar ist auch, dass zumindest ein Teil des Zugewinnausgleiches in Form von Sachwerten geleistet wird.

h) Änderung der Ausgleichsquote

Bekanntlich sieht das Gesetz eine Ausgleichsquote von 1/2 vor. Hat ein Ehegatte einen größeren Zugewinn erzielt als der andere, muss er die Hälfte davon als Zugewinnausgleich zahlen.

Möglich ist davon abweichend

- eine niedrigere Quote zu vereinbaren, z. B. 1/4
- den Zugewinnausgleichsbetrag der Höhe nach zu begrenzen, unabhängig davon, wie hoch der Zugewinn tatsächlich ist, z. B. in Form eines Maximalbetrages von 100.000 €

- die Vereinbarung eines Pauschalbetrages ohne genaue Berechnung des Zugewinnausgleiches, z. B. pauschal 100.000 €. Selbstverständlich kann hinsichtlich des Festbetrages vereinbart werden, dass sich der Betrag erhöht bei Inflation; der Betrag kann an einen bestimmten Lebenshaltungskostenindex gekoppelt werden.

> Für unsere Ehe gilt der gesetzliche Güterstand der Zugewinngemeinschaft mit folgender Abweichung:
> Für den Fall der Auflösung der Ehe durch Scheidung vereinbaren wir abweichend von der Gesetzeslage in § 1378 Abs. 1 BGB, dass die Zugewinnausgleichsforderung jedes Ehegatten auf 1/4 des Überschusses herabgesetzt wird.

i) Festlegung des Anfangsvermögens

Zum einen kann es vorkommen, dass ein Ehegatte mit Schulden in die Ehe geht und diese dann während der Ehe getilgt werden, eventuell sogar aus dem Vermögen des anderen Ehegatten. Sind die Schulden dann weg und es kommt zur Scheidung, ist dies zwar grundsätzlich ein Vermögenszuwachs und damit ein „Zugewinn". Jedoch hat der betreffende (entschuldete) Ehegatte nur dann einen Zugewinnausgleich zu zahlen, wenn er ein entsprechend hohes positives Endvermögen hat, wie der Gesetzestext verdeutlicht:

§ 1378 Abs. 2 Satz 1 BGB Ausgleichsforderung:

> Die Höhe der Ausgleichsforderung wird durch den Wert des Vermögens begrenzt, das nach Abzug der Verbindlichkeiten bei Beendigung des Güterstandes vorhanden ist.

Daraus folgt, dass es Situationen geben kann, bei denen dem geldgebenden Ehegatten später kein Ausgleich zukommt, obwohl er den anderen von dessen Schulden befreit hat. Das ist ein unbefriedigendes Ergebnis. Deshalb empfiehlt es sich eheverträglich vorzubauen:

> Das Anfangsvermögen des Ehemannes wird mit minus 50.000 € festgelegt, da er in der Höhe Schuldverbindlichkeiten hat. Von diesem Betrag berechnet sich sein Zugewinn. Von einem ausgleichspflichtigen Zugewinn ist auch dann auszugehen, wenn das Endvermögen negativ bleibt, die Verbindlichkeiten sich aber verringert haben.

Zum anderen kann es aus Beweisgründen Sinn machen, die Beträge des Anfangsvermögens in einem Ehevertrag festzuhalten. Denn nach vielen Jahren Ehe wissen die meisten gar nicht mehr, wie viel sie zur Hochzeit hatten. Sie können sich manchmal gerade noch erinnern, ob sie einen Pkw hatten. Wie hoch ihr Geldvermögen war wissen sie nach Jahren nicht mehr. Kontoauszüge sind häufig entsorgt; Banken bewahren regelmäßig nur bis zu zehn Jahren die Unterlagen auf. Also wie kann ein Ehegatte, der beispielsweise zwölf Jahre verheiratet ist, sein Vermögen zu Beginn der Ehe beweisen?

Es ist durchaus praxisrelevant, wie hoch das Anfangsvermögen ist. Es ist für den Zugewinn von entscheidender Bedeutung. Je größer das Anfangsvermögen eines Ehegatten ist, desto kleiner ist die Differenz zum Endvermögen. Und desto kleiner ist der Zugewinn des Ehegatten. Umso weniger muss er an Zugewinnausgleich zahlen.

Im Streitfall muss das Anfangsvermögen also nachgewiesen werden, ansonsten wird es nicht anerkannt. Hilfreich kann insoweit ein Ehevertrag sein, der das Anfangsvermögen ein für alle mal festlegt.

> Das Anfangsvermögen beider Eheleute zu Beginn der Ehe wird einvernehmlich wie folgt festgelegt:
>
> Ehefrau: 75.000 €
>
> Ehemann: 30.000 €
>
> Dabei handelt es sich um Vermögen, das die Eheleute im Zeitpunkt der Eheschließung besaßen. Davon nicht umfasst ist etwaiges Vermögen im Sinne § 1374 Abs. 2 BGB, welches ein jeder Ehegatte im Wege einer Erbschaft oder vorweggenommener Erbfolge oder durch Schenkung noch erhält.

Achtung!

Dieser letztgenannte Zusatz ist notwendig, damit sich das Anfangsvermögen in Folge späterer Zuwendungen wie Erbschaften etc. noch weiter erhöhen kann und das dies nicht durch die Bezifferung des Anfangsvermögens ausgeschlossen ist.

Denkbar ist auch, dass Eheleute ein Verzeichnis erstellen, welches dem Ehevertrag beigefügt wird. Dieses Verzeichnis hat die Vermutung der Richtigkeit für sich. Kommt es später mal zu einer Auseinandersetzung, kann im Regelfall mit Hilfe eines solchen Verzeichnisses das Anfangsvermögen zur Überzeugung eines Richters belegt werden. Diese Richtigkeitsvermutung gilt allerdings nur für den Fall, dass das Verzeichnis auch von beiden Eheleuten gemeinschaftlich errichtet wurde.

> Die Eheleute haben gemeinsam ein Verzeichnis über ihr jeweiliges Anfangsvermögen im Sinne der gesetzlichen Vorschrift des § 1374 Abs. 1 BGB errichtet unter Berücksichtigung ihrer Verbindlichkeiten. Das Verzeichnis ist dem Ehevertrag als Anlage beigefügt.

j) Begrenzung des Endvermögens

Der Zugewinn eines Ehegatten ergibt sich bekanntlich aus einem Vergleich zwischen seinem Endvermögen (was er im Zeitpunkt der Zustellung des Scheidungsantrages hat) und seinem Anfangsvermögen (was er zur Hochzeit besaß). Je höher das Endvermögen desto höher sein Zugewinn. Es sind Konstellationen denkbar, in denen die Parteien das Endvermögen der Höhe nach begrenzen wollen. Dies kann bei zu erwartenden größeren Vermögenssteigerungen der Fall sein, bei denen die Eheleute es nicht mehr sachgerecht empfinden, den anderen Ehegatten daran hälftig teilhaben zu lassen. In solchen Fällen kann das Endvermögen der Höhe nach begrenzt werden. Es erfolgt eine „Deckelung".

Hinweis:

Sollte die Ehe auf andere Weise als durch Tod eines Ehegatten beendet werden, insbesondere durch Scheidung, und sollte der Ehefrau ein Zugewinnausgleich zustehen, so wird vereinbart, dass eine Ausgleichsforderung auf maximal 200.000 € begrenzt wird. Die Ehefrau verzichtet auf etwaig darüber hinausgehende Zugewinnausgleichsansprüche. Der Ehemann nimmt den Verzicht an.

k) Rückabwicklung „ehebedingter Zuwendungen"

aa) Was versteht man unter „ehebedingter Zuwendung"? Häufig kommt es während bestehender Ehen vor, dass ein Ehegatte dem anderen einen Vermögensgegenstand zuwendet. Dafür können unterschiedliche Motivationen ursächlich sein:

- Stellen Sie sich etwa die Situation vor, dass ein Ehepartner bereits ein unbebautes Grundstück mit in die Ehe bringt. Nach der Eheschließung entscheiden sich die Eheleute, auf dem Grundstück ein Haus zu errichten. Wie selbstverständlich gehen in derartigen Fällen Eheleute davon aus, dass der andere Ehepartner auch zur Hälfte Eigentümer dieses Hauses werden soll und übertragen ihm einen 1/2-Anteil. Es dürfte ein rein emotionaler Beweggrund sein, denn rational gibt es in der Regel keine Erklärung.

- Der Ehemann erbt in der Ehe einen Geldbetrag von 300.000 €. Da die Eheleute bisher in einer Mietwohnung lebten, entschließen sie sich zum Kauf eines Hauses. Der Ehemann zahlt mit dem ererbten Geld den kompletten Kaufpreis. Gleichwohl lautet der notarielle Kaufvertrag auf Eheleute, die zu 1/2-Miteigentümer im Grundbuch eingetragen werden. In dem Fall hat die Ehefrau eine Vermögenszuwendung von 150.000 € erhalten, nämlich in Form des 1/2 Grundstücksanteils. Auch für eine solche Zuwendung gibt es rational an sich keinen Grund.

- Vielfach kommt es auch vor, dass ein Ehegatte aus Haftungsgründen Vermögen auf den anderen Partner überträgt. Etwa dann, wenn aufgrund des Berufes ein hohes Haftungsrisiko besteht. Trägt ein Ehegatte ein solches Haftungsrisiko, wird er Interesse daran haben, Vermögenswerte auf den Namen seines Ehepartners anzulegen, damit etwaige Gläubiger von ihm keinen Zugriff auf sein Vermögen haben.

Derartige Vermögenszuwendungen unter Ehegatten nennt man „ehebedingte" Zuwendungen oder „ehebezogene" Zuwendungen oder „unbenannte" Zuwendungen. Kennzeichnend ist stets, dass bei einem Ehegatten die Vorstellung zu Grunde liegt, dass die Ehe Bestand hat bzw. die Zuwendung um der Ehe Willen oder als Beitrag zur Erhaltung der ehelichen Lebensgemeinschaft dient.

II. Zum Vermögen – Güterstandsregelungen

Während des glücklichen Zusammenlebens führen derartige Zuwendungen nie zu Problemen. Den Eheleuten ist es regelmäßig egal, auf welchen Namen ein Vermögensgegenstand erworben wird oder wer formal Eigentümer ist. Darüber wird gar nicht nachgedacht. Wenn die Ehe Bestand hat, spielt es auch regelmäßig keine Rolle, wie die Vermögensgüter verteilt sind. Hauptsache ist, dass die Eheleute das Vermögen gemeinsam nutzen.

Höchst unerfreulich kann sich eine Vermögenszuwendung aber im Trennungs- und Scheidungsfall auswirken. Dann nämlich interessiert es den zuwendenden Ehegatten, seine Zuwendung zurückzuerhalten. Zumindest soll diese finanziell ausgeglichen werden. Er wird sein „blaues Wunder" erleben. Das Gesetzt trifft ihn mit voller Härte.

bb) Welche gesetzlichen Konsequenzen gibt es bei Scheitern der Ehe?

Als erstes fragt ein Ehegatte dann, ob er den zugewendeten Gegenstand – etwa ein Hausgrundstück – zurückverlangen kann.

Die Antwort ist: Nein. Das Gesetz sieht keinen Rückanforderungsanspruch vor. Nur dann, wenn es sich um eine „Schenkung" im eigentlichen Sinne handelt, kann bei „grobem Undank" ein Widerruf der Schenkung erfolgen. Regelmäßig werden Schenkungen in der Ehe aber der Ehe willen getätigt, sodass es sich um „ehebedingte Zuwendungen" handelt. Diese können grundsätzlich nicht zurückverlangt werden.

Wenn der zuwendende Ehegatte keinen Anspruch auf Rückübertragung des konkreten Vermögensgegenstandes hat, so will er zumindest einen Geldausgleich haben. Die bisherige Rechtsprechung des Bundesgerichtshofes geht dahin, dass die Zuwendung im Scheidungsfall über den sog. „Zugewinnausgleich" ausgeglichen wird. Danach wirkt sich die Vermögenszuwendung werterhöhend im Endvermögen des betreffenden Ehepartners aus. Die Werterhöhung kann im Rahmen einer Zugewinnausgleichsberechnung – im günstigsten Fall – zu einem Wertausgleich von 1/2 führen.

> **Hinweis:**
>
> Der zuwendende Ehegatte kann nie 100 % zurückerhalten, sondern allenfalls – wenn überhaupt – 50 %, nämlich als Zugewinnausgleich.

Besonders ungerecht dürfte man das Ergebnis empfinden, wenn ein 1/2-Miteigentumsanteil auf einen Ehepartner übertragen wird, das Haus für die gesamte Familie einschließlich Kinder dient und der – aufgrund der Zuwendung begünstigte – Ehegatte das Scheitern der Ehe verursacht, das Haus verlässt, um mit einem anderen Partner zusammenzuleben. Der ausziehende Ehepartner hat dann an dem Haus keinerlei Interesse mehr, er will Geld sehen. Kann man sich mit ihm nicht einigen, kann er schlimmstenfalls die Zwangsversteigerung des Hauses betreiben. Dagegen ist der andere Ehegatte mehr oder minder machtlos, da beide Ehegatten eine Grundstücksgemeinschaft haben und das Gesetz eine Teilungsversteigerung unter Grundstückseigentümern ausdrücklich vorsieht.

> **Hinweis:**
>
> Nur im Ausnahmefall, wenn eine Abwicklung einer Zuwendung über den Zugewinnausgleich zu einem schlechterdings unhaltbaren und ungerechten Ergebnis führt, sieht die Rechtsprechung ein Rückforderungsrecht eines Ehegatten vor.

Dazu ist eine Gesamtwürdigung der Umstände vorzunehmen: Dauer der Ehe, Art und Höhe der Zuwendung, wer von den Eheleuten wie lange von der Zuwendung partizipiert hat, inwieweit noch eine Vermögensmehrung fortbesteht, eventuell weiter erbrachte Leistungen und Einsatz eigenen Vermögens des anderen Ehegatten. Also es werden alle Einzelumstände bewertet. Rechtlicher Ansatz sind die „Grundsätze von Treu und Glauben" (§ 242 BGB). Man muss sich aber darüber im Klaren sein, dass es sich dabei um absolute Ausnahmefälle handelt, die so gut wie nie vorkommen. Auf das Vorliegen eines solchen Ausnahmefalles sollte sich niemand verlassen.

Um im Fall des Scheiterns der Ehe eine gerechte Rückabwicklung einer Zuwendung zu erreichen, ist ein Ehevertrag dringend zu empfehlen.

cc) Lösung durch Ehevertrag

> **BEISPIEL:** Die Ehefrau, die eine größere Erbschaft von 500.000 € erhielt, steckte das ganze Geld in den Kauf eines neuen Einfamilienhauses, in dem die Eheleute leben wollen. Der Grundstücks-Kaufvertrag wird auf den Namen beider Eheleute abgeschlossen, die auch als Miteigentümer im Grundbuch eingetragen werden. Die Ehefrau zahlt aus ihrer Erbschaft den Kaufpreis.

In einem Ehevertrag kann sich die Ehefrau das Recht einräumen lassen, im Scheidungsfall die Übertragung des 1/2-Miteigentumsanteils zu verlangen. Dadurch würde sie die ursprünglich geleistete „ehebedingte Zuwendung" zurückerhalten.

> Es besteht Einigkeit, dass der Kaufpreis für das Hausgrundstück ... aus Geldmitteln der Ehefrau, die diese im Rahmen einer Erbschaft erhielt, bezahlt wurde. Sollte der gesetzliche Güterstand auf andere Weise als durch Tod eines Ehegatten beendet werden, insbesondere durch Scheidung, verpflichtet sich der Ehemann, seinen 1/2-Miteigentumsanteil an dem Hausgrundstück unentgeltlich auf seine Ehefrau zu übertragen, sodass diese Alleineigentümerin des Hausgrundstückes wird. Die im Zusammenhang mit der Übertragung entstehenden Kosten tragen die Eheleute zu je 1/2. Das Hausgrundstück wird insgesamt vom Zugewinnausgleich ausgeschlossen.

Falls es so ist, dass der die Zuwendung erhaltende Ehegatte während der Ehe eigenes Geld in das Haus steckt aus seinem Anfangsvermögen, etwa für einen Umbau, dann kann man regeln, dass er dieses Geld zurückerhält.

> Hat der Zuwendungsempfänger aus seinem vorehelichen Vermögen oder aus privilegiertem Vermögen (z. B. Erbschaft, Schenkung), Verwendungen auf den Grundbesitz gemacht, so sind ihm diese Verwendungen Zug um Zug gegen Rückübertragung des Grundbesitzes zu erstatten.

Alternativ ist auch möglich, im Ehevertrag eine Geldzahlungsverpflichtung des Ehemannes aufzunehmen.

> Die Ehefrau hat aus einer Schenkung ihrer Eltern einen Betrag von 200.000 € ins eheliche Vermögen (Hausgrundstück …) investiert. Dieser Betrag ist der Ehefrau bei einer Scheidung zurückzuerstatten mit einer Verzinsung von 4 % über dem Basiszins seit *(Datum der Investition)*.

Man kann auch für zukünftige Zuwendungen ergänzend festhalten:

Entsprechend ist zukünftig zu verfahren, wenn ein Ehegatte privilegiertes Vermögen einbringt und dies schriftlich von beiden Ehegatten festgehalten wird.

l) Aufhebung der Verfügungsbeschränkung

Im gesetzlichen Güterstand gibt es eine Verfügungsbeschränkung, wonach ein Ehegatte nicht über sein Vermögen im Ganzen oder über einen wesentlichen Teil seines Vermögens alleine verfügen darf, § 1365 BGB.

§ 1365 Abs. 1 BGB Verfügung über Vermögen im Ganzen

> (1) Ein Ehegatte kann sich nur mit Einwilligung des anderen Ehegatten verpflichten, über sein Vermögen im Ganzen zu verfügen. Hat er sich ohne Zustimmung des anderen Ehegatten verpflichtet, so kann er die Verpflichtung nur erfüllen, wenn der andere Ehegatte einwilligt.

Diese Vorschrift kann hinderlich sein, wenn ein Ehegatte ein Unternehmen betreibt, welches sein wesentliches Vermögen darstellt. Dann kann der Unternehmer-Ehegatte über sein Vermögen nicht alleine verfügen, ihm sind praktisch „die Hände gebunden".

Es hilft eine ehevertragliche Vereinbarung, wonach die Verfügungsbeschränkung des § 1365 BGB aufgehoben wird.

> Die Verfügungsbeschränkung des § 1365 BGB schließen wir hiermit für das beiderseitige Vermögen aus.

Häufig findet sich eine entsprechende Verpflichtung auch in Gesellschaftsverträgen, sodass Ehegatten schon deshalb gehalten sind, eine entsprechende ehevertragliche Vereinbarung zu treffen.

Wie man sieht, gibt es eine Fülle von Modifizierungsmöglichkeiten, mit denen der gesetzliche Güterstand individuell „passend" gemacht werden kann.

3. Güterstand der „Gütergemeinschaft"

Ein weiterer Wahlgüterstand für Eheleute ist die sog. Gütergemeinschaft.

> **Hinweis:**
>
> Dabei handelt es sich um eine höchst seltene und auch komplizierte Güterstandsregelung. In der heutigen Zeit wird dieser Güterstand so gut wie nicht mehr vereinbart. Dies liegt insbesondere an den hohen Risiken und Nachteilen, die mit der Gütergemeinschaft verbunden sind.

Im folgenden Kapitel werden die wichtigsten Wesensmerkmale einer Gütergemeinschaft dargestellt. Wegen der geringen praktischen Bedeutung dürfte es sich erübrigen, einen diesbezüglichen Muster-Ehevertrag vorzustellen.

> **Hinweis:**
>
> In formeller Hinsicht gilt, dass die Gütergemeinschaft durch notariellen Ehevertrag vereinbart werden kann.

a) Wesen der Gütergemeinschaft

Wie eingangs erwähnt, ist die rechtliche Konstruktion höchst diffizil, weil auch sehr vielfältig. Es gibt eine Fülle von Paragrafen im Gesetz zur Regelung der Gütergemeinschaft. Selbst viele Juristen kennen sich damit nicht genau aus. Umso schwieriger ist es für die juristischen Laien – die Eheleute – mit diesem Güterstand in ihrem Leben zurechtzukommen. Die wichtigsten Merkmale sind:

aa) Verschiedene Vermögensmassen in der Ehe. Insgesamt gibt es in der Gütergemeinschaft maximal fünf verschiedene Vermögensmassen, nämlich das

- Gesamtgut beider Eheleute
- Sondergut des Ehemannes
- Sondergut der Ehefrau
- Vorbehaltsgut des Ehemannes
- Vorbehaltsgut der Ehefrau.

Kern der Gütergemeinschaft ist, dass Eheleute gemeinschaftliches Vermögen gründen. In dem Fall ist es wirklich so, dass der Name „Gütergemeinschaft" zu Recht besteht. Es gibt also grundsätzlich gemeinschaftliches Vermögen. Dies unabhängig davon, ob es sich um voreheliches oder während der Ehe erworbenes Vermögen handelt. Also auch das, was die Eheleute vor der Ehe alleine besaßen, wird bei Ehevertragsabschluss gemeinschaftliches Vermögen. Durch den Ehevertrag werden sie gemeinsame Eigentümer. Das gemeinsame Eigentum erwerben sie nicht als Bruchteilseigentum (z. B. 1/2-Miteigentumsanteil), sondern als sog. Gesamthandseigentum.

> **BEISPIEL:** Während der Ehe entschließen sich die Eheleute zum Kauf eines Einfamilienhauses. Zum Notartermin erscheint nur der Ehemann, der als Käufer in der Notarurkunde aufgenommen wird. Der Ehemann erklärt, dass er mit seiner Ehefrau in Gütergemeinschaft lebe. Obwohl der Kaufvertrag nur von ihm alleine unterzeichnet wird, ist Rechtsfolge, dass er und seine Ehefrau gemeinsam Eigentümer des Hausgrundstücks und als solche im Grundbuch eingetragen werden. Im Grundbuch werden die Eheleute als Gesamthandseigentümer eingetragen.

Neben dem gemeinschaftlichen Vermögen gibt es das sog. „Sondergut". Darunter fällt nur spezielles Vermögen, z. B. persönliche Schmerzensgeldansprüche, Forderungen aus Urheberrechten, persönliche Nießbrauchrechte oder Gesellschaftsanteile an einer offenen Handelsgesellschaft (oHG) oder Gesellschaftsanteile einer Kommanditgesellschaft (KG). Derartiges Vermögen bleibt das persönliche Vermögen des betreffenden Ehegatten, wovon er auch Alleineigentümer bleibt. Soweit daraus Nutzungen fließen, stehen diese aber dem Gesamtgut beider Eheleute zu. Etwaige Verwaltungskosten treffen ebenfalls das Gesamtgut. Sondergut gibt es konsequenterweise für jeden Ehegatten, sodass also zwei Sondergutmassen vorgesehen sind.

Darüber hinaus gibt es das sog. „Vorbehaltsgut". Vermögenswerte, die unter das Vorbehaltsgut fallen, verbleiben auch im Alleineigentum eines Ehegatten. Ihm gebühren daraus die alleinigen Nutzungen. Er kann mit dem Vorbehaltsgut auch verfahren wie es ihm beliebt. Vermögensgegenstände können auf unterschiedliche Weise zum Vorbehaltsgut erklärt werden: Entweder geschieht dies durch Vereinbarung zwischen den Eheleuten in ihrem Ehevertrag. Oder wenn für Gegenstände, die zum Vorbehaltsgut gehörten, neue Gegenstände ersatzweise angeschafft werden, dann gehören diese Ersatzgegenstände ebenfalls zum Vorbehaltsgut. Schließlich kann auch ein Dritter bei einer Vermögenszuwendung, etwa im Rahmen einer Erbschaft oder Schenkung, bestimmen, dass der zugewendete Gegenstand zum Vorbehaltsgut gehören soll, also einem Ehegatten speziell zukommen soll. Auch hinsichtlich des Vorbehaltsgutes ist es denkbar, dass für jeden Ehegatten jeweils ein Vorbehaltsgut begründet wird.

bb) Verwaltungs- und Verfügungsmöglichkeiten. Insoweit muss unterschieden werden, um welche Vermögensmasse es sich handelt.

Das Gesamtgut wird von beiden Eheleuten gemeinschaftlich verwaltet. Denkbar ist aber eine Regelung im Ehevertrag, wonach einem der Ehegatten die alleinige Verwaltungsbefugnis übertragen wird. Selbst wenn einem Ehegatten eine Alleinverwaltung übertragen wird, kann er zwar über einzelne bewegliche Gegenstände alleine verfügen (z. B. veräußern). Er kann aber nicht über das Gesamtgut verfügen oder nahezu das ganze Gesamtgut, auch kann er nicht alleine über Grundbesitz verfügen oder Schenkungen vornehmen.

Sondergut und Vorbehaltsgut verwaltet demgegenüber der betreffende Ehegatte, dem es gehört.

cc) Haftung für Schulden

> **Achtung!**
>
> Besonders risikoreich ist die Gütergemeinschaft wegen der Schuldenhaftung. Dies kann nicht deutlich genug hervorgehoben werden.

Wenn Eheleute in Gütergemeinschaft leben, wird das Gesamtgut mit verpflichtet (es haftet also das gemeinschaftliche Vermögen) für die Schulden eines einzelnen Partners. Wenn also ein Partner eine Verbindlichkeit eingeht, haftet dafür das Vermögen beider Eheleute. Eine schlimme rechtliche Konsequenz, wie folgendes Beispiel zeigt:

> Der Ehemann hat Spaß an schnellen Autos. Er möchte sich einen Sportwagen zulegen, womit die Ehefrau nicht einverstanden ist. Irgendwann begibt er sich in ein Autohaus und kauft einen 100.000 € teuren Porsche. Um den Kaufpreis zu finanzieren, schließt er gleichzeitig einen Darlehensvertrag ab. Obwohl der Darlehensvertrag nur auf den Namen des Ehemannes lautet, haftet dafür grundsätzlich das gemeinschaftliche Vermögen beider Eheleute. Die Ehefrau haftet also auch mit ihrem Vermögen, obwohl sie den Darlehensvertrag nicht unterschrieben hat und mit diesem auch nicht einverstanden war.

Woher die Schulden rühren, ist unerheblich. Das Gesamtgut haftet für sämtliche Schulden des anderen Ehegatten, seien es Schulden, die aufgrund eines Vertrages entstanden sind, seien es Schulden aufgrund gesetzlicher Haftung (z. B. Haftpflichtschäden), eine Haftung besteht sogar für Unterhaltsschulden des anderen Ehegatten.

> **BEISPIEL:** Die Ehefrau hat eine Mutter, die ins Altenheim kommt. Die Heimunterbringungskosten können von der alten Dame nicht aus eigenen Mitteln aufgebracht werden, sodass das Sozialamt eintrittspflichtig wird. Grundsätzlich haben Kinder auch eine Unterhaltsverpflichtung gegenüber Eltern. Nehmen wir an, die Ehefrau ist zur Zahlung eines monatlichen Unterhaltsbetrages von einem Gericht verurteilt worden. Das Sozialamt, auf das die Unterhaltsansprüche in Höhe der Heimunterbringungskosten übergegangen sind, vollstreckt nun gegen die Ehefrau.

> Konsequenz bei der Gütergemeinschaft: Das Sozialamt kann in das gemeinschaftliche Eigentum beider Eheleute vollstrecken, sodass der Ehemann letztlich auch mit seinem Vermögen für die Unterhaltsverpflichtungen seiner Frau aufkommen muss (was er normalerweise nicht müsste, da es eine gesetzliche Unterhaltspflicht gegenüber Schwiegereltern nicht gibt).

Festzuhalten ist danach, dass die gemeinschaftliche Haftung für Verbindlichkeiten in der Gütergemeinschaft höchst riskant und auch ungerecht sein kann.

b) Auseinandersetzung

Die Gütergemeinschaft kann auf unterschiedliche Weise enden, nämlich

- durch Abschluss eines neuen Ehevertrages
- durch Tod eines Ehegatten
- mit Scheidung der Ehe
- durch Klage eines Ehegatten auf Aufhebung der Gütergemeinschaft.

Bezüglich des Sondergutes und des Vorbehaltsgutes findet keine besondere Auseinandersetzung statt. Anders ist dies bezüglich des – meist überwiegenden – Gesamtgutes. Diesbezüglich gibt es ein nicht ganz einfaches Auseinandersetzungsverfahren (§§ 1471 ff. BGB) auf dessen nähere Darstellung hier verzichtet wird.

c) Fortgesetzte Gütergemeinschaft

Möglich ist, dass Eheleute im Ehevertrag festlegen, dass bei Tod eines Ehegatten die Gütergemeinschaft mit den Kindern fortgesetzt wird (§ 1483 BGB). Damit schlüpfen die Kinder in die Rolle des verstorbenen Ehegatten und die Gütergemeinschaft wird mit ihnen und dem überlebenden Ehegatten fortgesetzt. Überlebender Ehegatte und Kinder können dann nur noch gemeinsam über das Gesamtgutvermögen verfügen. Der überlebende Ehegatte erbt nicht.

d) Steuerliche Aspekte

Als evtl. steuerlichen Vorteil einer – fortgesetzten – Gütergemeinschaft könnte man nennen, dass bei Übergang des Vermögens auf die Kinder kein erbschaftsteuerrelevanter Zwischenerwerb durch den überlebenden Ehegatten stattfindet, sondern nur der Vermögenserwerb seitens der Kinder der Erbschaftssteuer unterfallen kann. Beim Tod eines Elternteils kann den Kindern dadurch die Hälfte des Nachlasses übertragen werden, wobei die Kinder ihren vollen Freibetrag geltend machen können. Beim späteren Tod des anderen Elternteils kann ihnen die andere Hälfte des Nachlasses übertragen werden, wobei sie ihren vollen Freibetrag erneut geltend machen können.

Demgegenüber sind folgende steuerliche Nachteile nennenswert:

- Im Verhältnis zum gesetzlichen Güterstand der Zugewinngemeinschaft gibt es keine Erhöhung des Erbschaftssteuer-Freibetrages für Ehegatten, wie dort in Höhe des Zugewinnausgleichsanspruches.

- Bei Begründung der Gütergemeinschaft werden die bislang vorehelich vorhandenen Vermögen bekanntlich gemeinschaftliches Vermögen. Dies kann zu erheblichen Vermögensmehrungen auf Seiten eines Ehegatten führen. Ist dem so, dann kann die Vermögensmehrung schenkungssteuerpflichtig werden. Dies jedenfalls dann, wenn die Vermögensmehrung über die Freibeträge des Gesetzes hinausgeht (§ 7 Abs. 1 Nr. 4 ErbStG). Dies kann also schon zu Beginn der Gütergemeinschaft zu einer unnötigen Steuerbelastung führen. Deshalb sollte unbedingt vor Begründung der Gütergemeinschaft der Rat eines Steuerberaters eingeholt werden.

- Ein weiterer Steuernachteil kann sich dann ergeben, wenn ein Ehegatte, der vermögenslos in die Ehe kam, später als erster verstirbt. Denn bei Begründung der Gütergemeinschaft erhielt der vermögenslose Ehegatte Vermögen; bei dessen Tod kann der andere Ehegatte sein eigenes Vermögen wieder „zurückerben" mit der negativen Folge, dass er dafür – bei Überschreitung des Freibetrages – auch noch Erbschaftssteuer zu zahlen hat.

Zusammenfassend ist festzuhalten, dass der Güterstand der Gütergemeinschaft wohl zu Recht kaum noch Verwendung findet.

III. Vereinbarungen zum Versorgungsausgleich

> **Hinweis:**
>
> Mit Versorgungsausgleich bezeichnet man den Ausgleich der von beiden Eheleuten erworbenen Rentenanwartschaften aus der Ehezeit. Es gilt der sog. „Halbteilungsgrundsatz", wonach jedem Ehegatten genau die Hälfte der in der Ehe erworbenen Versorgungsanwartschaften zukommen sollen.

Zunächst zum besseren Verständnis einige grundsätzliche Anmerkungen, welche Rentenanwartschaften während einer Ehe erworben werden können und wie ein Ehegatte rentenversichert ist:

In der gesetzlichen Rentenversicherung sind **alle Arbeitnehmer** pflichtversichert (im Gegensatz zur gesetzlichen Krankenversicherung, in der die Pflichtversicherung einkommensabhängig ist).

Träger der gesetzlichen Rentenversicherung sind insbesondere:

- Deutsche Rentenversicherung Bund
- Bundesknappschaft
- Bahnversicherungsanstalt
- Seekasse Hamburg
- Alterssicherung der Landwirte (mit Sonderregelung).

Aus der gesetzlichen Rentenversicherung werden folgende Rentenarten bezahlt:

- Rente wegen Alters
- Rente wegen verminderter Erwerbsfähigkeit (z. B. Berufsunfähigkeitsrente)
- Rente wegen Todes (z. B. Witwenrente).

Bestimmte Berufsgruppen haben eigene berufsständische Versorgungen, in denen sie pflichtversichert sind:

- Ärzte
- Apotheker

- Rechtsanwälte
- Notare.

Die Leistungen der berufsständischen Versorgung ergeben sich aus den Satzungen der Versorgungsträger. Regelmäßig werden insbesondere gezahlt:

- Altersrente
- Berufsunfähigkeitsrente
- Hinterbliebenenrente.

Für Beamte, Richter, Berufssoldaten besteht eine Beamtenversorgung. Die Leistungsansprüche ergeben sich insbesondere aus dem Beamtenversorgungsgesetz. Beamte haben einen Pensionsanspruch.

Darüber hinaus gibt es natürlich Rentenanwartschaften auf freiwilliger privater oder beruflicher Basis, etwa:

- Private Rentenversicherung bei einer Versicherungsgesellschaft
- Betriebliche Altersversorgung (Pensionskasse)
- Riester-Vertrag.

Wie ist der Ehegatte rentenversichert?

Sofern ein Ehegatte **selbst erwerbstätig** und Mitglied eines Versorgungsträgers ist, hat er dort eine eigene Anwartschaft.

> **BEISPIEL:** Die Ehefrau ist teilzeitbeschäftigt. Sie ist Angestellte und verdient 1.000 € monatlich brutto. Sie ist aufgrund ihrer Tätigkeit pflichtversichert in der Deutschen Rentenversicherung Bund. Von ihrem Gehalt werden monatliche Rentenversicherungsbeiträge an die Deutsche Rentenversicherung gezahlt. Bei der Deutschen Rentenversicherung werden auf einem Versicherungskonto der Ehefrau **eigene Rentenanwartschaften** auf ihren Namen begründet. Sie hat dort eine eigene Rentenversicherungsnummer.

Sofern der Ehegatte **nicht erwerbstätig** ist, ist er auch nicht Mitglied bei einem Versorgungsträger und erwirbt regelmäßig auch keine eigenen Rentenanwartschaften.

III. Vereinbarungen zum Versorgungsausgleich

> **BEISPIEL:** Der Ehemann ist Angestellter und hat als solcher Rentenanwartschaften bei der Deutschen Rentenversicherung Bund. Die Ehe ist kinderlos. Die Ehefrau versorgt den Haushalt und war ansonsten bislang nicht erwerbstätig. Sie hat deshalb auch kein eigenes Rentenkonto und keine eigenen Rentenanwartschaften.

Abweichend vom Regelfall können – auch ohne Beitragszahlungen – Rentenanwartschaften in der gesetzlichen Rentenversicherung begründet werden, wenn besondere Umstände gegeben sind, so z. B.

- nach Geburt eines Kindes werden dem erziehenden Elternteil sog. „Kindererziehungszeiten" gutgeschrieben
- in bestimmten Fällen krankheitsbedingter Arbeitsunfähigkeit, der Schwangerschaft, der Arbeitslosigkeit, des Militärdienstes oder der Berufsausbildung können Rentenbeiträge angerechnet werden
- bei Pflege eines Angehörigen können Rentenbeiträge angerechnet werden.

Hinweis:

Fazit ist, dass vom **Grundsatz** her nur der Ehegatte eigene Rentenanwartschaften begründet, soweit er selbst Rentenbeiträge zahlt. über den Ehepartner erfolgt eine Absicherung regelmäßig nur für den Todes- oder Scheidungsfall.

Wie funktioniert nun der Versorgungsausgleich, wenn es zur Scheidung kommt?

Das Recht zum Versorgungsausgleich wurde zum 1. 9. 2009 komplett reformiert und alles ist nunmehr in einem neu geschaffenen Gesetz, dem Versorgungsausgleichsgesetz, geregelt. Neu ist insbesondere:

- Der gesetzliche Versorgungsausgleich findet normalerweise nur noch statt, wenn die Ehezeit länger als drei Jahre ist (innerhalb der ersten drei Jahre nur auf Antrag eines Ehegatten).

2. KAPITEL „Vorsorgender Ehevertrag"

BEISPIEL: Wenn Eheleute am 20. 1. 2009 geheiratet haben, sich am 30. 1. 2010 trennten und dann der Ehescheidungsantrag am 25. 2. 2011 dem anderen Ehegatten zugestellt wurde, dann findet ein Versorgungsausgleich nicht statt. Allenfalls dann, wenn ein Ehegatte dies ausdrücklich beantragt.

- Der Versorgungsausgleich findet dann nicht statt, wenn die Wertunterschiede der einzelnen Anwartschaften zu gering sind.
- Der Versorgungsausgleich findet auch nicht statt, wenn einzelne Anrechte zu gering sind.

BEISPIEL: Der Ehemann hat neben einer hohen Rentenanwartschaft in der gesetzlichen Rentenversicherung Anwartschaften erworben in einer privaten Rentenversicherung bei der XY-Versicherungsgesellschaft in Höhe eines Kapitalwertes von 2.500 €. Diese private Rentenversicherung wird nicht ausgeglichen, weil sie unter dem Grenzwert von 3.024 € liegt.

- Es gilt das Prinzip der „internen Teilung". Dies bedeutet, dass nunmehr jedes in der Ehe aufgebaute Versorgungsanrecht gesondert in dem jeweiligen Versorgungssystem zwischen den Ehegatten aufgeteilt wird. Jeder Ehegatte erhält also bezüglich des betreffenden Versorgungsanrechts sein eigenes „Rentenkonto". Damit erwirbt jeder Ehegatte einen eigenen Anspruch gegen den jeweiligen Versorgungsträger, auch wenn er dort vorher nicht versichert war. Es werden also nicht mehr in einem Scheidungsfall alle Rentenanwartschaften „in einen Topf geworfen", wodurch es dann im Ergebnis nur einen Ausgleichsberechtigten und nur einen Ausgleichsverpflichteten gab. Vielmehr findet nun wie gesagt innerhalb der einzelnen Anrechte eine Teilung statt, daher die Bezeichnung „interne Teilung".

BEISPIEL: Der Ehemann hat während der Ehe in der gesetzlichen Rentenversicherung, der Deutschen Rentenversicherung Bund, eine Rentenanwartschaft von 40 Entgeltpunkten erworben. Der Rentenwert für einen Entgeltpunkt liegt derzeit bei 27,20 € (Stand 5/2011). Dementsprechend hat der Ehemann einen Rentenwert erworben von 1.088 € (40 × 27,20 €). Die Höhe des Rentenwertes verändert sich jährlich, ist

abhängig von der wirtschaftlichen Entwicklung und wird jeweils zum 1.7. eines Jahres angepasst.
Ferner hat der Ehemann in seiner Firma eine betriebliche Altersversorgung und dort während der Ehezeit Anwartschaften mit einem Kapitalwert von 25.000 € angesammelt.
Lösung bei Scheidung:
Im Rahmen des Versorgungsausgleiches werden der Ehefrau aus der Rentenversicherung des Ehemannes bei der Rentenversicherung Bund 20 Entgeltpunkte auf ihr Rentenkonto übertragen.
Ferner erhält die Ehefrau einen Anspruch gegenüber der betrieblichen Altersversorgung des Ehemannes auf eine Betriebsrente im Wert von 12.500 €.

- In bestimmten Ausnahmefällen gibt es eine Aufteilung der Rentenanwartschaften außerhalb des betreffenden Versorgungssystems. Dann spricht man von „externer Teilung". In derartigen Sonderfällen wird bei einem anderen Versorgungsträger eine Anwartschaft zugunsten des ausgleichsberechtigten Ehegatten begründet.
- Vereinbarungen zum Versorgungsausgleich sind leichter möglich. Eine ausdrückliche Genehmigung des Gerichts ist nicht mehr erforderlich. Vielmehr genügt, dass die Vereinbarung der „Ausübungskontrolle" standhält, damit der bekannten Rechtsprechung zur allgemeinen Inhalts- und Ausübungskontrolle bei Eheverträgen genügt.

§ 6 Versorgungsausgleichsgesetz (VersAusglG) Regelungsbefugnisse der Ehegatten:

(1) Die Ehegatten können Vereinbarungen über den Versorgungsausgleich schließen. Sie können ihn insbesondere ganz oder teilweise
1. in die Regelung der ehelichen Vermögensverhältnisse einbeziehen,
2. ausschließen oder
3. Ausgleichsansprüche nach der Scheidung gemäß den §§ 20 bis 24 vorbehalten.
(2) Bestehen keine Wirksamkeits- und Durchsetzungshindernisse, ist das Familiengericht an die Vereinbarung gebunden.

Grundsätzlich kann man sagen, dass Vereinbarungen zum Versorgungsausgleich erleichtert möglich sind. Bei kurzer Ehedauer und bei Geringfügigkeit findet nach dem Gesetz regelmäßig gar kein Ausgleich mehr statt.

Die Gesetzeslage kann durch viele denkbaren Vereinbarungen abgeändert werden.

1. Formerfordernis

> **Achtung!**
>
> Es ist eine notarielle Beurkundung erforderlich.

2. Welche Abänderungen des gesetzlichen Versorgungsausgleiches sind möglich?

a) Genereller Ausschluss

Die extremste Form der Abänderung des gesetzlichen Versorgungsausgleiches ist, diesen komplett auszuschließen. Im Scheidungsfalle hat dann kein Ehegatte Anspruch auf die Rentenanwartschaften des anderen Ehegatten.

> Für den Fall der Scheidung unserer Ehe schließen wir den gesetzlichen Versorgungsausgleich aus.

Ein Ausschluss des Versorgungsausgleiches kann durchaus sachgerecht sein. Die Beurteilung hängt aber letztlich vom „Ehetyp" der Eheleute ab. Maßgebende Kriterien sind:

- Sind beide Eheleute erwerbstätig und erwerben eigene Rentenanwartschaften, evtl. in etwa gleicher Höhe (Doppelverdiener-Ehe)?

- Oder ist ein Ehegatte nicht erwerbstätig und hat keine eigene Absicherung fürs Alter (Hausfrauen-Ehe)?

- Ist ein Ehegatte selbstständig, zahlt nicht in die gesetzliche Rentenversicherung ein, sondern betreibt eine Altersvorsorge durch Einzahlungen in eine Kapital-Lebensversicherung, während der andere Ehegatte in eine gesetzliche Rentenversicherung einzahlt?

III. Vereinbarungen zum Versorgungsausgleich

- Ist im Ehevertrag vorgesehen, dass der (auf Rentenanwartschaften des anderen) verzichtende Ehegatte dafür einen Ausgleich erhält?

Dementsprechend kann eine ehevertragliche Vereinbarung auf Ausschluss des Versorgungsausgleiches Sinn machen oder auch nicht, was **folgende Beispiele** verdeutlichen:

aa) Bei der Doppelverdiener-Ehe

> **BEISPIEL:** Beide Eheleute sind erwerbstätig mit etwa gleich hohem Einkommen und zahlen jeweils in die gesetzliche Rentenversicherung ein. Sie erwerben auch etwa gleich hohe Rentenanwartschaften.
> Die Eheleute sind über ihre eigene Rentenversicherung genug abgesichert. Ein Ausschluss des Versorgungsausgleiches macht Sinn.

bb) Bei der Doppelverdiener-Ehe mit unterschiedlichem Einkommen

> **BEISPIEL:** Der Ehemann verdient 3.000 €. Die Ehefrau erhält 1.000 € aus einer Halbtagstätigkeit. Im übrigen führt sie den gemeinsamen Haushalt. Hier erwirbt der Mann aufgrund des hohen Einkommens hohe Rentenanwartschaften. Die Frau wird nur geringe Anwartschaften erwerben.

Ginge die Ehe nach zehn Jahren auseinander, würde die Ehefrau so gut wie keine eigenen Rentenanwartschaften aus der Ehezeit haben und würde zudem vom Ehemann keine Anwartschaften im Rahmen des Versorgungsausgleiches erhalten wegen des vertraglich vereinbarten Verzichts. Ein kompletter Ausschluss des Versorgungsausgleiches wäre für sie als schlechter verdienenden Ehegatten (z. B. Ehefrau mit Teilzeitbeschäftigung) deshalb nachteilig.

cc) Bei der Hausfrauen-Ehe

> **BEISPIEL:** Nur der Ehemann ist erwerbstätig und begründet eigene Rentenanwartschaften. Die Ehefrau versorgt Haushalt und Kinder. Die Ehefrau erwirbt keine eigenen Rentenanwartschaften, von der Begründung von sog. Kindererziehungszeiten einmal abgesehen.
> Ein kompletter Ausschluss des Versorgungsausgleiches wäre für die Ehefrau höchst gefährlich. Sie stünde im Alter ohne Absicherung da.

dd) Bei der Unternehmer-Ehe

> **BEISPIEL:** Nehmen wir an, ein Ehemann ist selbstständig. Er betreibt ein Gewerbe oder irgendein sonstiges Unternehmen. Er zahlt nicht in die gesetzliche Rentenversicherung ein, da er nicht pflichtversichert ist. Stattdessen hat er fürs Alter Kapital-Lebensversicherungen abgeschlossen. Diese unterfallen nicht dem Versorgungsausgleich, sondern dem Zugewinnausgleich. Die Ehefrau versorgte zunächst Haushalt und Kinder. Zwischenzeitlich ist sie auch erwerbstätig im Geschäft ihres Mannes. Sie hat eigene Rentenanwartschaften in der gesetzlichen Rentenversicherung erworben, zunächst durch Kindererziehungszeiten und später durch eigene Erwerbstätigkeit. Diese Rentenanwartschaften fallen in den gesetzlichen Versorgungsausgleich.

Rechtsfolge nach dem Gesetz: Kommt es zur Scheidung, muss die Ehefrau die Hälfte ihrer Rentenversicherungsanwartschaften an den Ehemann abgeben, weil nur sie Anwartschaften in der Rentenversicherung begründet hat. Demgegenüber ist nicht sicher, dass sie an den Lebensversicherungen ihres Mannes partizipiert, weil diese nach dem Gesetz rein vermögensrechtliche Bedeutung haben. Sofern die Eheleute im gesetzlichen Güterstand der Zugewinngemeinschaft leben, hängt es von den übrigen Berechnungsfaktoren ab, ob ihr ein Zugewinnausgleich zusteht; sollten die Ehegatten für den Scheidungsfall den Zugewinnausgleich ausgeschlossen haben oder in Gütertrennung leben, erhält sie definitiv nichts von den Lebensversicherungen. Die Durchführung des Versorgungsausgleiches kann deshalb für die Ehefrau zu einem äußerst unbilligen Ergebnis führen. Denn die Ehefrau müsste Versorgungsanwartschaften abgeben, obwohl sie von der Altersversorgung des Ehemannes (Lebensversicherungen) nichts erhielte.

Unter Umständen ist die Durchführung des Versorgungsausgleichs auch unwirtschaftlich, wenn der Ehemann nicht die „kleine Wartezeit" (60 Monate) in der Rentenversicherung erreicht. Hier wäre ein Verzicht auf die Durchführung des Versorgungsausgleiches sinnvoll.

Achtung!

Ein Verzicht muss gut überlegt werden. Vielfach bedenken Eheleute nicht, worauf sie verzichten. Die wirtschaftliche Bedeutung des Versorgungsausgleiches wird oft übersehen.

Dies mag daran liegen, dass der Rentenbezug noch weit in der Zukunft liegt und man die Auswirkungen eines Verzichtes nicht sofort „im Portemonnaie" spürt. Der Wert von Rentenanwartschaften ist erheblich. Man muss sich nur vor Augen halten, welcher Geldbetrag aufgebracht werden muss, um Rentenanwartschaften in der gesetzlichen Rentenversicherung zu begründen. Um bspw. eine monatliche Rentenanwartschaft von nur 50 € zu erwerben, müssen etwa 10.000 € (Stand 2011) in die Rentenversicherungskasse einbezahlt werden.

b) Teilweiser Ausschluss

Es ist anerkannt, dass auch ein „Teilausschluss" vereinbart werden kann. Dies kann auf unterschiedliche Weise geschehen.

aa) Beschränkung auf bestimmte Versorgungsarten. Es kann vereinbart werden, dass nur die Anwartschaften aus der gesetzlichen Rentenversicherung (Deutsche Rentenversicherung Bund) in den Versorgungsausgleich fallen. Demgegenüber sollen betriebliche Altersversorgungen oder alle Zusatzversorgungen dem betreffenden Ehegatten ungeschmälert verbleiben.

> Für den Fall der Scheidung unserer Ehe soll der Versorgungsausgleich gesetzlich durchgeführt werden, jedoch mit der Abweichung, dass die von der Ehefrau bei der Zusatzversorgung des öffentlichen Dienstes erworbenen Rentenanwartschaften (genaue Bezeichnung) und die vom Ehemann im Rahmen der betrieblichen Altersversorgung erworbenen Anwartschaften (*genaue Bezeichnung*) vom Versorgungsausgleich ausgeschlossen werden.

bb) Änderung der Ausgleichsquote. Nach dem Gesetz beträgt die Ausgleichsquote bekanntlich 1/2. Davon kann vertraglich abgewichen werden. Die Quote kann reduziert werden, z. B. auf 1/3. Entsprechend niedriger fällt der Ausgleichsbetrag aus. Eine Erhöhung der Quote über 1/2 wäre allerdings rechtsunwirksam.

cc) Ausschluss bestimmter Zeiträume

> **BEISPIEL:** Nehmen wir an, Eheleute sind Doppelverdiener und erwirtschaften etwa gleich hohe Rentenanwartschaften während ihrer Berufstätigkeit. Aufgrund Kinderwunsches gehen sie davon aus, dass die Ehefrau irgendwann ihre Erwerbstätigkeit aufgibt/einschränkt mit der Folge, dass sie in der Zeit keine eigenen Rentenanwartschaften begründet. Sollte dies so kommen, möchten die Eheleute eine Klausel aufnehmen, dass die Ehefrau dann – bei Geburt eines Kindes – an den Rentenanwartschaften des Ehemannes partizipiert, sollte es zur Scheidung kommen. In einem Ehevertrag kann entsprechendes vereinbart werden.

> Wir vereinbaren, dass für den Fall der Scheidung der Versorgungsausgleich ausgeschlossen wird, jedoch mit folgender Abweichung. Der Versorgungsausgleich soll durchgeführt werden in den Zeiträumen, in denen ein Ehegatte aufgrund Geburt eines Kindes seine Erwerbstätigkeit aufgibt oder einschränkt und infolgedessen keine eigenen Versorgungsanwartschaften oder nur reduzierte erwirbt. Sollte der Ehegatte später wieder eine eigene Erwerbstätigkeit im bisherigen Umfang aufnehmen und daraus entsprechende Rentenanwartschaften für sich begründen, tritt ab Beginn des Folgemonates der Ausschluss des Versorgungsausgleiches wieder in Kraft.

Hinweis:

Aus Gründen der Wirksamkeit des Ehevertrages ist es auch dringend zu empfehlen, eine Regelung aufzunehmen, wonach im Falle der Geburt eines Kindes und der damit einhergehenden Erwerbminderung der Ausschluss eines Versorgungsausgleiches aufgehoben wird. Denn ansonsten droht Gefahr, dass man im Streitfall eine unangemessene Benachteiligung des Kinder betreuenden Elternteils annimmt. Das könnte einen unzulässigen Eingriff in den „Kernbereich" der Scheidungsfolgen darstellen, die Ehegatten schützen sollen.

III. Vereinbarungen zum Versorgungsausgleich

c) Ausschluss gegen Äquivalent

In manchen Fällen bietet sich an, auf die Durchführung des Versorgungsausgleiches zu verzichten, wenn der (schwächere) Ehegatte auf andere Weise abgesichert wird. Ziel ist es in solchen Fällen, auch den schwächeren Partner fürs Alter abzusichern. In Betracht kommt bspw. eine Regelung, wonach sich der (wirtschaftlich stärkere) Ehegatte zum Abschluss einer Lebensversicherung zu Gunsten des anderen Partners verpflichtet.

> Für unsere Ehe schließen wir den gesetzlichen Versorgungsausgleich aus.
> Der Ehemann verpflichtet sich, zu Gunsten der Ehefrau ab dem folgenden Monat eine dynamische Lebensversicherung abzuschließen bei der ABC-Lebensversicherungs AG bezogen auf seinen Todesfall, auszahlbar bei Vollendung des 65. Lebensjahres der Ehefrau.
> Der Ehemann verpflichtet sich zur Abgabe einer Erklärung gegenüber der Lebensversicherung, wonach der Ehefrau im Todes- und Erlebensfall ein unwiderrufliches Bezugsrecht eingeräumt wird. Es soll sich um eine Kapitallebensversicherung mit Rentenwahlrecht handeln. Der Kapitalbetrag der Lebensversicherung ist im Versicherungsvertrag in einer Höhe zu vereinbaren, dass die Rente bei Ausübung des Rentenwahlrechts mindestens 1.000 € monatlich, gerechnet nach heutigem Geldwert beträgt.
> Der Ehemann verpflichtet sich, die Beiträge zur Lebensversicherung jeweils pünktlich und vertragsgemäß an die Lebensversicherungsgesellschaft zu zahlen, auch über eine eventuelle Scheidung hinaus. Der Ehemann hat auf Verlangen der Ehefrau die Zahlungen an die Versicherungsgesellschaft nachzuweisen. Ferner hat er ihr unaufgefordert eine jährliche Mitteilung der Versicherung über die Entwicklung der Versicherungsleistung zuzuleiten.
> Für den Fall, dass der Ehemann mit mehr als zweimonatlichen Versicherungsbeiträgen in Verzug kommt oder die Versicherung kündigt, steht der Ehefrau ein Rücktrittsrecht vom Ausschluss des Versorgungsausgleiches zu. Ein Rücktritt bedarf der notariellen Form und ist dem Ehemann zuzustellen.

Möglich ist es auch, auf den Versorgungsausgleich gegen Zahlung eines Einmalbetrages zu verzichten. Dies kommt gelegentlich in Eheverträgen vor, die nach der Trennung der Eheleute geschlossen werden und die Ehescheidungsfolgen regeln. Mitunter liegt es im Interesse der Ehegatten gegen einen angemessenen Geldausgleich in Form eines Einmalbetrages von der Durchführung des Versorgungsausgleiches Abstand zu nehmen. Der (den Geldbetrag) erhaltende

Ehegatte kann den Einmalbetrag dann evtl. zum Abschluss einer eigenen privaten Rentenversicherung verwenden, die oftmals mit geringerem finanziellen Aufwand eine höhere Leistung erbringt als der gesetzliche Rententräger.

> Wir verzichten auf die Durchführung des gesetzlichen Versorgungsausgleiches. Zum Ausgleich der Wertunterschiede der beiderseitigen Rentenanwartschaften verpflichtet sich der Ehemann zur Zahlung eines Einmalbetrages von 25.000 € an seine Ehefrau. Der Betrag ist zur Zahlung fällig am Monatsersten, der auf die Zustellung des Ehescheidungsantrages folgt.

Hinweis:

Ein solcher Abfindungsbetrag muss aber der Höhe nach einen angemessenen Ausgleich darstellen. Ansonsten könnte eine derartige Regelung wiederum Wirksamkeitsbedenken auslösen.

d) Rücktrittsrechte / Bedingungen

Anerkannt ist zudem, dass ein gänzlicher oder teilweiser Ausschluss des Versorgungsausgleiches unter Bedingungen erfolgen kann oder gegen Einräumung von Rücktrittsrechten. Möglich ist auch der Ausschluss nur betreffend eines Partners.

Wie man sieht, kann die gesetzliche Regelung hinsichtlich des Versorgungsausgleiches in verschiedener Weise abgeändert werden.

IV. Vereinbarungen zum Unterhalt

1. Beim „Familienunterhalt"

Beim Familienunterhalt handelt es sich um den Unterhalt während des glücklichen Zusammenlebens.

Sofern Eheleute überhaupt eine Regelung bezüglich des Familienunterhalts treffen wollen, so könnte dies wie folgt geschehen:

IV. Vereinbarungen zum Unterhalt

a) Bei der Doppelverdiener-Ehe

Wir sind uns darüber einig, dass jeder von uns weiter erwerbstätig ist. Mit unseren Einkünften wollen wir beide zu den Haushaltskosten und zur Unterhaltung der Familie beitragen. Die Höhe des finanziellen Beitrages eines jeden von uns richtet sich prozentual nach dem Verhältnis der Einkünfte zueinander. Wir sind uns ferner darüber einig, dass die Haushaltstätigkeit von uns beiden zu gleichen Teilen ausgeführt wird. Die Arbeiten werden wir untereinander aufteilen. Wir sind grundsätzlich darüber einig, dass eine Haushaltshilfe eingestellt werden kann.

b) Bei der Hausfrauen-Ehe

Wir sind uns grundsätzlich darüber einig, dass der Ehemann einer Erwerbstätigkeit nachgeht und die Ehefrau den Haushalt führt und die etwaig aus der Ehe hervorgehenden Kinder versorgt. Sämtlicher finanzieller Unterhaltsbedarf der Familie wird über das Erwerbseinkommen des Mannes gedeckt, während die Ehefrau ihren Beitrag zum Familienunterhalt durch Führung des Haushaltes und Betreuung etwaiger Kinder erbringt.

> **Achtung!**
>
> Eine solche Vereinbarung birgt die Gefahr, dass bei einem Scheitern der Ehe eine jahrelange Unterhaltsverpflichtung des Ehemannes gegenüber seiner dann geschiedenen Frau verbleibt. Diese könnte sich nämlich dann auf die Rollenverteilung und ihre mangelnde Erwerbsverpflichtung berufen, weshalb sie – je nach Dauer der Ehe – keine Chancen mehr auf dem normalen Arbeitsmarkt habe. Sie könnte möglicherweise geltend machen, dass sie sich aus eigener Kraft nicht selbst unterhalten könne und deshalb auf fortwährende Unterhaltszahlungen ihres Mannes angewiesen sei. Von einer solchen Vereinbarung ist deshalb abzuraten.

c) Bei der Zuverdiener-Ehe

Wir sind darüber einig, dass der Ehemann auch in Zukunft einer Vollzeiterwerbstätigkeit nachgeht. Demgegenüber soll die Ehefrau vorwiegend den Haushalt und etwaige aus der Ehe hervorgehende Kinder versorgen. Soweit es die Haushaltsführung und die Kinderbetreuung erlaubt, soll die Ehefrau einer Teilzeiterwerbstätigkeit nachgehen. Der Ehemann wird mit seinem Erwerbseinkommen den überwiegenden Teil des Familienunterhaltes decken. Demgegenüber wird die Ehefrau durch Führung des Haushaltes und Versorgung der Kinder zum Familienunterhalt beitragen und zu einem gewissen Teil durch eigenes Erwerbseinkommen. Wir sind uns darüber einig, dass die Ehefrau ihre Erwerbstätigkeit ausdehnt, sobald die Betreuungssituation der Kinder dies zulässt.

Achtung!

Auch diese Vereinbarung birgt eine Gefahr, dass eine Ehefrau – nach Scheitern der Ehe – noch lange auf Unterhaltsansprüche angewiesen sein kann. Sie ist deshalb nur bedingt empfehlenswert bzw. auch davon ist abzuraten.

Unzulässig wäre es, in einem Ehevertrag einen Verzicht auf zukünftigen Familienunterhalt zu vereinbaren. Ein solcher Verzicht wäre unwirksam und hätte keine rechtliche Bedeutung.

Regelungen zum Familienunterhalt – also für die Zeit des Zusammenlebens – sind von geringer praktischer Bedeutung, sodass nicht näher darauf eingegangen werden soll.

2. Trennungsunterhalt (bis zu einer Scheidung)

Regelungen zum Trennungsunterhalt findet man in der Regel nicht in „vorsorgenden Eheverträgen". Denn auf Trennungsunterhalt kann man nicht im Vorhinein wirksam verzichten. Auch ist die Festlegung eines Betrages im Vorhinein kaum möglich. Denn die Höhe des Unterhaltes richtet sich u. a. nach den Einkommensverhältnissen und diese sind für die Zukunft nicht bekannt.

3. Nachehelicher Unterhalt

Von weitaus größerer Bedeutung sind im vorsorgenden Ehevertrag Unterhaltsregelungen, wenn die Ehe auseinander geht. Man spricht vom sog. nachehelichen Unterhalt. Gemeint ist ein Unterhaltsanspruch für die Zeit nach der Scheidung. Dieser wird in Eheverträgen häufig geregelt. Es besteht auch ein großes Regelungsbedürfnis. Denn die reine gesetzliche Unterhaltsregelung wird häufig als ungerecht empfunden.

a) Unterhaltsansprüche nach dem Gesetz

Es gibt den Grundsatz, dass sich nach einer Scheidung jeder Ehegatte selbst versorgen muss. Will ein Ehegatte nach der Scheidung Unterhalt haben, muss ein bestimmter „Unterhaltstatbestand" vorliegen. Dies hört sich zunächst so an, als wären nacheheliche Unterhaltsansprüche selten. Der Eindruck täuscht, da es mehrere Unterhaltstatbestände gibt, die eine Vielzahl von geschiedenen Ehen erfassen, sodass ein Unterhaltsanspruch die Regel, nicht die Ausnahme ist.

Einzelne Unterhaltstatbestände sind nach dem Gesetz:

§ 1570 BGB Unterhalt wegen Betreuung eines Kindes

(1) Ein geschiedener Ehegatte kann von dem anderen wegen der Pflege oder Erziehung eines gemeinschaftlichen Kindes für mindestens drei Jahre nach der Geburt Unterhalt verlangen. Die Dauer des Unterhaltsanspruchs verlängert sich, solange und soweit dies der Billigkeit entspricht. Dabei sind die Belange des Kindes und die bestehenden Möglichkeiten der Kinderbetreuung zu berücksichtigen.

(2) Die Dauer des Unterhaltsanspruchs verlängert sich darüber hinaus, wenn dies unter Berücksichtigung der Gestaltung von Kinderbetreuung und Erwerbstätigkeit in der Ehe sowie Dauer der Ehe der Billigkeit entspricht.

Beim sog. „Betreuungsunterhalt" kann ein Ehegatte Unterhalt begehren, der gemeinsame Kinder versorgt, wobei darunter folgende Kernaussagen fallen:

- Solange das gemeinsame Kind noch keine drei Jahre alt ist, hat die Mutter keine Erwerbsobliegenheit, muss also nicht arbeiten gehen. In den ersten drei Jahren hat sie also grundsätzlich einen Betreuungsunterhaltsanspruch. Man spricht auch vom sog. „Basisunterhalt".

- Wenn das Kind älter als drei Jahre ist, besteht grundsätzlich eine Verpflichtung der Mutter zur Aufnahme einer Erwerbstätigkeit, soweit dies der „Billigkeit" entspricht und Kinderbetreuungsmöglichkeiten bestehen. Der Gesetzgeber sagt nicht, wie umfangreich eine solche Erwerbstätigkeit sein soll. Dies wird von den Gerichten in konkreten Fällen näher definiert. Im Laufe der letzten Jahre haben sich diesbezüglich eine Fülle von Gerichtsentscheidungen ergeben, die vom fachkundigen Rechtsberater ausgewertet werden können, sodass er Rat geben kann, wie die Erwerbsobliegenheit zu sehen ist. Tendenziell geht man nicht sofort ab dem vierten Lebensjahr des Kindes von einer vollen Erwerbsverpflichtung der Mutter aus, sondern vielmehr zunächst von einer Teilzeitverpflichtung, die sich dann im Laufe des Älterwerdens des Kindes bis zu einer Vollzeitverpflichtung entwickelt. Dies muss man aber individuell entscheiden, je nach Betreuungsgegebenheiten, Bedürfnissen des Kindes, Arbeitsmöglichkeiten etc.

- In besonderen Fällen kann auch über längere Zeit ein Betreuungsunterhalt geschuldet werden, wenn dies aufgrund der ehelichen Situation notwendig ist.

§ 1571 BGB Unterhalt wegen Alters

Ein geschiedener Ehegatte kann von dem anderen Unterhalt verlangen, soweit von ihm im Zeitpunkt
1. der Scheidung,
2. der Beendigung der Pflege oder Erziehung eines gemeinschaftlichen Kindes oder
3. des Wegfalls der Voraussetzungen für einen Unterhaltsanspruch nach §§ 1572 und 1573 wegen seines Alters eine Erwerbstätigkeit nicht mehr erwartet werden kann.

Unter einem Altersunterhalt versteht man, wie man bereits aufgrund der Bezeichnung schnell erkennt, einen Unterhalt, den man beanspruchen kann, weil man zu alt ist, um arbeiten zu gehen.

BEISPIEL: Die Ehefrau, die während der Ehe Hausfrau war, ist im Zeitpunkt der Scheidung bereits 65 Jahre. Sie ist nicht mehr verpflichtet, arbeiten zu gehen.

IV. Vereinbarungen zum Unterhalt

> **BEISPIEL:** Die Ehefrau war bei Scheidung 55 Jahre alt. Zu dem Zeitpunkt war sie schon länger krank, sodass sie nicht arbeiten konnte, weshalb ihr ein Unterhalt wegen Krankheit zustand bis sie 58 Jahre war. Ab dem Zeitpunkt fand sie zwar eine Arbeit, verdiente aber wenig, sodass ihr dann noch ein Aufstockungsanspruch zustand bis sie 65 Jahre alt wurde. Weil ihr durch die Ehe sog. „ehebedingte Nachteile" entstanden waren, hat sie auch über das 65. Lebensjahr hinaus einen Unterhaltsanspruch, dies wäre dann der Altersunterhalt gemäß § 1571 BGB.

§ 1572 BGB Unterhalt wegen Krankheit oder Gebrechen

> Ein geschiedener Ehegatte kann von dem anderen Unterhalt verlangen, solange und soweit von ihm vom Zeitpunkt
> 1. der Scheidung,
> 2. der Beendigung der Pflege oder Erziehung eines gemeinschaftlichen Kindes,
> 3. der Beendigung der Ausbildung, Fortbildung oder Umschulung oder
> 4. des Wegfalls der Voraussetzungen für einen Unterhaltsanspruch nach § 1573
> an wegen Krankheit oder anderer Gebrechen oder Schwäche seiner körperlichen oder geistigen Kräfte eine Erwerbstätigkeit nicht erwartet werden kann.

Ist jemand aufgrund seiner Gesundheit außerstande, zu arbeiten oder kann er gesundheitsbedingt nur einer Teilzeittätigkeit nachgehen, kann ihm deswegen ein Unterhaltsanspruch zustehen. Es bedarf keiner großer Fantasie anzunehmen, dass über das Vorhandensein oder Nichtvorhandensein einer gesundheitlichen Beeinträchtigung trefflich gestritten werden kann und vielfach Ärzte medizinische Sachverständigengutachten erstellen müssen.

§ 1573 Abs. 1 BGB Unterhalt wegen Erwerbslosigkeit und Aufstockungsunterhalt

> (1) Soweit ein geschiedener Ehegatte keinen Unterhaltsanspruch nach den §§ 1570 bis 1572 hat, kann er gleichwohl Unterhalt verlangen, solange und soweit er nach der Scheidung keine angemessene Erwerbstätigkeit zu finden vermag.

Danach kann ein geschiedener Ehegatte, der während der Ehe nicht erwerbstätig gewesen ist, Unterhalt so lange fordern, bis er eine angemessene Arbeit erlangt hat.

§ 1573 Abs. 2 BGB Unterhalt wegen Erwerbslosigkeit und Aufstockungsunterhalt

> (2) Reichen die Einkünfte aus einer angemessenen Erwerbstätigkeit zum vollen Unterhalt (§1578) nicht aus, kann er, soweit er nicht bereits einen Unterhaltsanspruch nach den §§ 1570 bis 1572 hat, den Unterschiedsbetrag zwischen den Einkünften und dem vollen Unterhalt verlangen.

Ein Aufstockungsunterhalt kann schon gegeben sein, wenn ein Ehegatte weniger verdient als der andere.

> **BEISPIEL:** Der Ehemann verdient 1.800 € netto. Die Ehefrau nur 1.300 €. Die Differenz von 500 € kann zu einem Aufstockungsunterhaltsanspruch von ca. 210 € führen.

Achtung!

Der Aufstockungsunterhalt ist eine gefährliche Angelegenheit für viele Unterhaltsverpflichteten. Demgegenüber ein Segen für alle, die Unterhalt fordern wollen. Denn der Tatbestand ist oft erfüllt. Eine Einkommensdifferenz gibt es fast immer. Also muss man sich vergegenwärtigen, dass der Gesetzgeber mit dieser Vorschrift ein Tor zum nachehelichen Unterhalt öffnet, was vielfach als ungerecht empfunden wird.

§ 1575 BGB Ausbildung, Fortbildung oder Umschulung

> (1) Ein geschiedener Ehegatte, der in Erwartung der Ehe oder während der Ehe eine Schul- oder Berufsausbildung nicht aufgenommen oder abgebrochen hat, kann von dem anderen Ehegatten Unterhalt verlangen, wenn er diese oder eine entsprechende Ausbildung sobald wie möglich aufnimmt, um eine angemessene Erwerbstätigkeit, die den Unterhalt nachhaltig sichert, zu erlangen und der erfolgreiche Abschluss der Ausbildung zu erwarten ist. Der Anspruch besteht längstens für die Zeit, in der eine solche Ausbildung im Allgemeinen abgeschlossen wird; dabei sind ehebedingte Verzögerungen der Ausbildung zu berücksichtigen.
>
> (2) Entsprechendes gilt, wenn sich der geschiedene Ehegatte fortbilden oder umschulen lässt, um Nachteile auszugleichen, die durch die Ehe eingetreten sind.

> (3) Verlangt der geschiedene Ehegatte nach der Beendigung der Ausbildung, Fortbildung oder Umschulung Unterhalt nach § 1573, so bleibt bei der Bestimmung der ihm angemessenen Erwerbstätigkeit (§ 1574 Abs. 2) der erreichte höhere Ausbildungsstand außer Betracht.

Dieser eher selten gegebene Tatbestand richtet sich an Ehegatten, die aufgrund der Eheschließung oder während der Ehe eine Ausbildung abbrachen und nun – nach Scheitern der Ehe – die Ausbildung zu Ende führen möchten.

§ 1576 BGB Unterhalt aus Billigkeitsgründen
> Ein geschiedener Ehegatte kann von dem anderen Unterhalt verlangen, soweit und solange von ihm aus sonstigen schwerwiegenden Gründen eine Erwerbstätigkeit nicht erwartet werden kann und die Versagung von Unterhalt unter Berücksichtigung der Belange beider Ehegatten grob unbillig wäre. Schwerwiegende Gründe dürfen nicht allein deswegen berücksichtigt werden, weil sie zum Scheitern der Ehe geführt haben.

Es handelt sich praktisch um eine gesetzliche Auffangvorschrift, die die Fälle anspricht, die aus besonderen Gründen nicht unter einen der anderen Unterhaltstatbestände fällt. In der Praxis kommen derartige Fälle selten vor.

b) welche Regelungen sind möglich?

aa) Form. Vereinbarungen über den nachehelichen Unterhalt, namentlich auch Unterhaltsverzichte, bedürfen seit dem Jahr 2008 der notariellen Beurkundung. Wer also einen Unterhaltsverzicht vereinbaren möchte, muss zwingend einen Notarvertrag schließen.

Ein Unterhaltsverzicht ist allerdings dann nicht mehr an die notarielle Form gebunden, wenn die Ehe bereits rechtskräftig geschieden ist. Nach der Scheidung könnte etwa ein privatschriftlicher Vertrag geschlossen werden

bb) Kompletter Unterhaltsverzicht. Die extremste Regelungsmöglichkeit ist der totale Unterhaltsverzicht. Dieser bedeutet, dass Unterhaltsansprüche nach einer Scheidung generell ausgeschlossen sind.

Unter keinen Umständen kann der eine Ehegatte vom anderen nach der Scheidung noch etwas verlangen.

> Für den Fall der Scheidung verzichten wir wechselseitig auf jegliche Unterhaltsansprüche für die Zeit nach Rechtskraft der Scheidung, egal aus welchem Rechtsgrund. Den Verzicht nehmen wir jeweils wechselseitig an.

Hinweis:

Es versteht sich von selbst, dass ein solcher Unterhaltsverzicht gut überlegt sein muss. Wer ihn einmal vereinbart, ist daran gebunden.

Eine Einschränkung ist aber dann zu machen, wenn sog. „Betreuungsunterhalt" geschuldet wird. Geht etwa aus der Ehe ein gemeinsames Kind hervor, welches nach der Scheidung von einem Ehegatten betreut werden muss, so kann der geschiedene Ehegatte – trotz eines vereinbarten Verzichtes – für sich Ehegattenunterhalt fordern. Die getroffene Unterhaltsvereinbarung muss in dem Fall nicht zwingend unwirksam sein. Sie wird zumindest aber dahingehend auszulegen sein, dass eine Berufung auf den Unterhaltsverzicht unzulässig ist, soweit eine Kinderbetreuung notwendig ist. Im Hintergrund steht der Gedanke, Kinder zu schützen, deren Wohl gefährdet wäre, würde man dem betreuenden Elternteil einen Unterhalt versagen. Eine derartige Einschränkung eines Unterhaltsverzichtes wird jedenfalls bis zum 8. Lebensjahr eines Kindes angenommen, teilweise auch darüber hinaus; die Rechtsprechung dazu ist unterschiedlich.

Hinweis:

Empfehlenswert ist unbedingt, dass man eine Einschränkung des Unterhaltsverzichtes aufnimmt für den Fall, dass Kinder aus der Ehe hervorgehen, um keine Angreifbarkeit des Vertrages zu riskieren. Vgl. nachfolgendes Muster.

cc) Regelung des „Betreuungsunterhaltes". Vielfach wird der Unterhaltsanspruch der Ehefrau davon abhängig gemacht, ob Kinder aus der Ehe hervorgehen. Dies erscheint auch sachgerecht. Sind Kinder zu betreuen, kann der betreuende Ehegatte – meist die Ehefrau – keiner Erwerbstätigkeit nachgehen. Der betreuende Ehegatte ist dann auf Unterhalt angewiesen, zumindest für die Zeit der Kinderbetreuung. Über die Dauer des Unterhaltsanspruches müssen sich die Ehegatten verständigen.

> Für den Fall, dass aus unserer Ehe ein Kind oder mehrere Kinder hervorgehen, steht dem betreuenden Elternteil (der Ehefrau) für die Zeit nach Rechtskraft der Scheidung ein gesetzlicher Betreuungsunterhaltsanspruch gem. § 1570 BGB zu. Im Übrigen verzichten wir wechselseitig auf jegliche Ehegattenunterhaltsansprüche für die Zeit nach Rechtskraft der Scheidung und nehmen den Verzicht wechselseitig an.

Der Betreuungsunterhaltsanspruch kann auch zeitlich begrenzt werden durch folgenden Zusatz:

> Der Betreuungsunterhaltsanspruch besteht längstens bis das jüngste Kind zwölf Jahre alt wird; danach besteht eine Verpflichtung des betreuenden Elternteils zur Aufnahme einer Vollzeiterwerbstätigkeit. Zwischen dem vierten und dem elften Lebensjahr des jüngsten Kindes wird der betreuende Elternteil eine Vollzeittätigkeit ausüben, soweit dies mit der Kinderbetreuung vereinbar ist.

Fraglich ist, ob eine solche zeitliche Begrenzung anzuraten ist. Denn Wirksamkeitsbedenken sind nicht ganz auszuschließen. Der Betreuungsunterhalt gehört zu den „Kernbereichen", sodass ohne weiteres nicht darauf verzichtet werden kann.

dd) Unterhalt wegen Krankheit. Ehegatten können auch vereinbaren, dass der Verzicht auf nachehelichen Unterhalt dann nicht gelten soll, wenn ein Ehegatte krank wird. Die Unterhaltsverpflichtung kann also von der Gesundheitssituation abhängig gemacht werden. Es besteht also nur dann ein Unterhaltsanspruch, wenn der Ehegatte aus gesundheitlichen Gründen außerstande ist, selbst für seinen Unterhalt aufzukommen.

> Für den Fall der Scheidung besteht Einigkeit zwischen den Eheleuten, dass bei Vorliegen der gesetzlichen Voraussetzungen des § 1572 BGB ein nachehelicher Unterhaltsanspruch geltend gemacht werden kann (Unterhalt wegen Krankheit). Im Übrigen verzichten die Ehegatten wechselseitig auf Unterhaltsansprüche für die Zeit nach der Scheidung gemäß §§ 1569 ff. BGB und nehmen diesen Verzicht wechselseitig an.

ee) Zeitliche Begrenzung. Möglich ist, einen nachehelichen Unterhalt von Vorneherein zeitlich zu begrenzen. Denkbar ist deshalb, ihn für eine bestimmte Anzahl von Jahren zu gewähren und danach auszuschließen. Der Unterhaltsanspruch wird dann an eine Maximaldauer geknüpft. Dadurch erhalten Eheleute für die Zukunft eine Sicherheit, dass ein Unterhalt nicht auf unabsehbare Zeit, z. B. zeitlebens, gezahlt werden muss.

> Für den Fall einer Ehescheidung sind sich die Eheleute darüber einig, dass Unterhaltsansprüche der Ehegatten untereinander längstens auf die Dauer von drei Jahren nach Rechtskraft der Ehescheidung bestehen. Auf darüber hinausgehende nacheheliche Unterhaltsansprüche gem. den §§ 1569 ff. BGB verzichten die Ehegatten hiermit wechselseitig und nehmen den Verzicht wechselseitig an.

Hinweis:

Sollte es möglich sein, dass aus der Ehe Kinder hervorgehen und ein Ehegatte später einen Betreuungsunterhaltsanspruch hat, sollte die zeitliche Begrenzung nur unter dem Vorbehalt vereinbart werden, dass ein Betreuungsunterhaltsanspruch über die drei Jahre nicht ausgeschlossen ist. Ansonsten könnte es zu der Situation kommen, dass bei Scheidung noch ein kleines Kind vorhanden ist, das vielleicht auch im vierten oder fünften Jahr nach der Scheidung durch die Mutter versorgt werden muss, weshalb die Mutter keiner vollen Erwerbstätigkeit nachgehen kann und deshalb auf Unterhalt angewiesen ist. Gäbe es einen unbedingten Unterhaltsverzicht ab drei Jahre über die Scheidung hinaus, würde dadurch gegen den Kernbereich des Ehescheidungsfolgenrechts verstoßen und der Vertrag wäre angreifbar. Deshalb wäre es besser, einen Zusatz aufzunehmen:

> Der Verzicht drei Jahre nach der Scheidung gilt nicht für den Fall, dass aus der Ehe ein Kind hervorgeht und dem betreuenden Elternteil drei Jahre nach Rechtskraft der Scheidung noch ein Betreuungsunterhalt gem. § 1570 BGB zusteht. In einem solchen Fall endet jegliche Unterhaltsverpflichtung mit Ende des Betreuungsunterhalts.

ff) „Kurze Ehedauer". Eine Unterhaltsverpflichtung kann auch davon abhängig gemacht werden, dass die Ehe mindestens eine bestimmte Anzahl von Jahren bestanden hat. Motivation einer solchen Regelung könnte sein, dass man einen „Versorgungsanspruch" erst nach einer bestimmten Anzahl von Jahren sieht. Lebt man demgegenüber nur kurze Zeit zusammen, haben sich die Ehegatten noch nicht soweit von ihrer früheren (vorehelichen) Situation entfernt, dass sie, daran anknüpfend, nicht wieder selbst für sich sorgen können.

> Die Eheleute sind sich darüber einig, dass ein nachehelicher Unterhaltsanspruch nur dann besteht, wenn die Ehe mindestens fünf Jahre besteht. Unter Ehedauer verstehen wir den Zeitraum zwischen Eheschließung und Zustellung des Scheidungsantrages. Sollte die Ehedauer unter fünf Jahren liegen, so verzichten die Eheleute wechselseitig auf jedweden nachehelichen Unterhalt und nehmen den Verzicht wechselseitig an.

Achtung!

Wichtig ist es, diese Regelung um den Fall zu ergänzen, dass aus der Ehe Kinder hervorgehen. Dann nämlich muss dem betreuenden Ehegatten ein Unterhaltsanspruch wegen Kindesbetreuung zustehen. Nehmen wir an, dass im zweiten Ehejahr ein gemeinschaftliches Kind geboren wird, im dritten Ehejahr kommt es dann zur Trennung und etwa ein Jahr später folgt die Ehescheidung. Dann wäre der nacheheliche Unterhalt des betreuenden Ehegatten – wenn man nur auf die Ehedauer abstellt – vertraglich ausgeschlossen. Dies würde zu einer unangemessenen Benachteiligung des betreuenden Ehegatten führen. Abhilfe könnte eine zusätzliche vertragliche Vereinbarung schaffen, wonach diesem Ehegatten ein Betreuungsunterhaltsanspruch vorbehalten bleibt. Empfehlenswert ist deshalb folgende Ergänzung:

> Der vorgenannte Unterhaltsverzicht im Fall einer kurzen Ehedauer gilt nicht für den Fall, dass ein Ehegatte vom anderen Unterhalt nach § 1570 BGB geltend machen kann aufgrund Betreuung eines gemeinschaftlichen Kindes. Ein Unterhaltsanspruch ergibt sich nur sofern und so lange die gesetzlichen Voraussetzungen des § 1570 BGB vorliegen. Sobald die Voraussetzungen des § 1570 BGB entfallen sind, wird Unterhalt wegen sonstiger Anschlusstatbestände ausgeschlossen.

gg) Abfindungsregelungen. Häufig wird auch eine Vereinbarung dahingehend getroffen, dass auf Unterhalt verzichtet wird mit der Maßgabe, dass ein Ehegatte einen Geldbetrag als einmalige Abfindung zu zahlen hat.

> Für den Fall, dass unsere Ehe geschieden wird, verzichten wir wechselseitig auf nacheheliche Unterhaltsansprüche gem. §§ 1569 ff. BGB und nehmen den Verzicht wechselseitig an. Wir vereinbaren jedoch, dass der Ehemann für den Unterhaltsverzicht der Ehefrau folgende Abfindungsbeträge mit Rechtskraft der Ehescheidung an die Ehefrau zu zahlen hat:
> Sollte die Ehe vom Zeitpunkt der Eheschließung bis zum Zeitpunkt der Rechtshängigkeit der Ehescheidung weniger als fünf Jahre gedauert haben, ist ein Abfindungsbetrag von 15.000 € zu zahlen,
> sollte die Ehe länger als fünf Jahre, aber nicht länger als zehn Jahre gedauert haben, ist ein Abfindungsbetrag von 25.000 € zu zahlen,
> sollte die Ehe länger als zehn Jahre gedauert haben, ist ein Abfindungsbetrag von 35.000 € zu zahlen.

hh) Ausschluss bestimmter Unterhaltstatbestände. Wie geschildert gibt es verschiedene Unterhaltstatbestände, auf die sich ein Ehegatte nach der Scheidung berufen kann. Einige Unterhaltstatbestände werden in der Praxis häufig als ungerecht empfunden. Dies gilt etwa für den sog. „Aufstockungsunterhalt", welcher bei unterschiedlichen Einkünften der Eheleute teilweise bis zum Lebensende eine Unterhaltsverpflichtung hervorrufen kann. Denkbar ist, bestimmte Unterhaltstatbestände von Vorneherein auszuschließen, nach denen keinesfalls ein Unterhaltsanspruch gegeben sein soll.

IV. Vereinbarungen zum Unterhalt

> Wir sind uns darüber einig, dass nach der Ehescheidung grundsätzlich jeder Ehegatte Unterhalt nach den gesetzlichen Bestimmungen vom anderen Ehegatten verlangen kann. Ein sog. „Aufstockungsunterhaltsanspruch" gem. § 1573 Abs. 2 BGB wird jedoch einvernehmlich ausgeschlossen.

ii) Begrenzung der Höhe des Unterhaltsanspruches. Besonders bei Besserverdienenden kommt es vor, dass Interesse besteht, eine Maximalhöhe eines Unterhaltsbetrages zu vereinbaren. Denn ansonsten könnte sich – bei üppigen ehelichen Verhältnissen – ein hoher Unterhaltsanspruch von evtl. mehreren Tausend € ergeben, sofern ein Ehegatte einen entsprechenden Bedarf nachweist, um die ehelichen Verhältnisse erhalten zu können. Möglich ist zum einen, den monatlichen Unterhalt betragsmäßig nach oben hin zu begrenzen.

> Für den Fall der Ehescheidung soll es grundsätzlich bei der gesetzlichen Regelung hinsichtlich des nachehelichen Unterhaltes verbleiben, jedoch mit folgender Abweichung:
> Wir sind uns darüber einig, dass ein etwaiger nachehelicher Unterhaltsanspruch höchstens 2.500 € monatlich beträgt. Auf darüber hinausgehende Unterhaltsansprüche verzichten wir hiermit wechselseitig und nehmen den Verzicht auch wechselseitig an.
> Wir sind uns aber darüber einig, dass der genannte Höchstbetrag von 2.500 € nach den heutigen Lebenshaltungskosten vereinbart ist. Der Höchstbetrag soll sich verändern entsprechend der allgemeinen Preisentwicklung (genaue Indexklausel erforderlich).
> Wir stellen klar, dass mit der Vereinbarung eines Höchstbetrages kein fester Unterhaltsbetrag in der Höhe als vereinbart gilt. Vielmehr soll es sich nur um einen Maximalbetrag handeln. Über Grund und Höhe eines Unterhaltsanspruches ist gesondert zu entscheiden.

Alternativ ist denkbar, die Kriterien für die Bemessung des Unterhaltes zu vereinbaren. Dies kann etwa dergestalt geschehen, dass der sog. Bedarf definiert wird. Dies kann sich empfehlen bei sehr hohen Einkommensverhältnissen eines Ehegatten. Stellen Sie sich etwa vor, dass die Arzthelferin einen gut verdienenden Zahnarzt heiratet. Maßstab der Unterhaltsberechnung wäre der Unterhaltsbedarf, der sich nach dem Gesetz – bereits nach kurzer Zeit des Zusammenlebens – nach den üppigen Lebensverhältnissen in der Ehe orientieren würde. Denkbar ist deshalb eine abweichende Vereinbarung dahingehend, als Unterhaltsbedarf das durchschnittliche Bruttoeinkommen einer Arzthelferin mit zehn Berufsjahren als bedarfsprägend zu vereinbaren.

> **Hinweis:**
>
> Wie die Beispiele zeigen, gibt es eine Fülle von denkbaren Unterhaltsregelungen in vorsorgenden Eheverträgen. Auch können einzelne Regelungen miteinander verbunden werden.

V. Hausrat/Möbel

1. Abänderung der Verfügungsbeschränkung des § 1369 BGB

Es gibt nach dem Gesetz eine Verfügungsbeschränkung dahingehend, dass ein Ehegatte nicht ohne Zustimmung des anderen über Haushaltsgegenstände alleine verfügen darf. Diese Regel gilt allerdings nur im gesetzlichen Güterstand der Zugewinngemeinschaft. Sie gilt nicht bei Gütertrennung.

> **§ 1369 BGB Verfügungen über Haushaltsgegenstände**
>
> (1) Ein Ehegatte kann über die ihm gehörenden Gegenstände des ehelichen Haushalts nur verfügen und sich zu einer solchen Verfügung auch nur verpflichten, wenn der andere Ehegatte einwilligt.
> (2) Das Familiengericht kann auf Antrag des Ehegatten die Zustimmung des anderen Ehegatten ersetzen, wenn dieser sie ohne ausreichenden Grund verweigert oder durch Krankheit oder Abwesenheit verhindert ist, eine Erklärung abzugeben.
> (…)

Die Verfügungsbeschränkung kann im Ehevertrag aufgehoben werden. Mittels einer Vereinbarung können sich die Eheleute von den Verfügungsbeschränkungen befreien und diese auch im gesetzlichen Güterstand der Zugewinngemeinschaft ausschließen.

> Keiner von uns soll den Beschränkungen des § 1369 BGB unterworfen sein. Jeder Ehegatte ist also berechtigt, ohne Zustimmung des anderen Ehegatten über die ihm gehörenden Haushaltsgegenstände frei zu verfügen.

Häufig wird die Aufhebung der Verfügungsbeschränkung bezüglich der Haushaltsgegenstände verbunden mit einer Aufhebung der Verfügungsbeschränkung bezüglich des Vermögens eines Ehegatten.

> Keiner von uns soll den Beschränkungen der §§ 1365 und 1369 BGB unterworfen sein. Jeder Ehegatte ist also berechtigt, ohne Zustimmung des anderen Ehegatten über sein Vermögen im Ganzen und auch über die ihm gehörenden Haushaltsgegenstände frei zu verfügen.

2. Abbedingung § 1370 BGB (Ersatzbeschaffung)

Die gesetzliche Regelung zur Ersatzbeschaffung kann ehevertraglich abgeändert werden. Wird sie abgeändert, bedeutet dies letztlich, dass es für die Eigentumsfrage nicht mehr darauf ankommt, wem der frühere (alte) Haushaltsgegenstand gehört hat, sondern nur noch darauf, wer den neuen Gegenstand erwirbt. Bei Anschaffung neuer Gegenstände erfolgt die Eigentumszuordnung also nur über das jeweilige Rechtsgeschäft.

3. Eigentumsschutz nach außen (bei verschuldetem -Partner)

a) Wie ist die Lage nach dem Gesetz?

Es gibt eine gesetzliche Regelung, wie die Eigentumsverhältnisse vermutet werden, wenn ein Dritter in die Gegenstände vollstrecken will:

§ 1362 Abs. 1 BGB Eigentumsvermutung

> (1) Zu Gunsten der Gläubiger des Mannes und der Gläubiger der Frau wird vermutet, dass die im Besitz eines Ehegatten oder beider Ehegatten befindlichen beweglichen Sachen dem Schuldner gehören. (…)

2. KAPITEL „Vorsorgender Ehevertrag"

Stellen Sie sich folgende Situation vor:

> **BEISPIEL:** Der Ehemann hat Schulden. Er hat bei einer Bank einen Kredit aufgenommen, den er jetzt nicht mehr zurückzahlen kann. Ein Gericht verurteilt den Ehemann zur Zahlung von 10.000 € an die Bank. Den Geldbetrag kann der Ehemann nicht aufbringen, sodass die Bank einen Gerichtsvollzieher mit der Vollstreckung beauftragt. Der Gerichtsvollzieher erscheint in der Wohnung der Eheleute. Dort befinden sich wertvolle Einrichtungsgegenstände, z. B. eine hochwertige Musik-Anlage, ein Design-Fernseher etc. Diese Gegenstände stehen im Alleineigentum der Ehefrau, die die Gegenstände schon vor der Ehe besaß. Der Gerichtsvollzieher fragt aber nicht lange, wem die Gegenstände gehören, er pfändet sie, klebt ein Pfandsiegel darauf und es droht die Versteigerung, weil es die – eingangs beschriebene – gesetzliche Vermutung gibt, dass die Gegenstände dem Schuldner-Ehegatten gehören.

§ 1362 BGB ist eine gesetzliche Vorschrift, die dem Gläubigerschutz dient. Ein Gläubiger sollte seine Forderungen problemlos gegenüber Ehegatten durchsetzen können. Insbesondere soll verhindert werden, dass Ehegatten – bei einer Zwangsvollstreckung – das Eigentum an den Einrichtungsgegenständen so „hin- und herschieben", wie es gerade für sie günstig ist, um einen Gläubiger ins Leere laufen zu lassen.

Hinweis:

Wenn also ein verschuldeter Ehegatte die Ehe eingeht oder während der Ehe mit Schulden dieses Ehegatten zu rechnen ist, dann haben die Eheleute ein Risiko, dass die Gläubiger des betreffenden Ehegatten alle möglichen beweglichen Gegenstände beider Eheleute pfänden, obwohl sie dem betreffenden Ehegatten gar nicht alle gehören.

Zwar kann der Ehegatte, dem zu Unrecht Sachen gepfändet werden, eine gerichtliche Klage erheben (sog. Drittwiderspruchsklage § 771 ZPO). Jedoch muss er dann im Gerichtsverfahren sein alleiniges Eigentum beweisen.

In einem Ehevertrag kann die Eigentumsvermutung aus § 1362 BGB nicht aufgehoben werden. Dabei ist egal, in welchem Güterstand die Eheleute leben. Allerdings gibt es trotzdem eine Möglichkeit, die in einem Ehevertrag vereinbart werden kann und in solchen Situationen weiterhelfen kann.

b) Möglichkeiten durch Ehevertrag

aa) Gesamter Hausrat im Eigentum eines Ehegatten. In einem vorsorgenden Ehevertrag können Eheleute festlegen, dass sich bestimmte Hausratsgegenstände im Alleineigentum eines Ehegatten befinden. Alternativ können sie sogar festlegen, dass sich die gesamte Wohnungseinrichtung im alleinigen Eigentum des (nicht verschuldeten) Ehegatten befindet.

Sinnvoll ist im Übrigen, wenn die Ehegatten ein Vermögensverzeichnis erstellen, auf dem die betreffenden Einrichtungsgegenstände aufgeführt sind. Das Vermögensverzeichnis wird dem Ehevertrag als Anlage beigefügt. Sinn eines solchen Verzeichnisses ist, die Beweissituation noch mehr zu verbessern. Denn der notarielle Ehevertrag ist eine „öffentliche Urkunde", die die Vermutung der Richtigkeit des Inhaltes hat. Indem ein Vermögensverzeichnis dem Ehevertrag beiliegt, gilt also die Beweisvermutung, dass der Inhalt des Verzeichnisses (wer Eigentümer der Gegenstände ist) auch richtig ist. Außerdem kann aufgrund der Beurkundung zu einem bestimmten Datum später nicht mehr der Vorwurf erhoben werden, das Vermögensverzeichnis sei „rückdatiert" worden, um gegenüber Gläubigern einen falschen Übertragungszeitpunkt vorzutäuschen (Übertragungen können bei Gläubigerbenachteiligung innerhalb bestimmter Fristen angefochten werden). Mit der Erstellung eines Vermögensverzeichnisses im Rahmen eines Ehevertrages haben Eheleute eine größtmögliche Sicherheit gegenüber Gläubigern eines Ehegatten erreicht.

Im Falle einer Zwangsvollstreckung können sie dem Gerichtsvollzieher den Ehevertrag (evtl. mit Vermögensverzeichnis) präsentieren, sodass dieser normalerweise von einer Pfändung der Gegenstände Abstand nimmt. Sollte gleichwohl in Gegenstände hineingepfändet werden, können Ehegatten bei Gericht eine „Drittwiderspruchsklage" (§ 771 ZPO) erheben, mit größtmöglicher Erfolgsaussicht. Die Vorlage eines Ehevertrages im Gerichtsverfahren hilft also.

> **Hinweis:**
>
> Zusätzlich ist bei verschuldetem Partner und drohender Zwangsvollstreckung empfehlenswert, dass die Eheleute die Kaufrechnungen über den Erwerb von Gegenständen aufbewahren, die auf den Namen des (nicht verschuldeten) Ehegatten lauten.

> Wir stellen fest, dass sich unsere gesamte Wohnungseinrichtung, aller Hausrat und der Pkw Mercedes E, amtliches Kennzeichen..., im Alleineigentum der Ehefrau befinden. Wir verweisen hierzu auch auf das von uns erstellte Vermögensverzeichnis, welches diesem Vertrag als Anlage beigefügt und Bestandteil der Urkunde ist.

Wie gesagt haben die Eheleute dadurch nicht die gesetzliche Eigentumsvermutung des § 1362 BGB vertraglich aufgehoben, was nicht möglich ist. Jedoch wurde mittels Ehevertrag festgeschrieben, welchem Ehegatten die Gegenstände tatsächlich gehören und im Falle einer Vollstreckung kann die Eigentümerschaft eines Ehegatten mit Hilfe des Ehevertrages besser nachgewiesen werden.

bb) Bezüglich zukünftigem Hausrat. Im Ehevertrag kann aufgenommen werden, dass ein Ehegatte Eigentümer der zukünftig angeschafften Gegenstände wird. Insoweit könnte die zuvor genannte Regelung wie folgt ergänzt werden:

> Hinsichtlich der zukünftig noch anzuschaffenden Hausratsgegenstände sind wir uns darüber einig, dass diese ausschließlich Alleineigentum der Ehefrau werden.

Allerdings muss darauf hingewiesen werden, dass unter Juristen streitig ist, ob eine derartige Regelung überhaupt zulässig ist. Teilweise wird die Meinung vertreten, dass der andere Ehegatte dadurch unzumutbar benachteiligt wird, sodass eine solche Regelung, wonach generell möglicher zukünftiger Hausrat ins Alleineigentum des Ehegatten fällt, einer gerichtlichen Überprüfung möglicherweise nicht Stand hält.

> **Hinweis:**
>
> Um auf „Nummer sicher" zu gehen, ist auf jeden Fall empfehlenswert, bei zukünftigen Anschaffungen die Kaufbelege aufzubewahren, um den Eigentumserwerb durch einen Ehegatten nachzuweisen.

4. Eigentumsregelung für den Fall des Auseinandergehens der Eheleute

Bisweilen findet sich in vorsorgenden Eheverträgen eine Regelung darüber, wer – im Falle der Trennung – welche Gegenstände behalten darf. Denkbar ist, dies im Voraus zu regeln. Es könnte also detailliert aufgenommen werden, wie die Gegenstände aufzuteilen wären.

Allerdings scheint eine solche Regelung wenig praktikabel, denn naturgemäß schafft man sich im Laufe einer Ehe neue Gegenstände an, deren Zuordnung man im Vorhinein nur schwerlich abschätzen kann. Deshalb kommen derartige Regelungen in der Praxis selten vor.

VI. Regelungen zur Ehewohnung

Die Ehepartner bestimmen gemeinsam, welche Wohnung ihre Ehewohnung werden soll. Dies kann die frühere Wohnung des Mannes oder die der Frau sein, dies kann auch eine neue Wohnung sein. Unerheblich ist, wem die Wohnung gehört, ob es sich um ein Haus oder um eine Wohnung handelt, ob im Eigentum oder gemietet.

Wenn sie sich entschieden haben, in einer bestimmten Wohnung zusammenzuleben, dann ist es definitiv ihre „Ehewohnung".

Die Ehewohnung ist besonders geschützt. Ein Ehepartner kann den anderen grundsätzlich nicht aus der Wohnung verweisen. Keiner kann verlangen, dass der andere wieder auszieht. Dies unabhängig davon, auf wen der Mietvertrag läuft. Es ist unerheblich, ob der Mietvertrag namens beider Ehepartner abgeschlossen wurde oder nur ein Ehepartner im schriftlichen Mietvertrag steht. Ein Ehepartner, der nicht im Mietvertrag aufgeführt ist, hat im Verhältnis zum Ehegatten dasselbe Besitzrecht. Ein Ehegatte, der nicht im Mietvertrag steht, braucht sich also keine Sorgen über die Wohnung zu machen. Er kann von seinem Partner nicht „rausgeschmissen" werden.

Selbst wenn die Ehewohnung im Haus der Schwiegereltern genommen wurde und nicht einmal ein schriftlicher Mietvertrag geschlossen wurde, handelt es sich um eine geschützte Ehewohnung.

Nicht einmal das Eigentum an der Wohnung kann daran etwas ändern. Selbst wenn ein Ehegatte Alleineigentümer der Wohnung oder des Hauses ist, blíebt dies die gemeinschaftliche Ehewohnung.

Achtung!

In jedem Fall haben beide Ehegatten ein Recht auf Mitbesitz.

> **BEISPIEL:** Der Ehemann besitzt schon vor der Ehe ein eigenes Haus. Er ist alleiniger Eigentümer. Nach der Hochzeit zieht die Frau dort ein. Nach einem Streit fordert der Mann seine Frau zum Verlassen des Hauses auf mit folgenden Worten: „Du kannst Deine Sachen packen. Ich kann Dich hier nicht mehr sehen. Ich will nicht mehr mit Dir zusammenleben. Das ist mein Haus. Ich gebe Dir bis heute Abend Zeit, zu verschwinden, danach rufe ich die Polizei."
> Antwort: Die Frau kann im Haus bleiben. Es ist ihre Ehewohnung, ihr geschützter Bereich. Wem das Haus gehört, ist egal. Die Drohung des Mannes mit der Polizei geht ins Leere. Es wird keinen Polizeibeamten geben, der die Frau aus der Wohnung verweisen kann. Der Ehemann hat nur die Möglichkeit, sofern er die eheliche Lebensgemeinschaft wirklich als gescheitert ansieht, selbst auszuziehen oder innerhalb der Wohnung eine Trennung herbeizuführen.

Sollte es so kommen, dass ein Ehegatte den anderen „vor die Türe setzt", so kann der ausgesperrte Ehegatte jederzeit wieder den Zutritt zur Wohnung verlangen. Notfalls kann er bei Gericht einen **Eilantrag** stellen, eine sog. „Einstweilige Anordnung", womit festgestellt wird, dass er die Wohnung wieder mitbesitzen darf. Sollte ein Ehegatte widerrechtlich „Fakten schaffen", indem er die Schlösser austauscht, so kann der ausgesperrte Ehegatte sofort mit Hilfe des Schlüsseldienstes wieder hinein, notfalls kann er auch eine Einstweilige Anordnung beantragen. Zuständig ist das örtliche Familiengericht.

> **Hinweis:**
>
> Schon im vorsorgenden Ehevertrag kann zwar für den Fall des Auseinandergehens der Eheleute die Nutzung der Wohnung geregelt werden. Allerdings dürften derartige Regelungen wenig empfehlenswert sein, da Orts- und damit verbundene Wohnungswechsel kaum planbar sind.

Gleichwohl ist es aber möglich, schon zu Beginn einer Ehe festzulegen, welcher Ehegatte – im Trennungsfall – die Ehewohnung zu verlassen hat und wer darin wohnen bleiben darf.

1. Bei Mietwohnungen

> Sollte es zu einer Scheidung unserer Ehe kommen, sind wir uns darüber einig, dass die auf der Hauptstraße 15 in Köln gelegene Ehewohnung nach der Scheidung allein der Ehefrau zur weiteren Nutzung zustehen soll. Der Ehemann verpflichtet sich hiermit, die vorgenannte Ehewohnung spätestens innerhalb eines Monats nach Rechtskraft der Ehescheidung zu verlassen und die Wohnung mit seinen persönlichen Gegenständen zu räumen und insoweit geräumt nebst seinen Schlüsseln an die Ehefrau herauszugeben. Der Ehemann verzichtet hiermit ausdrücklich auf die Geltendmachung von Räumungsschutz, soweit dies rechtlich zulässig ist.

Sofern es sich um eine Mietwohnung handelt, empfiehlt sich zusätzlich die Aufnahme einer Klausel hinsichtlich Übernahme des Mietverhältnisses durch einen Ehegatten. Allerdings setzt dies das Einverständnis des Vermieters voraus. Dieser muss bei Wechsel der Vertragsparteien zustimmen.

> Die Eheleute sind sich darüber einig, dass im Falle einer Scheidung das Mietverhältnis alleine von der Ehefrau mit dem Vermieter fortgesetzt werden soll und der Ehemann aus allen Mietvertragsverpflichtungen entlassen werden soll. Von daher verpflichten sich die Eheleute beide, die nötigen Erklärungen gegenüber

2. KAPITEL „Vorsorgender Ehevertrag"

> dem Vermieter abzugeben und hinzuwirken, damit das Mietverhältnis unter Ausscheiden des Ehemannes alleine von der Ehefrau fortgesetzt wird. Unabhängig davon, ob es zu einem Ausscheiden des Ehemannes aus dem Mietverhältnis kommt, stellt die Ehefrau den Ehemann jedenfalls im Innenverhältnis von allen Forderungen des Vermieters aus dem Mietverhältnis frei.
> Diese Freistellungsvereinbarung wird wirksam ab dem Monatsersten, der auf die Rechtskraft der Ehescheidung folgt, nicht aber vor Räumung der Wohnung seitens des Ehemannes.

Es ist empfehlenswert, eine Regelung hinsichtlich eines etwaigen Kautionsguthabens zu treffen. Ansonsten kommt es später zu Streit, wem das Kautionsguthaben zusteht.

> Wir sind uns im Übrigen darüber einig, dass der Ehefrau das gesamte Kautionsguthaben einschließlich noch auflaufender Zinsen alleine zusteht. Sollte die Ehefrau das Mietverhältnis alleine fortsetzen, steht ihr auch ein Kautionsrückzahlungsanspruch gegenüber dem Vermieter zu. Der Ehemann tritt hiermit vorsorglich seine Rechte auf Rückzahlung des Kautionsguthabens an seine Ehefrau ab, die der Abtretung hiermit zustimmt. Der Ehemann verzichtet im Verhältnis zur Ehefrau auf Abrechnung und Auszahlung eines etwaigen späteren Kautionsguthabens.
> Im Gegenzug übernimmt die Ehefrau die Verpflichtung zur Renovierung der Wohnung, soweit diese mietvertraglich geschuldet ist.
> Sie stellt den Ehemann von Ansprüchen des Vermieters im Zusammenhang mit etwaigen Renovierungsansprüchen im Innenverhältnis frei.

Achtung!

Zu beachten ist aber, dass die Übernahme einer Räumungsverpflichtung im Ehevertrag nicht vollstreckbar ist. Eine diesbezügliche notarielle Vereinbarung stellt also keinen Räumungstitel dar.

Bei späterer Weigerung eines Ehegatten, entsprechend der notariellen Vereinbarung auszuziehen, kann also nicht sofort ein Gerichtsvollzieher beauftragt werden zur Durchführung einer Räumungsvollstreckung. Dazu bedarf es ggf. eines gerichtlichen Urteils. Sollte es einmal so weit kommen, müsste bei Gericht eine Klage eingereicht werden, dass der betreffende Ehegatte zum Verlassen der

Wohnung verpflichtet ist. Zur Begründung kann man den Ehevertrag vorlegen, was ausreicht, jedenfalls wenn keine Kinder betroffen sind. Zweckmäßigerweise sollte die Formulierung im Ehevertrag so eindeutig sein, dass im Falle eines späteren Rechtsstreites keine Zweifel an der Räumungsverpflichtung entstehen.

2. Bei Eigentum

Sofern die Eheleute im Eigentum leben, sind ebenfalls Vereinbarungen zur Weiternutzung denkbar. Erwähnenswert sind hier folgende unterschiedliche Sachverhalte:

a) Bei gemeinschaftlichen Eigentum

Häufig wird eine Eigentumswohnung oder ein Haus von beiden Eheleuten gemeinsam erworben. Sie sind dann regelmäßig Miteigentümer zu 1/2-Anteil. In einer solchen Konstellation empfiehlt sich eine Nutzungsregelung nur für die Trennungszeit oder evtl. für eine begrenzte Zeit nach der Scheidung. Denn es dürfte – im Scheidungsfall – im Interesse der Eheleute liegen, das Miteigentum irgendwann aufzulösen, da die Beibehaltung der Grundstücksgemeinschaft über eine Scheidung hinaus zwar möglich, aber nicht empfehlenswert ist.

Lösbar ist dies bspw. mit einer Nutzungsmöglichkeit bis ein Jahr nach der Scheidung.

> Für den Fall, dass einer von uns die Ehe für gescheitert ansieht und die Trennung herbeiführt, vereinbaren wir hinsichtlich der Nutzung des gemeinsamen Einfamilienhauses auf der Parkstraße 2 in München folgendes:
> Im Trennungsfall ist die Ehefrau berechtigt, das gemeinschaftliche Einfamilienhaus alleine weiter zu nutzen.
> Der Ehemann ist verpflichtet, das Haus zu verlassen, seiner Ehefrau alle in seinem Besitz befindlichen Schlüssel herauszugeben und das Haus nicht mehr ohne Einverständnis der Ehefrau zu betreten. Die Verpflichtung zum Verlassen des Hauses besteht spätestens drei Monate nach schriftlicher Aufforderung seitens der Ehefrau. Die Parteien sind darüber einig, dass die alleinige Nutzungsmöglichkeit jedenfalls bis zum Zeitpunkt der Rechtskraft der Ehescheidung besteht. Für die Zeit danach soll zunächst keine Regelung getroffen werden.

> Für die Zeit der alleinigen Nutzung durch die Ehefrau verpflichtet sich diese zur Übernahme der Verbrauchskosten des Hauses (z. B. Wasser, Strom, Heizung, Telefon etc.). Der Ehemann verpflichtet sich demgegenüber, die sonstigen Hausverbindlichkeiten zur Finanzierung des Objektes (Abtragung der Kredite und Zinsen) zu übernehmen.
>
> In der Höhe, in der der Ehemann Belastungen des Hauses übernimmt, kann er diese im Rahmen einer Unterhaltsberechnung einkommensmindernd von seinem Einkommen in Abzug bringen. Die Eheleute verpflichten sich, bis zum Zeitpunkt der Rechtskraft der Ehescheidung keinen Antrag auf Teilungsversteigerung des Objektes zu stellen. Sie verzichten auf ein entsprechendes Recht zur Durchführung des Teilungsversteigerungsverfahrens, soweit gesetzlich zulässig.

b) Bei Alleineigentum eines Ehegatten

Ist ein Ehegatte Alleineigentümer der Ehewohnung, ist das spätere Schicksal der Ehewohnung ohnehin klar. Die Wohnung bleibt auch später im Eigentum des betreffenden Ehepartners. Dieser hat deshalb auch das Recht, die Wohnung nach einer Scheidung alleine weiter zu nutzen. Insoweit erübrigt sich auch eine Nutzungsregelung nach der Scheidung.

In Betracht käme allenfalls, die Nutzung zu regeln für die Trennungszeit, also bis zur Scheidung. Ein Regelungsbedürfnis bestünde dann, wenn schon in der Trennungsphase ein Ehepartner die Wohnung verlassen soll.

Zum Schutz des Nichteigentümer-Ehegatten ist eine Regelung demgegenüber entbehrlich, weil er schon nach dem Gesetz ein Recht zum Mitbesitz an der Ehewohnung hat, jedenfalls so lange die Ehe besteht.

VII. Verbindung mit Erbvertrag

In vielen Fällen bietet es sich an, einen vorsorgenden Ehevertrag mit einem Erbvertrag zu verbinden. Denn wenn Eheleute Vermögensangelegenheiten für ihre Lebzeiten regeln, liegt es nahe, dass sie auch für die Zeit nach ihrem Tode Regelungen treffen.

VII. Verbindung mit Erbvertrag

Wie ist die erbrechtliche Lage nach dem Gesetz?

Zum besseren Verständnis soll zunächst dargestellt werden, was das Gesetz sagt, wenn Eheleute nichts erbrechtliches geregelt haben. Die grundlegende Gesetzesnorm, nach der Ehegatten voneinander erben ist lautet § 1931 BGB.

§ 1931 BGB Gesetzliches Erbrecht des Ehegatten

> (1) Der überlebende Ehegatte des Erblassers ist neben Verwandten der ersten Ordnung zu einem Viertel, neben Verwandten der zweiten Ordnung oder neben Großeltern zur Hälfte der Erbschaft als gesetzlicher Erbe berufen. (…)
> (2) Sind weder Verwandten der ersten oder der zweiten Ordnung noch Großeltern vorhanden, so erhält der überlebende Ehegatte die ganze Erbschaft.
> (3) Die Vorschrift des § 1371 bleibt unberührt.
> (4) Bestand beim Erbfall Gütertrennung und sind als gesetzliche Erben neben dem überlebenden Ehegatten ein oder zwei Kinder des Erblassers berufen, so erben der Überlebende Ehegatte und jedes Kind zu gleichen Teilen; § 1924 Abs. 3 gilt auch in diesem Falle.

Das gesetzliche Erbrecht des Ehegatten hängt verständlicherweise zunächst vom Bestand der Ehe ab. Wer nicht verheiratet ist, hat kein Ehegattenerbrecht. Wer rechtskräftig geschieden ist, hat auch kein Ehegattenerbrecht mehr.

Mit Auflösung der Ehe entfällt also das gesetzliche Erbrecht und auch der Anspruch auf den Pflichtteil (§ 1933 BGB). Der geschiedenen Ehegatte nimmt nicht mehr an der Beerbung des vormaligen Ehegatten teil.

Es kann vorkommen, dass ein Ehegatte verstirbt, bevor der Scheidungsbeschluss vorliegt. Trotzdem kann das Ehegattenerbrecht und das Pflichtteilsrecht schon entfallen sein. Der überlebende Ehegatte erbt nämlich dann nicht, wenn

- im Zeitpunkt des Todes die Voraussetzungen für die Scheidung vorlagen
- **und** der verstorbene Ehegatte die Scheidung bei Gericht beantragt hatte und der Scheidungsantrag dem anderen per Post zugegangen war
- **oder** der verstorbene Ehegatte der Scheidung zugestimmt hatte.

Alsdann hängt das Ehegattenerbrecht von der Erbquote ab. Die Erbquote des überlebenden Ehegatten richtet sich zum einen nach der „Ordnung", der die miterbenden Verwandten angehören.

Einzelne Ordnungen:

- Erben erster Ordnung sind die Abkömmlinge des Erblassers (Kinder)
- Erben zweiter Ordnung sind die Eltern des Erblassers und deren Abkömmlinge
- Erben dritter Ordnung sind die Großeltern des Erblassers und deren Abkömmlinge
- Erben vierter Ordnung sind die Urgroßeltern
- Erben fernerer Ordnung sind entferntere Verwandte.

Dabei gilt das Prinzip, dass ein Verwandter einer entfernteren Ordnung von der Erbfolge ausgeschlossen ist, falls ein lebender Verwandter einer näheren Ordnung vorhanden ist.

> **BEISPIEL:** Sind Kinder aus der Ehe hervorgegangen, sind sie Erben 1. Ordnung. Sie schließen weitere Erben aus. Es ist deshalb egal, ob der verstorbene Ehegatte noch eigene Eltern oder Geschwister hatte. Sie wären Erben 2. Ordnung und erben nicht, weil Erben 1. Ordnung vorhanden sind.

Des weiteren hängt die Erbquote des überlebenden Ehegatten ab vom Güterstand, in dem die Eheleute gelebt haben.

> Eheleute Muster sind glücklich verheiratet. Sie haben zwei Kinder. Sie haben keinen Ehevertrag geschlossen und leben im gesetzlichen Güterstand der **Zugewinngemeinschaft.** Dann verstirbt Herr Muster. Es kommt zur gesetzlichen Erbfolge. Diese sieht wie folgt aus:
>
> | | |
> |---|---|
> | Kind 1 | 1/4 |
> | Kind 2 | 1/4 |
> | Ehefrau | 1/2 |
> | nämlich: | |
> | gesetzliches Erbrecht (§ 1931 Abs. 1 BGB) | 1/4 |
> | plus Erhöhung des Erbteils, da sie im gesetzlichen Güterstand der Zugewinngemeinschaft lebten (§ 1371 Abs. 1 BGB) um | 1/4 |

VII. Verbindung mit Erbvertrag

Soweit die Ehe auf natürlichem Wege durch Tod endet, findet also **keine rechnerische Ermittlung** eines genauen Zugewinnausgleichsanspruches statt. Vielmehr kommt es zu einem Ausgleich im Wege der sog. „erbrechtlichen Lösung". Diese erfolgt pauschal in der Form, das sich das gesetzliche Erbteil des überlebenden Ehegatten um ein Viertel erhöht. Also unabhängig davon, ob und in welcher Höhe der überlebende Ehegatte überhaupt einen Zugewinnausgleichsanspruch erworben hat, kommt es zu einer pauschalen Erhöhung seines gesetzlichen Erbteils um 1/4. Dies jedenfalls dann, wenn ein Ehegatte, wie üblich, Erbe wird.

Zu dem Ergebnis gelangt man unabhängig davon, ob die Ehefrau überhaupt einen Zugewinnausgleichsanspruch erworben hat. Kommt es also zu einer Beendigung der Zugewinngemeinschaft durch Tod, erhöht sich die Erbquote des überlebenden Ehepartners pauschal um 1/4. Damit begünstigt der Gesetzgeber die Eheleute, die im gesetzlichen Güterstand leben und deren Ehe auch bis zum Tode besteht.

> **Hinweis:**
>
> Anders ist das Ehegattenerbrecht bei Gütertrennung.

> **BEISPIEL:** Sollten Eheleute Muster demgegenüber einen Ehevertrag geschlossen haben und im Güterstand der Gütertrennung gelebt haben, wird Herr Muster wie folgt beerbt:
>
> | | |
> |---|---|
> | Kind 1 | 1/3 |
> | Kind 2 | 1/3 |
> | Ehefrau | 1/3 |

Wie man sieht, gibt es verschiedene Faktoren, wovon die Höhe des Ehegattenerbrechts abhängt.

> **Hinweis:**
>
> Zu beachten ist im Übrigen eine steuerliche Konsequenz: Der Zugewinnausgleichsanspruch gehört nicht zum Nachlassvermögen und ist daher nicht steuerpflichtig, § 5 ErbStG. Wenn also im

> Todesfall der gesetzliche Güterstand gilt, erhöht sich der steuerliche Freibetrag der Erbschaftsteuer. Bei glücklich verlaufender Ehe ist es für den überlebenden Ehegatten deshalb von Vorteil, wenn keine Gütertrennung vereinbart wurde.

Wie kann die gesetzliche Erbfolge abgeändert werden?

Es gibt verschiedene Möglichkeiten für Eheleute, ihre Vorstellungen für die Zeit nach ihrem Tode zu artikulieren. Sie können

- einseitige Testamente errichten
- gemeinschaftliche Testamente errichten
- gemeinsam ein Erbvertrag errichten.

Es gibt eine Fülle von erbrechtlichen Gestaltungsmöglichkeiten, auf die hier nicht ausführlich eingegangen werden kann. Im Einzelfall müssen sich die Ehegatten fachkundig beraten lassen, welche Regelung für die Zeit nach ihrem Tode ihren Wünschen am Besten entspricht und wie die Vorstellungen umgesetzt werden können. Dabei ist oft auch die Hinzuziehung eines Steuerberaters sinnvoll, weil natürlich auch erbschaftssteuerrechtliche Folgen zu beachten sind. Das Erbrecht und die Gestaltungsmöglichkeiten sind derart vielschichtig und kompliziert, dass eine spezielle Beratung unbedingt empfehlenswert ist.

Achtung!

Es kann nur dringend davor gewarnt werden, „im Alleingang" gegenseitige Erbeinsetzungen durch „selbstgestrickte" Testamente vorzunehmen, um Kosten zu sparen. Die Nachteile können beträchtlich sein.

Ein Vorteil, aber gleichzeitig auch ein entscheidender Nachteil von einseitigen Testamenten ist, dass diese auch einseitig wieder von dem betreffenden Ehegatten aufgehoben werden können. Der andere Ehegatte hat also keine Sicherheit, dass es bei der Verfügung bleibt.

Haben Eheleute gemeinsame Interessen, wer ihr Vermögen nach dem Tode erhalten soll, sollten sie ein gemeinschaftliches Testament oder einen gemeinschaftlichen Erbvertrag schließen. Denn dadurch kann eine Bindungswirkung erreicht werden.

Hier soll nur kurz auf die wichtigsten Aspekte eines **Erbvertrages** unter Eheleuten eingegangen werden:

1. Form

Ein Erbvertrag bedarf der notariellen Beurkundung.

Im Notartermin kann man sich nicht vertreten lassen (im Gegensatz zum Ehevertrag).

Wird neben dem Erbvertrag ein Ehevertrag geschlossen, handelt es sich um zwei selbstständige Verträge. Erklärt ein Vertragspartner den Rücktritt von einem der beiden Verträge, lässt dies den anderen Vertrag unberührt.

2. Kosten

Bei Errichtung eines Ehevertrages ist die zusätzliche Beurkundung eines Erbvertrages häufig kostenlos. Dies jedenfalls dann, wenn der Erbvertrag mit in die Ehevertragsurkunde aufgenommen wird. Beim Notar gibt es dann also keine zusätzlichen Kosten.

3. Wann macht ein Erbvertrag Sinn?

Es gibt unterschiedliche eheliche Konstellationen, bei denen sich ein Erbvertrag anbietet, wobei dies nicht zuletzt auch vom Güterstand abhängig ist, in dem die Eheleute leben, weil nach dem Gesetz – je nach Güterstand – unterschiedliche Erbquoten gelten. Folgende eheliche Konstellationen sollen hier erwähnt werden, bei denen sich eine erbvertragliche Regelung anbietet:

a) Bei Gütertrennung

Leben Eheleute im Güterstand der Gütertrennung, dann erhalten sie – im Scheidungsfalle –, wie gewollt, nichts vom Vermögen des anderen. Verläuft die Ehe aber glücklich, liegt es im Interesse der Eheleute, dass – im Todesfall – der überlebende Ehegatte Vermögen erhält.

2. KAPITEL — „Vorsorgender Ehevertrag"

Häufig soll er im Todesfall sogar das gesamte Vermögen des verstorbenen Ehegatten erhalten. Nach dem Gesetz stünde dem überlebenden Ehegatten aber nur eine bestimmte Erbquote zu. Diese ist regelmäßig niedriger als im gesetzlichen Güterstand der Zugewinngemeinschaft, weil es bei der Gütertrennung an einer Erhöhung des Ehegattenerbteils fehlt. Es kann deshalb durchaus wichtig für Eheleute sein, eine anders lautende Erbregelung zu treffen, etwa in Form eines Erbvertrages, wonach der überlebende Ehegatte Alleinerbe werden soll.

> Urkundenrolle-Nr. …
> verhandelt zu…
> vor Notar …
> Es erschienen:
> 1.
> Frau …, geborene …, geb. am ….
> wohnhaft…
> 2.
> Deren Ehemann, Herr …, geb. am …
> wohnhaft wie vor.
> Die Erschienenen erklärten:
> Wir wollen eine Erbvertrag schließen und sind hieran nicht durch frühere Verfügungen von Todes wegen oder durch die ehegüterrechtlichen Verhältnisse gehindert.
> Wir sind beide ausschließlich deutsche Staatsangehörige.
> Wir schließen den folgenden
>
> Erbvertrag:
>
> Alle etwa früher von uns oder einem von uns errichteten Verfügungen von Todes wegen verlieren mit dem Abschluss dieses Erbvertrages ihre Wirksamkeit.
> 1.
> Wir setzen uns gegenseitig, und zwar der Erstversterbende den Längstlebenden von uns, zum alleinigen und ausschließlichen Vollerben unseres gesamten beiderseitigen Nachlassvermögens ein, und zwar ohne Rücksicht auf etwa vorhandene Pflichtteilsberechtigte.
> 2.
> Schlägt der Längstlebende die Erbschaft aus, ist er nicht als gesetzlicher Erbe berufen.
> 3.
> Schlusserben beim Tode des Überlebenden von uns und Erben eines jeden von uns im Falle, dass wir gleichzeitig oder in derselben Gefahr versterben, sind, werden (…)

b) Bei Zugewinngemeinschaft

Hier sind die Erbquoten des überlebenden Ehegatten zwar regelmäßig höher als bei der Gütertrennung. Aber auch im gesetzlichen Güterstand wird der überlebende Ehegatte nach dem Gesetz nicht Alleinerbe, sofern noch Kinder oder Eltern des überlebenden Ehegatten vorhanden sind. Soll der überlebende Ehegatte alles bekommen oder soll eine höhere Erbquote festgelegt werden als im Gesetz vorgesehen, kann dies durch einen Erbvertrag geschehen.

Gehen etwa aus der Ehe Kinder hervor, wollen die Ehegatten häufig, dass im Falle des Versterbens eines Ehegatten zunächst der überlebende Ehegatte Alleinerbe wird und nach dem Tode des Letztlebenden die Kinder erben sollen. Dies wäre nach der reinen Gesetzeslage nicht der Fall. Denn verstirbt ein Ehegatte, erben der überlebende Ehegatte und Kinder gemeinsam zu bestimmten Quoten. Die Kinder nehmen also an der Erbschaft teil. Wenn später der überlebende Ehegatte verstirbt, erben die Kinder in einem zweiten Erbvorgang dessen Vermögen. Wünschen die Ehegatten eine andere Regelung, kann dies durch Erbvertrag geschehen, wobei es verschiedene Gestaltungsmöglichkeiten gibt:

aa) Eheleute setzen sich zu Vollerben ein und Kinder zu Schlusserben.

Dann erhält der überlebende Ehegatte zunächst alles, er wird Alleinerbe. Die Kinder erben später nach dem Tode des länger lebenden Ehegatten.

> 1.
> Wir setzen uns gegenseitig, der Zuerstversterbende den Überlebenden, zum alleinigen und ausschließlichen Vollerben ein.
> 2.
> Schlägt der Längstlebende die Erbschaft aus, so ist er nicht als gesetzlicher Erbe berufen.
> 3.
> Schlusserbe beim Tode des Überlebenden von uns und Erben eines jeden von uns im Falle, dass wir gleichzeitig oder in derselben Gefahr versterben, sind unsere gemeinschaftlichen Abkömmlinge, nämlich derzeit
> – Alexandra

> - Florian
> - Max
>
> zu gleichen Anteilen.
>
> 4.
>
> Ersatzerben anstelle eines jeden eingesetzten Miterben sollen jeweils dessen Abkömmlinge sein, untereinander hinsichtlich der Erbquoten nach den Regeln der gesetzlichen Erbfolge. Sollte ein eingesetzter Miterbe ohne Hinterlassung von Abkömmlingen wegfallen, so soll ganz ersatzweise der Erbteil des weggefallenen Miterben den übrigen Erben gleichmäßig nach Stämmen anwachsen.

bb) Ehegatten setzen sich zu Vorerben und Kinder zu Nacherben ein. Dann erbt auch zunächst der überlebende Ehegatte alleine und erst später nach dem Tode des Längstlebenden erben die Kinder. Jedoch unterliegt der Vorerbe gewissen Verfügungsbeschränkungen. Er kann mit dem Nachlass nicht tun und lassen was er will (wobei die Verfügungsbeschränkungen vertraglich geregelt werden können). Der überlebende Ehegatte hat als Vorerbe praktisch eine lebenslange Nutznießung, kann das Vermögen aber nicht verbrauchen. Die Kinder haben als sog. Nacherben eine gesicherte Erbaussicht.

> Hiermit setze ich (...) meine Ehefrau (...) zu meiner alleinigen Vorerbin ein. Sie wird von den Beschränkungen der §§ 2113 ff. BGB ausdrücklich nicht befreit. Nacherben sind unsere gemeinsamen Kinder (...) und (...) unter sich zu gleichen Anteilen.

Bei dem vorbeschriebenen Muster soll dem Nacherben, hier den Kindern, die Erbschaft ungeschmälert zukommen. Die Erbschaft soll also erhalten bleiben und vom Vorerben nicht verbraucht werden. Dabei ist möglich, dem Vorerben, solange er lebt, die Nutzungen des Nachlasses zukommen zu lassen und ihn dadurch finanziell abzusichern.

Denkbar wäre aber auch, den Vorerben von Verfügungsbeschränkungen zu befreien. Der Vorerbe könnte den Nachlass dann auch verbrauchen. Bei der Anordnung einer Vor- und Nacherbschaft muss ein Ehegatte also genau überlegen, was er will, insbesondere wieviele Freiheiten er dem Vorerben einräumen möchte.

cc) Kinder erben sofort. Die Kinder können sofort zu Erben bestimmt werden, während der überlebende Ehegatte versorgt wird durch Vereinbarung von Nießbrauchrechten (z. B. lebenslängliches Wohnrecht im Haus), Vermächtnissen (z. B. Zahlung einer lebenslangen Rente durch die Kinder).

> Ich *(Ehemann)* möchte das nachfolgende Vermächtnis anordnen:
> Ich bin Alleineigentümer des im Grundbuch des Amtsgerichts Köln ... verzeichneten Grundbesitzes
>
> > Goethestrasse 5
> >
> > München.
>
> Ich vermache Frau ... *(Ehefrau)*, geb. ...,wohnhaft bei mir,
> an dem voraufgeführten Grundbesitz Goethestrasse 5 ein dingliches Wohnrecht. Dieses ist eingeräumt auf Lebenszeit von Frau ....
> Das Wohnungsrecht erstreckt sich unter Ausschluss des Eigentümers auf alle Räume des Hauses im Erdgeschoss und im 1. Obergeschoss des Hauses Goethestrasse 5 unter Mitbenutzung aller gemeinschaftlichen Einrichtungen und Anlagen, insbesondere des Gartens.
> Die Ausübung des Wohnungsrechts ist unentgeltlich und beginnt im Innenverhältnis bereits mit meinem Tode.
> Eine Ausübung des Rechts durch Dritte ist ausdrücklich nicht gestattet.
> Die Benutzungskosten der dem Wohnungsrecht unterliegenden Räumlichkeiten, wie Heizung, Strom, Wasser, Müllabfuhr und Schornsteinfeger trägt der Wohnungsberechtigte, ebenso Schönheitsreparaturen im Innern der Räumlichkeiten. Demgegenüber werden die Lasten, insbesondere Grundsteuern, Gebäudeversicherung und Reparaturen an Dach und Fach vom Grundstückseigentümer getragen. Der Grundstückseigentümer hat den Grundbesitz für die Dauer des Wohnungsrechts angemessen gegen Brandschäden versichert zu halten.
> Für den Fall des dauernden Auszuges der Wohnungsberechtigten aus den dem Wohnungsrecht unterliegenden Räumen ordne ich eine entschädigungslose auflösende Bedingung des Wohnungsrechtes an.
> Sollte sich der voraufgeführte Grundbesitz zum Zeitpunkt meines Todes nicht vollständig in meinem Nachlass befinden, entfällt das zugewandte Wohnungsrecht ersatzlos.

c) Wiederverheiratung älterer Ehepaare

Wenn Menschen in fortgeschrittenem Alter bereits eine Ehe hinter sich haben und, z. B. als Witwer/Witwe erneut heiraten wollen, dann sind sie häufig wirtschaftlich unabhängig, also nicht darauf bedacht, dem neuen Ehepartner noch Vermögen zu vermachen. Vielfach haben sie auch Kinder aus erster Ehe, die ihr Vermögen erben sollen. Es liegt deshalb im Interesse solcher Eheleute, dass sie das gesetzliche Erbrecht ausschließen, dass der Ehegatte also nicht Erbe werden soll. Der Ausschluss des Ehegattenerbrechtes ist mittels eines Erbvertrages möglich.

> 1.
> Allgemeines:
> Ein jeder von uns hat aus 1. Ehe Kinder, nämlich
> die Ehefrau: die Kinder……..
> der Ehemann: die Kinder…….
> Ein jeder von uns möchte seinen Nachlass den jeweiligen Kindern vermachen.
> 2.
> Wir wollen deshalb einen Erbvertrag schließen, wonach jegliches Ehegattenerbrecht ausgeschlossen ist, einschließlich eines Pflichtteilsanspruches.
> Wir vereinbaren deshalb Folgendes:
> Wir verzichten hiermit gegenseitig auf jegliche gesetzlichen Erb- und Pflichtteilsrechte und nehmen den Verzicht gegenseitig an.

4. Weitere Gesichtspunkte einer erbrechtlichen Regelung

a) Testamentsvollstrecker

> **Hinweis:**
>
> Es kann ein Testamentsvollstrecker bestimmt werden. Dies sowohl für den Fall, dass der Testamentsvollstrecker nur die Abwicklung des Nachlasses vorzunehmen hat (Abwicklungsvollstreckung) als auch, dass seine Aufgabe weitergehend ist und er den Nachlass noch eine Zeit zu verwalten hat, etwa bis zur Volljährigkeit eines Kindes (Nachlassverwaltung)

1.
Wir ordnen Testamentsvollstreckung für den Nachlass des Letztversterbenden an. Zum Testamentsvollstrecker bestimmen wir (…), ersatzweise (…)
Tritt die zum Testamentsvollstrecker eingesetzte Person das Amt nicht an oder fällt sie nach Antritt des Amtes weg, entfällt die Anordnung der Testamentsvollstreckung mit dem Zeitpunkt, in dem kein von uns selbst ernannter Testamentsvollstrecker mehr im Amt ist.
2.
Aufgabe des Testamentsvollstreckers ist es, den Nachlass bis zum Ablauf des 25. Lebensjahres unseres jüngsten Kindes zu verwalten. Der Testamentsvollstrecker ist in der Eingehung von Verbindlichkeiten für den Nachlass nicht beschränkt. Er ist von allen Verpflichtungen befreit, soweit dies gesetzlich zulässig ist, insbesondere auch von den Beschränkungen des § 181 BGB. Der Testamentsvollstrecker hat jedoch jährlich Rechnung zu legen, § 2218 Abs. 2 BGB.
Der Testamentsvollstrecker soll innerhalb eines Jahres nach dem Erbfall die Auseinandersetzung des Nachlasses unter den Erben bewirken.
3.
Als Vergütung erhält der Testamentsvollstrecker neben dem Ersatz seiner Auslagen einen Betrag in Höhe von 2 % des Nachlasses (unter alleinigem Abzug der Erblasser- und Erbfallschulden) und in den Folgejahren einen Betrag von 5 % der Nettoeinkünfte unseres Grundbesitzes.
4.
Die vorstehenden Regelungen gelten auch für den Fall, dass wir gleichzeitig oder in derselben Gefahr versterben, mit der Maßgabe, dass sich die Testamentsvollstreckung auf den Nachlass eines jeden von uns erstreckt.

b) Pflichtteilsverzicht

Nach dem Gesetz können bestimmte Personengruppen nicht gänzlich von einer Erbschaft ausgeschlossen werden durch Verfügung eines Erblassers. Auch wenn sie im Rahmen eines Testamentes oder eines Erbvertrages von der Erbschaft ausgeschlossen werden, steht ihnen gleichwohl noch ein sog. Pflichtteil zu. Pflichtteilsberechtigte Personen sind:

- Ehegatten
- Kinder
- die Eltern des Verstorbenen (mit Einschränkungen).

2. KAPITEL „Vorsorgender Ehevertrag"

> **Hinweis:**
>
> Zu beachten ist – was vielfach übersehen wird –, dass bei der gegenseitigen Erbeinsetzung durch Ehegatten die vorhandenen Kinder von der Erbfolge ausgeschlossen werden mit der Konsequenz, dass sie einen Pflichtteilsanspruch geltend machen können.

> **BEISPIEL:** Ehegatten setzen sich in einem gemeinschaftlichen Testament gegenseitig zu Alleinerben ein. Sie bestimmen, dass nach dem Tode des Längstlebenden die Kinder das dann noch vorhandene Vermögen erben sollen. Demnach sollen die Kinder nach dem Tode des erstversterbenden Ehegatten nichts erben. Rechtsfolge: Ausschluss der Kinder von der Erbfolge und damit Auslösung eines Pflichtteilsanspruches.

Das Pflichtteil besteht grundsätzlich in der Hälfte des gesetzlichen Erbteils. Es handelt sich um einen Geldanspruch, der vom Erben zu zahlen ist. Der Pflichtteilsanspruch verjährt erst nach drei Jahren.

Durch einen notariellen Vertrag mit dem Erblasser können pflichtteilsberechtigte Personen auf ihr Pflichtteil verzichten. Ein Pflichtteilsverzicht kann (z. B. in Fällen der Wiederverheiratung älterer Eheleute) mit einem Verzicht auf das gesetzliche Erbrecht verbunden werden.

Möglich ist auch, den Pflichtteilsverzicht zu beschränken auf bestimmte Vermögenswerte, wenn man erreichen will, dass ein bestimmter Vermögensgegenstand (z. B. eine Firmenbeteiligung) auf einen Ehegatten oder ein Kind übergeht, ohne dass es aufgrund dessen zu finanziellen Belastungen des Nachlasses kommt.

c) Wiederverheiratungsklausel

Wenn sich Ehegatten gegenseitig zu Alleinerben einsetzen und die Kinder zu Erben des überlebenden Ehegatten, dann können sie eine Klausel aufnehmen, dass im Falle der Wiederverheiratung des überlebenden Ehegatten die Erbfolge der Kinder eintritt, nicht erst mit dem Tode des überlebenden Ehegatten.

d) Strafklausel

Indem sich die Eheleute zu Alleinerben einsetzen, sei es in einem Testament oder in einem Erbvertrag, dann bedeutet dies für Kinder eine Umgehung ihres Erbrechts. Denn Kinder haben nach dem Tode eines Elternteils ein gesetzliches Erbrecht. Sie können in einem solchen Fall ihren Pflichtteil fordern. Diese – unerwünschte – Folge können Ehegatten versuchen zu verhindern durch Vereinbarung einer Strafklausel: Wenn Kinder nach dem Tod des Erstversterbenden den Pflichtteil geltend machen, so sollen sie auch nach dem Tode des Zweitversterbenden nur den Pflichtteil geltend machen können.

e) Bindungswirkung

Besonderheit eines Erbvertrages (im Gegensatz zu einem einseitigen Testament) ist die bereits angesprochene Bindungswirkung. Im Erbvertrag enthaltene Verfügungen können normalerweise nicht mehr einseitig widerrufen werden. Denkbar ist aber, dass sich ein Ehegatte im Erbvertrag den Rücktritt vorbehält, § 2293 BGB. Insoweit ist im Erbvertrag sowohl ein unbeschränkter Vorbehalt als auch ein auf bestimmte Fälle begrenzter Vorbehalt möglich.

> Wir nehmen die unter Ziff. (…) enthaltene gegenseitige Erbeinsetzung mit erbvertraglicher Bindung an. Ein jeder von uns behält sich jedoch den jederzeit und ohne Angabe von Gründen möglichen Rücktritt von diesem Erbvertrag vor. Wir wurden darüber belehrt, dass der Rücktritt in notarieller Urkunde erklärt werden muss und dem anderen Vertragspartner zugehen muss.

5. Wie lange gilt ein Erbvertrag?

Ein Erbvertrag gilt ohne zeitliche Begrenzung. Ist er einmal abgeschlossen, gilt er. Von den Eheleuten kann er nur noch einvernehmlich in notarieller Form abgeändert oder aufgehoben werden.

> **Hinweis:**
> Sollte es zu einer Scheidung der Ehe kommen, verliert der Erbvertrag seine Wirkung, es sei denn, es ist ausdrücklich vereinbart, dass die getroffenen Regelungen auch über eine Scheidung hinaus Geltung haben sollen.

VIII. Ehen mit Auslandsberührung

Sofern Personen unterschiedlicher Nationalität heiraten, hat dies Auswirkungen auf das Eherecht und das eheliche Güterrecht. Es stellt sich nämlich die Frage, welches Recht gilt bezüglich der Rechtsbeziehungen der Eheleute zueinander. Es kann sowohl deutsches Recht gelten als auch ausländisches Recht. Das ausländische Recht kann völlig unterschiedlich zum deutschen Recht sein. Besonders in vermögensrechtlicher Hinsicht kann dies zu gänzlich anderen Ergebnissen führen.

> **Achtung!**
>
> Wichtig ist deshalb zunächst, dass sich Eheleute, die einen ausländischen Partner heiraten wollen, über das ausländische Recht informieren. Es sollten keine Kosten und Mühen gescheut werden, denn zu Beginn der Ehe werden rechtlich Weichen gestellt, deren Bedeutung nicht zu unterschätzen sind.

Alsdann können Eheleute entscheiden, ob sie die für sie geltende Gesetzeslage (des jeweiligen Staates) für gut befinden oder ob sie regulierend eingreifen möchten, was in Form eines Ehevertrages geschehen kann. Auf folgende Aspekte sei hier hingewiesen:

1. Welches Recht gilt?

Dies richtet sich nach dem **Internationalen Privatrecht**. Die Vorschriften dazu befinden sich in Deutschland im sog. „Einführungsgesetz zum BGB" (EGBGB), dort sind maßgebend die Artikel 14 und 15 EGBGB. Danach gilt sinngemäß:

- Die allgemeinen Wirkungen der Ehe, also welches allgemeine Recht für ihre Ehe gilt, richtet sich nach dem gewöhnlichen Aufenthaltsort der Eheleute. Entscheidend ist danach, wo sie ihren gemeinsamen Wohnsitz haben.

- Die güterrechtlichen Auswirkungen der Ehe, also ihre vermögensrechtliche Beziehung zueinander, orientiert sich an dem bei

Eheschließung maßgebenden Recht eines Staates hinsichtlich der allgemeinen Wirkungen der Ehe. Es gibt also eine Abhängigkeit für das Güterrecht vom allgemeinen Eherecht.

- Galt also z. B. im Zeitpunkt der Eheschließung französisches Recht hinsichtlich der allgemeinen Wirkungen der Ehe, dann gilt auch für das Güterrecht das französische Recht.

Aber wozu ist dann die Unterscheidung nötig? Die Antwort ist einfach, aber wichtig:

- Das Recht hinsichtlich der allgemeinen Wirkungen der Ehe kann sich verändern mit einem Wohnsitzwechsel in ein anderes Land.
- Das Güterrecht gilt unverändert, unabhängig davon, in welches Land die Eheleute später einmal umziehen, oder ob sich deren Staatsangehörigkeit einmal ändert.

BEISPIEL: Petra heiratet ihren französischen Freund Jean-Claude in Paris. Dort nehmen sie auch ihren gemeinsamen Wohnsitz. Nach fünf Jahren wechseln die Eheleute den Wohnsitz und ziehen nach Düsseldorf. Welches Recht gilt für sie?
Antwort: Hinsichtlich der allgemeinen Wirkungen der Ehe galt zunächst in den ersten Ehejahren französisches Recht. Nach dem Wohnsitzwechsel gilt für sie deutsches Recht. Hinsichtlich der güterrechtlichen Beziehung gilt für sie nach wie vor französisches Recht.

Hinweis:

Die Unterscheidung zwischen dem allgemeinen Eherecht und dem Güterrecht ist deshalb von so elementarer Bedeutung, weil das Güterrecht große wirtschaftliche Auswirkungen für die Eheleute besitzt. Denn wem das in der Ehe erworbene Vermögen gehört, ob beiden Eheleuten gemeinsam oder nur einem Ehegatten oder vermögensrechtliche Ausgleichsansprüche bestehen, dürfte im Scheidungsfall durchaus interessieren. Von eigentlicher Bedeutung ist deshalb für die Eheleute, welches Güterrecht gilt. Darüber müssen sie sich orientieren.

Grundsätzlich ist eine Rechtswahl bei Eheleuten unterschiedlicher Staatsangehörigkeit (oder auch wenn beide die ausländische Staatsangehörigkeit haben) bereits vor der Ehe oder auch während der Ehe möglich.

Eine Rechtswahl muss in notarieller Form erfolgen.

Erwähnenswert ist, dass eine erfolgte Rechtswahl in Deutschland gültig ist. Ob die Rechtswahl im Heimatland des ausländischen Ehegatten anerkannt wird, entscheidet der ausländische Staat für sein Rechtsgebiet selbst. Auch wenn in der Regel in den meisten ausländischen Staaten eine Aussicht auf Anerkennung der Rechtswahl besteht, sind ggf. nähere Erkundigungen einzuholen.

2. Möglichkeiten einer Rechtswahl

Hinsichtlich der allgemeinen Wirkungen der Ehe ist eine Rechtswahl von untergeordneter Bedeutung und auch nur in Ausnahmefällen möglich, weshalb auf nähere Darlegung hier verzichtet wird.

Was die güterrechtlichen Wirkungen der Ehe anbetrifft, so liegt darin der eigentliche Zündstoff.

Folgende Wahlmöglichkeiten bestehen insoweit für Eheleute:

- Sie können das Recht des Staates wählen, dem einer von ihnen angehört.

- Sie können das Recht des Staates wählen, in dem einer von ihnen den gewöhnlichen Aufenthalt hat.

- Sie können hinsichtlich ihres unbeweglichen Vermögens (z. B. eines Hausgrundstückes) das Recht wählen, wo sich der Vermögenswert befindet.

BEISPIEL: Petra und Jean-Claude haben sich bereits vor der Ehe erkundigt, wo die Unterschiede liegen zwischen dem deutschen und dem französischen Vermögensrecht in der Ehe. Danach haben sie sich für das deutsche Vermögensrecht entschieden. Sie möchten, dass für ihre Ehe der gesetzliche Güterstand der Zugewinngemeinschaft gilt. Da sie eine Eheschließung im schönen Paris vorhaben und dort auch die ersten Ehejahre wohnen werden, wissen sie, dass für ihre Ehe französisches Güter-

> recht gelten würde, weil die Eheschließung in Frankreich erfolgt und sie dort auch zunächst wohnen werden. Da sie die Geltung des französischen Güterrechtes ablehnen, begeben sie sich zum Notar und wählen hinsichtlich des ehelichen Güterrechts das deutsche Recht.

Möglich wäre es im Übrigen auch – nach der Wahl deutschen Rechtes – den dadurch eintretenden gesetzlichen Güterstand der Zugewinngemeinschaft zu modifizieren.

Es würde aber gegen das Gesetz verstoßen, in einem Ehevertrag auf ein nicht mehr geltendes Recht zu verweisen (§ 1409 BGB). Bspw. wäre es unzulässig, wenn Eheleute das frühere Güterrecht der ehemaligen DDR vereinbaren wollen (von Übergangsfällen abgesehen). Möglich ist allerdings, dass einzelne Bestimmungen eines früher geltenden Rechtes vereinbart werden kann, jedoch keine pauschale Bezugnahme auf ein früher geltendes Recht.

3. Übersetzung

Nicht jeder ausländische Ehegatte beherrscht die deutsche Sprache. Es gibt mehr oder weniger gute Sprachkenntnisse bei ausländischen Ehegatten. Dies gilt erst recht bezüglich der juristischen Formulierungen in Eheverträgen. Die Gefahr, dass ein Ehevertrag später aufgrund mangelnder Sprachkenntnisse angefochten wird, darf nicht unterschätzt werden. Sollte nur der geringste Anhaltspunkt für mangelnde Sprachkenntnisse vorhanden sein, empfiehlt sich die Hinzuziehung eines Dolmetschers. Dies gilt nicht nur für die eigentliche Beurkundung beim Notar, sondern schon zu einer etwaigen Vorbesprechung. Man sollte einen öffentlich vereidigten Dolmetscher nehmen, auch wenn dadurch zusätzliche Kosten entstehen. So kann dem Einwand vorgebeugt werden, der ausländische Partner habe den Inhalt des Vertrages nicht verstanden.

Eine schriftliche Übersetzung des Vertrages ist nach dem Beurkundungsgesetz der Notare nicht zwingend erforderlich, kann aber ratsam sein, um sich weiter abzusichern.

IX. Musterbeispiele vorsorgende Eheverträge

> **Wichtig!**
>
> Sämtliche Vertragsmuster bedürfen der notariellen Form!

1. Muster – Gütertrennung

Situation:

- Es geht um eine voreheliche Vereinbarung.

Gewünschte Regelung:

- Die Eheleute wollen nur Gütertrennung.

Verhandelt zu.......
am.........
vor dem Notar......... in..............

sind erschienen:
1. Frau............
2. Herr...........

Die Erschienen erklären:
Wir sind beide deutsche Staatsangehörige.
Zu unseren persönlichen Verhältnissen erklären wir
…
Wir beabsichtigen, in Kürze zu heiraten. Für unsere Ehe wollen wir eine Vereinbarung hinsichtlich des Güterstandes treffen. Dies vorausgeschickt schließen wir folgenden

Ehevertrag:

I.

Eheliches Güterrecht

1.
Wir schließen hiermit für unsere künftige Ehe den gesetzlichen Güterstand der Zugewinngemeinschaft aus und vereinbaren stattdessen den Güterstand der

Gütertrennung.

Der Notar hat uns darüber belehrt, dass durch Vereinbarung der Gütertrennung bei Beendigung unserer Ehe kein Zugewinnausgleich erfolgt. Uns ist bekannt, dass weder im Falle der Beendigung unserer Ehe durch Scheidung ein Ausgleich des Zugewinns gefordert werden kann, noch im Falle der Beendigung unserer Ehe durch Tod eine Erhöhung der gesetzlichen Erbquote des überlebenden Ehegatten erfolgt.

2.

Keiner von uns soll den Beschränkungen der §§ 1365 und 1369 BGB unterworfen sein. Jeder Ehegatte ist also berechtigt, ohne Zustimmung des anderen Ehegatten über sein Vermögen im Ganzen und auch über die ihm gehörenden Haushaltsgegenstände frei zu verfügen.

3.

Wir beantragen die Eintragung der vorstehenden Vereinbarung in das Güterrechtsregister. Der Notar soll jedoch die Eintragung nur auf besondere schriftliche Anweisung von wenigstens einem von uns veranlassen.

II.

Versorgungsausgleich

Hinsichtlich des Versorgungsausgleiches wollen wir keine Vereinbarungen treffen. Insoweit soll es bei der gesetzlichen Regelung verbleiben.

2. Muster – „Doppelverdiener-Ehe"

Situation:

- Es geht um einen vorehelichen Vertrag.
- Beide Partner sind berufstätig, beide sind wirtschaftlich unabhängig.
- Es sind keine Kinder vorhanden und auch nicht zu erwarten (z. B. wegen Alters).

Gewünschte Regelungen:

- Modifizierte Zugewinngemeinschaft mit Ausschluss des Zugewinnausgleiches für den Fall der Scheidung.
- Ausschluss des Versorgungsausgleichs.
- Nachehelicher Unterhaltsverzicht.

2. KAPITEL „Vorsorgender Ehevertrag"

(...)
Die Erschienen erklären:
Wir sind beide deutsche Staatsangehörige.
Wir beabsichtigen, in Kürze zu heiraten.
Zu unseren persönlichen Verhältnissen erklären wir:
Ich, Frau (...) bin von Beruf technische Zeichnerin. Seit über 25 Jahren bin ich bei der Firma... beschäftigt und befinde mich in einem ungekündigten Beschäftigungsverhältnis. Ich habe eine Vollzeitbeschäftigung mit einem monatlichen Einkommen von 2.500 € netto. Schulden habe ich keine. Für meine Altersversorgung unterhalte ich, neben den Anwartschaften in der gesetzlichen Rentenversicherung, eine private Rentenversicherung bei der... Versicherung, die mir bei Vollendung des 65. Lebensjahres eine private Rente von... zugesagt hat. Ich habe keine Kinder und es besteht auch keine Kinderplanung mehr aufgrund meines Alters.
Ich, Herr (...) bin Soldat bei der Bundeswehr im Rang....Mein monatliches Einkommen beträgt monatlich netto 3.200 €. Ich war bereits einmal verheiratet, habe aus der geschiedenen Ehe aber keine Zahlungsverpflichtungen mehr. Schulden habe ich auch ansonsten nicht bis auf eine Verpflichtung aus einem Pkw-Leasingvertrag über monatlich 300 €. Ich unterhalte eine Kapitallebensversicherung bei der... Versicherungsgesellschaft, die zur Vollendung meines 62. Lebensjahres zur Auszahlung kommt und die neben meiner Absicherung als Berufssoldat eine zusätzliche Altersvorsorge darstellt. Kinder habe ich nicht. Eine Kinderplanung habe ich ebenso nicht.
Wir möchten für unsere Ehe den gesetzlichen Güterstand abändern und für den Fall der Scheidung unserer Ehe Vereinbarungen treffen. Dies vorausgeschickt schließen wir folgenden

Ehevertrag:

I.

Eheliches Güterrecht

Für unsere Ehe soll grundsätzlich der gesetzliche Güterstand der Zugewinngemeinschaft gelten, jedoch mit folgender Änderung:
Sollte unser Güterstand auf andere Weise als durch Tod von einem von uns beendet werden, insbesondere durch Scheidung unserer Ehe, so schließen wir den Ausgleich des Zugewinns vollständig aus. Dies gilt auch bei einem vorzeitigen Ausgleich des Zugewinns oder einer vorzeitigen Aufhebung der Zugewinngemeinschaft. Im Übrigen bleibt es beim gesetzlichen Güterstand, insbesondere beim Zugewinnausgleich im Falle des Todes.

II.

Versorgungsausgleich

Wir schließen den Versorgungsausgleich für den Fall einer Scheidung der Ehe hiermit aus.

Der Notar hat uns über die Bedeutung des Ausschlusses des Versorgungsausgleiches ausführlich belehrt. Insbesondere wurden wir darüber belehrt, dass ein Ausgleich für die während der Ehezeit erworbenen Rentenanwartschaften im Scheidungsfall nicht erfolgt und jeder Ehegatte deshalb auf eine eigene Altersversorgung angewiesen ist.

III.

Nachehelicher Unterhalt

Für den Fall der Scheidung unserer Ehe verzichten wir hiermit wechselseitig auf jedwede nachehelichen Unterhaltsansprüche gemäß dem §§ 1569 ff. BGB und nehmen den Verzicht wechselseitig an.

Der Notar hat uns darüber belehrt, dass im Scheidungsfall keiner von uns einen Unterhaltsanspruch gegenüber dem geschiedenen Ehegatten besitzt, egal in welche persönliche Notlage einer von uns gerät. Die möglichen Folgen eines Unterhaltsverzichtes sind uns bewusst.

Wir erklären, dass ein jeder von uns berufstätig ist und über eigenes Einkommen verfügt und wir auch beide die Absicht haben, während der Ehe berufstätig zu bleiben.

3. Muster – „Doppelverdiener-Ehe mit Kinderplanung"

Situation:

- Die Regelung erfolgt zu Beginn der Ehe.
- Beide Eheleute sind erwerbstätig, haben aber Kinderwunsch und sind sich darüber im Klaren, dass die Ehefrau die Erwerbstätigkeit aufgeben wird mit der Geburt eines Kindes.

Gewünschte Regelungen:

- Modifizierte Zugewinngemeinschaft mit der Maßgabe, dass im Scheidungsfall der Zugewinnausgleich entfällt. Sollten indes Kinder aus der Ehe hervorgehen, kann die Ehefrau vom Ausschluss des Zugewinnausgleiches zurücktreten.
- Ausschluss des Versorgungsausgleiches, jedoch mit der Maßgabe, dass bei Geburt von Kindern und Aufgabe der Erwerbstätigkeit der Ehefrau gleichwohl der Versorgungsausgleich stattfindet.

- Nachehelicher Unterhaltsverzicht, jedoch mit der Maßgabe, dass bei Geburt von Kindern auch nach der Scheidung Unterhalt gezahlt werden muss wegen Betreuung minderjähriger gemeinsamer Kinder.

(…)

Die Erschienen erklären:

Wir sind beide deutsche Staatsangehörige.

Wir sind seit dem 10. 5. 2010 verheiratet. Wir leben im gesetzlichem Güterstand der Zugewinngemeinschaft. Bislang haben wir keinen Ehevertrag geschlossen.

Zu unseren persönlichen Verhältnissen erklären wir:

Ich, Frau… bin angestellte Architektin. Derzeit bin ich Teilzeit erwerbstätig mit einem Einkommen von 2.100 €. Ich habe einen Zeitarbeitsvertrag. Schulden habe ich keine. Kinder habe ich nicht. Es besteht derzeit auch keine Schwangerschaft.

Ich, Herr… bin Betriebswirt und Bankkaufmann. Ich bin Vollzeit beschäftigt bei der… Bank mit einem Einkommen von 3.400 €. Ich habe Kapitalanlagen, die monatlich angespart werden. Schuldverbindlichkeiten bestehen nicht. Ich habe bislang keine Kinder.

Wir erklären gemeinsam, dass wir einen Kinderwunsch haben. Sollten aus unserer Beziehung ein oder mehrere Kinder hervorgehen, ist aus heutiger Sicht beabsichtigt, dass die Ehefrau die Kinderbetreuung in den ersten Jahren übernimmt und dazu ihre Erwerbstätigkeit zumindest für eine Zeit von etwa drei Jahren nicht ausübt. Danach ist dann eine Wiederaufnahme der Erwerbstätigkeit geplant, soweit Kindesbelange nicht entgegenstehen und die Betreuungssituation geregelt ist.

Wir wollen nunmehr den gesetzlichen Güterstand für unsere weitere Ehe abändern und Vereinbarungen treffen für den Fall einer Ehescheidung. Dies vorausgeschickt schließen wir folgenden

Ehevertrag:

I.

Eheliches Güterrecht

Für unsere Ehe soll es beim gesetzlichen Güterstand der Zugewinngemeinschaft verbleiben, jedoch mit folgender Änderung:

Für den Fall, dass unser Güterstand auf andere Weise als durch Tod eines Ehegatten beendet wird, insbesondere im Falle der Scheidung der Ehe, soll ein Zugewinnausgleich nicht stattfinden.

Die Ehefrau ist jedoch berechtigt, von diesem Ausschluss des Zugewinnausgleichs zurückzutreten, wenn ein gemeinsames Kind geboren wird. Ein Rücktritt ist durch notarielle Urkunde zu erklären und dem Ehemann zuzustellen.

Im Übrigen verbleibt es beim gesetzlichen Güterstand der Zugewinngemeinschaft, insbesondere beim Zugewinnausgleich im Todesfall eines Ehegatten.

II.
Versorgungsausgleich

1.

Wir schließen den Versorgungsausgleich für den Fall einer Scheidung unserer Ehe aus.

Der Notar hat uns über die Bedeutung des Ausschlusses des Versorgungsausgleiches belehrt, insbesondere darüber, dass im Scheidungsfalle ein Ausgleich für die während der Ehezeit erworbenen jeweiligen Rentenanwartschaften nicht stattfindet und ein jeder von uns für seine eigene Altersversorgung Vorsorge treffen muss.

2.

Der vorstehende Ausschluss des Versorgungsausgleiches wird auflösend bedingt vereinbart. Sollte aus der Ehe ein gemeinschaftliches Kind hervorgehen und einer von uns deswegen seine Berufstätigkeit ganz oder teilweise aufgeben, wird der Ausschluss des Versorgungsausgleiches unwirksam mit dem Monatsersten, der auf die Geburt des Kindes folgt.

Im Falle der Geburt eines gemeinschaftlichen Kindes und der dadurch bedingten Aufgabe der Berufstätigkeit soll also der gesetzliche Versorgungsausgleich durchgeführt werden. Für die Zeit vor Geburt des Kindes bleibt es beim vereinbarten Ausschluss des Versorgungsausgleiches.

III.
Nachehelicher Unterhalt

Für den Fall einer Scheidung verzichten wir wechselseitig auf nacheheliche Unterhaltsansprüche gemäß §§ 1569 ff. BGB und nehmen den Verzicht gegenseitig an.

Von dem Unterhaltsverzicht ausgenommen ist ein etwaiger Unterhaltsanspruch gemäß § 1570 BGB für den Fall, dass aus der Ehe ein gemeinschaftliches Kind hervorgeht und ein Ehegatte Unterhalt wegen Betreuung des Kindes verlangen könnte. Mit Abschluss der Kindesbetreuung, spätestens mit Volljährigkeit des Kindes, endet jeder Unterhaltsanspruch, sodass sich danach kein anderer Unterhaltstatbestand anschließt.

Der Notar hat uns über die Bedeutung des Unterhaltsverzichtes ausführlich belehrt.

Uns ist bekannt, dass jeder Ehegatte grundsätzlich nach der Scheidung selbst für seinen Unterhalt aufkommen muss mit Ausnahme eines Betreuungsunterhaltsanspruches.

4. Muster – „Kurze Ehedauer"

Situation:

- Es geht um eine voreheliche Regelung.

Gewünschte Regelungen:

- Modifizierung der Zugewinngemeinschaft dahingehend, dass die Ehe eine bestimmte Anzahl von Jahren bestanden haben muss.
- Nachehelicher Unterhaltsverzicht abhängig von der Dauer der Ehe.

(…)
Die Erschienen erklären:
Wir sind beide deutsche Staatsangehörige.
Zu unseren persönlichen Verhältnissen erklären wir:
(…)
Wir möchten in Kürze heiraten. Für unsere Ehe möchten wir eine Vereinbarung zum Güterstand treffen und auch Vereinbarungen für den Fall der Scheidung der Ehe. Dies vorausgeschickt schließen wir folgenden

Ehevertrag:

I.

Eheliches Güterrecht

Für unsere Ehe soll der gesetzliche Güterstand der Zugewinngemeinschaft gelten, jedoch mit folgender Änderung:
Sollte einer von uns innerhalb von fünf Jahren nach Eheschließung einen Antrag auf Scheidung der Ehe stellen, in dessen Folge die Ehe geschieden wird, so findet ein Zugewinnausgleich nicht statt.
Im Übrigen verbleibt es beim gesetzlichen Zugewinnausgleich, insbesondere auch im Todesfall eines Ehegatten innerhalb der ersten 5 Ehejahre.

II.

Versorgungsausgleich

Für den Fall der Scheidung unserer Ehe treffen wir folgende Vereinbarung in Bezug auf den nachehelichen Unterhalt:
1.
Sollte einer von uns innerhalb von fünf Jahren nach Eheschließung einen Antrag auf Scheidung der Ehe stellen, in dessen Folge die Ehe geschieden wird, vereinbaren wir einen wechselseitigen Verzicht auf Zahlung nachehelichen Unterhaltes und nehmen diesen Verzicht gegenseitig an.

> Ausgenommen von diesem zeitlich befristeten Unterhaltsverzicht ist ein etwaiger Unterhaltsanspruch gemäß § 1570 BGB. Sollte aus unserer Ehe ein gemeinschaftliches Kind hervorgehen, aufgrund dessen ein Ehegatte seine Berufstätigkeit ganz oder teilweise aufgibt, so soll dem betreffenden Ehegatten ein Anspruch auf Betreuungsunterhalt nach der genannten gesetzlichen Vorschrift zustehen. Nach Wegfall der Voraussetzungen des § 1570 BGB treten Anschlusstatbestände nicht in Kraft.
> 2.
> Für den Fall, dass einer von uns einen Antrag auf Scheidung der Ehe innerhalb von fünf Jahren nach Eheschließung stellt, wird ein etwaiger gesetzlicher Unterhaltsanspruch zeitlich begrenzt auf die Dauer von maximal fünf Jahren ab Rechtskraft der Ehescheidung. Die Eheleute verzichten auf darüber hinausgehende Unterhaltsansprüche und nehmen den Verzicht gegenseitig an.
> Eine solche zeitliche Begrenzung gilt nicht für den Fall, dass ein Unterhaltsanspruch wegen Betreuung eines Kindes besteht gemäß § 1570 BGB. Ein solcher Betreuungsunterhaltsanspruch besteht, solange dessen gesetzliche Voraussetzungen vorliegen.

5. Muster – Vermögende Ehegatten

Situation:

- Die Regelung erfolgt während der Ehe.
- Beide Eheleute haben Vermögen mit in die Ehe gebracht.
- Der Ehemann investiert einen Geldbetrag aus vorweggenommener Erbfolge ins gemeinsame Haus.

Gewünschte Regelungen:

- Vorhandenes Anfangsvermögen und dessen Wertsteigerung wird im Falle einer Scheidung aus dem Zugewinnausgleich ausgeklammert
- Auch zu erwartende Schenkungen im Hinblick auf ein späteres Erbrecht werden aus einem Zugewinnausgleich ausgeklammert
- Auch Erträge aus privilegiertem Vermögen werden ausgeklammert
- Begrenzter Ausschluss von Verfügungsbeschränkungen bezogen auf bestimmte Vermögenswerte

2. KAPITEL „Vorsorgender Ehevertrag"

- Rückzahlung einer „ehebedingten Zuwendung" im Scheidungsfall.

(…)
Die Erschienen erklären:
Wir sind beide deutsche Staatsangehörige.
Wir haben am……….. vor dem Standesbeamten in……… die Ehe miteinander geschlossen.
Zu unseren persönlichen Verhältnissen erklären wir
(…)
Wir haben bisher keinen Ehevertrag geschlossen und leben im gesetzlichen Güterstand der Zugewinngemeinschaft. Dies vorausgeschickt schließen wir folgenden

Ehevertrag:

I.

Eheliches Güterrecht

1.
Für unsere Ehe soll nunmehr der gesetzliche Güterstand der Zugewinngemeinschaft mit folgender Abweichung gelten:
Ein Zugewinnausgleich soll nur mit der nachgenannten Einschränkung nach Maßgabe der gesetzlichen Bestimmungen stattfinden:
Für den Fall der Scheidung unserer Ehe vereinbaren wir, dass Vermögenswerte vom Zugewinnausgleich ausgeschlossen sind, die Anfangsvermögen im Sinne § 1374 BGB sind. Gleiches gilt für Vermögensgegenstände, die ein Ehegatte nach Eintritt des gesetzlichen Güterstandes von Dritten durch Schenkung/Erbfolge noch erhalten wird.
Diese Vermögensgegenstände sowie die Wertsteigerungen, Erträge und Surrogate dieser Vermögensgegenstände sollen sowohl bei der Ermittlung des Anfangsvermögens als auch bei der Ermittlung des Endvermögens außer Ansatz bleiben.
Im Übrigen bleibt es beim gesetzlichen Güterstand, insbesondere auch beim Zugewinnausgleich im Todesfall.
2.
Der Ehemann hat während der Ehe aus einer Schenkung seiner Eltern im Wege vorweggenommener Erbfolge einen Betrag von 100.000 € ins eheliche Vermögen (gemeinschaftliches Hausgrundstück Stuttgart, Rosenweg 10) investiert. Für den Fall der Scheidung der Ehe sind wir uns darüber einig, dass die Ehefrau diesen Betrag mit einer Verzinsung von 3 % über dem Basiszins seit 1. 1. 2010 dem Ehemann zurück zu erstatten hat.
Entsprechend ist zukünftig zu verfahren, wenn ein Ehegatte privilegiertes Vermögen einbringt und dies schriftlich festgehalten wird.

3.

Wir sind uns darüber einig, dass ein jeder von uns über die Vermögensgegenstände, die zum privilegierten Anfangsvermögen gehören, allein und ohne Zustimmung seines Ehegatten frei verfügen kann; § 1365 BGB wird bezüglich dieser Vermögensgegenstände ausgeschlossen.

II.

Versorgungsausgleich

Hinsichtlich des Versorgungsausgleiches soll es bei der gesetzlichen Regelung verbleiben.

III.

Unterhalt

Hinsichtlich des nachehelichen Unterhaltes soll es bei der gesetzlichen Regelung verbleiben.

6. Muster – Ehevertrag eines Unternehmers / Selbstständigen

Situation:

- Die Regelung erfolgt während einer schon länger bestehenden der Ehe.
- Der Ehemann ist selbstständiger Unternehmer und hat in der Ehe eine Firma aufgebaut.
- Das Einkommen des Ehemannes ist hoch.

Gewünschte Regelung:

- Zukünftige Herausnahme des Unternehmens/der Praxis aus dem Zugewinnausgleich und Vereinbarung eines Äquivalentes für den anderen Ehegatten.
- Ausgleich des bis dahin entstandenen Zugewinns.
- Zwangsvollstreckungsausschluss in Bezug auf das vom Zugewinnausgleich ausgeschlossene Unternehmen.
- Ausschluss des Versorgungsausgleiches mit Gegenleistung.
- Betragsmäßige Begrenzung des nachehelichen Unterhaltes.
- Einseitiger Unterhaltsverzicht eines Ehegatten.

2. KAPITEL „Vorsorgender Ehevertrag"

(...)
Die Erschienen erklären:
Wir sind beide deutsche Staatsangehörige.
Einen Ehevertrag haben wir bislang nicht geschlossen.
Wir haben am 1. 10. 1992 vor dem Standesbeamten in Köln die Ehe geschlossen.
Aus unserer Ehe ist ein Kind hervorgegangen, der Sohn Max, geb.18. 7. 1995.

In unserem gemeinsamen hälftigen Miteigentum befindet sich das Einfamilienhaus unter der Anschrift Elbchaussee 2 in Hamburg, in dem wir zusammen leben.
Zu unseren persönlichen Verhältnissen erklären wir:
Ich, *(Ehefrau)* bin während der Ehe nicht erwerbstätig gewesen und habe mich um den Haushalt und die Betreuung unseres gemeinsamen Sohnes gekümmert.
Ich, *(Ehemann)* bin von Beruf Dipl. Ing. und habe in der Ehe die Firma x-GmbH mit Sitz in Hamburg gegründet, deren alleiniger Gesellschafter und Geschäftsführer ich bin.
Zugunsten der Ehefrau und zu deren Absicherung im Alter wird seit Jahren eine Rentenversicherung unterhalten, für die der Ehemann die laufenden Versicherungsbeiträge zahlt.
(...)
Für unsere weitere Ehe möchten wir Vereinbarungen treffen für den Fall, das die Ehe scheitern sollte und geschieden wird.
Dies vorausgeschickt schließen wir folgenden

Ehevertrag:

I.

Eheliches Güterrecht

1.
Für unsere Ehe soll nunmehr der gesetzliche Güterstand der Zugewinngemeinschaft mit folgender Abweichung gelten:
Ein Zugewinnausgleich soll nur mit der nachstehenden Einschränkung nach Maßgabe der gesetzlichen Bestimmungen stattfinden:
Für den Fall, dass unser Güterstand auf andere Weise als durch Tod eines Ehegatten endet, insbesondere durch Scheidung unserer Ehe, sollen folgende Vermögensgegenstände voll umfänglich aus dem Zugewinnausgleich ausgenommen sein:
a) das Unternehmen des Ehemannes, welches derzeit unter dem Namen „x-GmbH" in Hamburg firmiert,
b) das Hausgrundstück Elbchaussee 2 in Hamburg.
Wir sind uns darüber einig, dass die vorgenannten Vermögensgegenstände beim Zugewinnausgleich im Falle der Beendigung des Güterstandes durch Scheidung

IX. Musterbeispiele vorsorgende Eheverträge

in keiner Weise berücksichtigt werden sollen. Diese Vermögensgegenstände sollen sowohl bei der Ermittlung des Anfangsvermögens als auch bei der Ermittlung des Endvermögens außer Ansatz bleiben. Sollte sich zukünftig die Rechtsform oder der Name des Unternehmens des Ehemannes ändern, so hat dies auf die Herausnahme des Vermögensgegenstandes aus dem Zugewinnausgleich keine Bedeutung. Es bleibt dabei, dass das Unternehmen vom Zugewinnausgleich ausgenommen ist.

Im Übrigen verbleibt es beim gesetzlichen Güterstand der Zugewinngemeinschaft, insbesondere bei einem Zugewinnausgleich im Todesfall.

2.

Sollte die Ehefrau im Scheidungsfall einen Anspruch auf Zugewinnausgleich gegenüber dem Ehemann fordern können, sind wir uns darüber einig, dass eine Zwangsvollstreckung in das Unternehmen des Ehemannes, in seine Geschäftsanteile und seine Gewinn- und Bezugsrechte unzulässig ist.

3.

Zum Ausgleich des bis heute entstandenen Zugewinns vereinbaren wir, dass der Ehemann seinen ½-Miteigentumsanteil an dem Haus Elbchaussee 2 in Hamburg auf seine Ehefrau zu alleinigem Eigentum überträgt mit dem ebenfalls heute geschlossenen Übertragungsvertrag.

II.

Versorgungsausgleich

1.

Für den Fall der Scheidung unserer Ehe schließen wir den Versorgungsausgleich hiermit aus.

2.

Der Ehemann verpflichtet sich, die zu Gunsten seiner Ehefrau auf deren Namen bei der Y-Lebensversicherung AG abgeschlossene Rentenversicherung (VS-Nr...........), die vertraglich
die Zahlung einer Rente von monatlich 2.000 €, gerechnet nach heutigem Geldwert, auszahlbar mit dem 65. Lebensjahr der Ehefrau, vorsieht, beizubehalten. Der Ehemann verpflichtet sich, die monatlichen Rentenversicherungsbeiträge pünktlich weiter an die Versicherungsgesellschaft zu entrichten. Für den Fall, dass der Ehemann mit der Entrichtung von mindestens zwei Monatsbeiträgen in Verzug gerät, behält sich die Ehefrau das Recht vor, von ihrem Verzicht hinsichtlich Ausschluss zum Versorgungsausgleich zurückzutreten, sodass dann der Versorgungsausgleich in gesetzlicher Form durchgeführt werden muss. Ein Rücktritt ist in notarieller Form zu erklären und dem Ehemann zuzustellen.

III.

Nachehelicher Unterhalt

1.

Der Ehemann verzichtet gegenüber seiner Ehefrau hiermit vollständig auf die Gewährung nachehelichen Unterhaltes für den Fall der Scheidung gemäß §§ 1569 ff. BGB. Die Ehefrau nimmt den Verzicht hiermit an.

2.

Für den Fall der Scheidung steht der Ehefrau ein gesetzlicher Unterhaltsanspruch nach den §§ 1569 ff. BGB zu mit folgender Einschränkung:

Wir begrenzen einen etwaigen nachehelichen Unterhaltsanspruch der Ehefrau gegenüber dem Ehemann der Höhe nach wie folgt:

Der monatlich geschuldete nacheheliche Unterhalt beträgt höchstens 3.000 €.

Dieser Höchstbetrag wird nach den heutigen Lebenshaltungskosten vereinbart. Erhöht oder vermindert sich der Verbraucherpreisindex für Deutschland (VPI) gegenüber dem Stand vom Monat der Errichtung dieser Urkunde um mindestens 10 %, sind die Beteiligten verpflichtet, die monatliche Zahlungsverpflichtung angemessen anzupassen. Die erste Anpassung erfolgt frühestens nach Rechtskraft der Ehescheidung. Jede weitere Anpassung erfolgt frühestens dann, wenn erneut die Veränderung im vorbeschriebenen Umfang eingetreten ist.

Klarstellend weisen wir darauf hin, dass die Vereinbarung des genannten Höchstbetrages nicht gleichbedeutend ist mit einem fest vereinbarten Unterhaltsanspruch in der Höhe.

Es bleibt dabei, dass sich Grund und Höhe eines etwaigen Unterhaltsanspruches im Übrigen nach dem Gesetz richtet.

Wir sind uns ferner darüber einig, dass die Ehefrau nach einer etwaigen Scheidung nicht zur Aufnahme einer Erwerbstätigkeit verpflichtet ist, sofern sie im Zeitpunkt der Einreichung eines Ehescheidungsantrages das 55. Lebensjahr bereits vollendet hat.

7. Muster – Ehevertrag mit einem verschuldeten Partner

Situation:

- Es geht um eine voreheliche Regelung.
- Ein Ehepartner geht mit großen Schulden in die Ehe.

Gewünschte Regelungen:

- Modifizierung der Zugewinngemeinschaft durch Änderung des „Anfangsvermögen".
- Eigentumsregelung hinsichtlich Haushaltsgegenständen zu Gunsten eines Ehepartners zum Vollstreckungsschutz.
- Einseitiger Unterhaltsverzicht eines Ehegatten.
- Zeitliche Begrenzung des Unterhaltes beim anderen Ehegatten.

(…)

Die Erschienen erklären:
Wir sind beide deutsche Staatsangehörige.
Wir beabsichtigen, in Kürze die Ehe zu schließen.
Zu unseren persönlichen Verhältnissen erklären wir:
Ich, *(Ehefrau)* bin von Beruf Verkäuferin. Derzeit bin ich Vollzeit beschäftigt mit einem Gehalt von monatlich …€. Ich habe keine Kredite oder sonstige Verbindlichkeiten. Vermögen habe ich in Form eines Sparvertrages in Höhe von 25.000 €.
Ich, *(Ehemann)* bin von Beruf Kaufmann. Zur Zeit bin ich Vollzeit beschäftigt mit einem Gehalt von monatlich … €. Aus einem früheren geschäftlichen Engagement sind bei mir noch Schuldverbindlichkeiten verblieben von 100.000 €, worauf ich monatliche Ratenzahlungen erbringe in Höhe von … €. Vermögen habe ich ansonsten nicht.
Wir haben beide keine Kinder aus früheren Beziehungen. Derzeit besteht auch keine Schwangerschaft.
Für unsere Ehe möchten wir insbesondere eine Güterstandsregelung und eine Regelung bezüglich des Unterhalts treffen. Dies vorausgeschickt schließen wir folgenden

Ehevertrag:

I.

Eheliches Güterrecht

1.
Für unsere Ehe soll es beim gesetzlichen Güterstand der Zugewinngemeinschaft verbleiben, jedoch mit folgender Abweichung:
Das Anfangsvermögen des Ehemannes wird mit minus 100.000 € festgesetzt. Grund für diese Festsetzung des Anfangsvermögens ist der Umstand, dass der Ehemann eigene Schulden in einer Größenordnung von 100.000 € hat.
Das Anfangsvermögen der Ehefrau wird mit 25.000 € festgesetzt. Die Ehefrau verfügt über Vermögen in entsprechender Höhe.

Sollte es zu einer Scheidung unserer Ehe kommen, soll sich der Zugewinnausgleich unter Berücksichtigung des zuvor vereinbarten Anfangsvermögens berechnen; etwaige Erbschaften oder Schenkungen während der Ehe können das jeweilige Anfangsvermögen gegebenenfalls noch erhöhen.

2.

Haushaltsgegenstände, Hausrat, Wohnungseinrichtung

a) Wir stellen übereinstimmend fest, dass sämtliche Gegenstände des ehelichen Haushaltes, insbesondere die gesamte Wohnungseinrichtung, alleiniges Eigentum der Ehefrau sind und auch vor der Eheschließung waren. Dem Vertrag wird eine Haushaltsliste beigefügt.

b) Haushaltsgegenstände, die an Stelle von nicht mehr vorhandenen oder wertlos gewordenen Gegenständen angeschafft werden, werden alleiniges Eigentum der Ehefrau. Im Übrigen ist jeweils derjenige von uns alleiniger Eigentümer der Gegenstände, bei denen die Rechnung auf seinem Namen ausgestellt ist.

II.

Versorgungsausgleich

Hinsichtlich des Versorgungsausgleiches soll es bei der gesetzlichen Regelung verbleiben.

III.

Nachehelicher Unterhalt

1.

Der Ehemann verzichtet einseitig auf jedwede Unterhaltsansprüche für die Zeit ab Rechtskraft der Scheidung gegenüber seiner Ehefrau. Die Ehefrau nimmt den Verzicht hiermit an.

2.

Der Ehefrau soll für den Fall der Scheidung ein nachehelicher Unterhaltsanspruch gegenüber dem Ehemann zustehen nach den gesetzlichen Bestimmungen mit folgender Maßgabe:

Ein Unterhaltsanspruch besteht längstens auf die Dauer von drei Jahren ab Rechtskraft der Scheidung. Damit endet ein etwaiger Unterhaltsanspruch der Ehefrau, egal aus welchem Unterhaltstatbestand, spätestens drei Jahre nach Rechtskraft der Scheidung. Für die Zeit nach Ablauf von drei Jahren ab Rechtskraft der Scheidung verzichtet die Ehefrau auf jedwede nachehelichen Unterhaltsansprüche gegenüber dem Ehemann. Der Ehemann nimmt diesen Verzicht hiermit an.

Eine solche zeitliche Begrenzung gilt nicht für den Fall, dass ein Unterhaltsanspruch wegen Betreuung eines Kindes besteht gemäß § 1570 BGB. Ein solcher Betreuungsunterhaltsanspruch besteht, solange dessen gesetzliche Voraussetzungen vorliegen.

8. Muster – Ehevertrag älterer Eheleute

Situation:

- Heirat im fortgeschrittenen Alter, jeweils Wiederheirat.
- Beide Ehegatten haben Kinder aus früheren Beziehungen.
- Beide Ehegatten sind finanziell unabhängig.
- Beide Ehegatten sind auf die Altersversorgung des anderen nicht angewiesen.

Gewünschte Regelungen:

- Gütertrennung, also bei Ende der Ehe keine Vermögensausgleichsansprüche.
- Nachehelicher Unterhaltsverzicht.
- Ergänzende erbvertragliche Regelung mit Ausschluss des Ehegattenerbrechtes und Pflichtteilsverzicht. Sie wollen später nach ihrem Tode ihre jeweiligen Kinder bedenken, nicht den überlebenden Ehegatten.
- Ausschluss des Versorgungsausgleiches.
- Beide Ehegatten wollen in keinerlei Abhängigkeitsverhältnis zueinander gelangen.

Die Erschienen erklären:
Wir sind beide deutsche Staatsangehörige.
Wir waren bereits beide verheiratet. Wir sind beide verwitwet. Aus unseren früheren Ehen haben wir beide jeweils eigene Kinder, nämlich (...). Wirtschaftlich sind wir jeweils unabhängig und verfügen über ausreichendes Einkommen. Für unsere Alterssicherung ist bereits gesorgt. Jeder von uns verfügt über eine genügende eigene Altersvorsorge.
Wir beabsichtigen, in Kürze zu heiraten. Für unsere zukünftige Ehe möchten wir eine Güterstandsregelung treffen und weitere Regelungen für den Fall der Scheidung der Ehe treffen. Dies vorausgeschickt schließen wir folgenden

Ehevertrag:

2. KAPITEL „Vorsorgender Ehevertrag"

I.

Eheliches Güterrecht

1.

Wir schließen für unsere Ehe den gesetzlichen Güterstand der Zugewinngemeinschaft aus und vereinbaren stattdessen den Güterstand der

Gütertrennung.

2.

Der Notar hat uns darüber belehrt, dass durch Vereinbarung der Gütertrennung bei Beendigung des Güterstandes kein Zugewinnausgleich stattfindet, weder im Todesfall durch Erhöhung des gesetzlichen Erbrechtes noch im Scheidungsfall ein Zugewinnausgleich verlangt werden kann. Uns ist auch bekannt, dass durch die Vereinbarung der Gütertrennung die gesetzliche Erbquote des überlebenden Ehegatten beeinflusst wird. Ferner wurden wir darüber belehrt, dass im Güterstand der Gütertrennung jeder Ehegatte ungehindert über sein gesamtes Vermögen verfügen kann, ohne vorherige Zustimmung des anderen Ehegatten, ferner jeder Ehegatte selbstständig über die ihm gehörenden Haushaltsgegenstände verfügen kann.

II.

Versorgungsausgleich

Für den Fall der Scheidung unserer Ehe schließen wir hiermit den gesetzlichen Versorgungsausgleich aus.

Der Notar hat uns über die Bedeutung des Ausschlusses des Versorgungsausgleiches belehrt. Insbesondere ist uns auch bekannt, dass im Scheidungsfalle kein Ehegatte vom anderen einen Ausgleich der in der Ehezeit erworbenen Rentenanwartschaften verlangen kann. Jeder von uns ist nur auf seine eigene Altersversorgung angewiesen.

Wir erklären, beide über eine eigene Altersvorsorge zu verfügen. Ich *(Ehefrau)* beziehe zum einen eine Witwenrente von meinem verstorbenen Ehemann. Daneben habe ich eigene Rentenanwartschaften erworben in der gesetzlichen Rentenversicherung, der Deutschen Rentenversicherung Bund. Darüber hinaus habe ich eine private Rentenversicherung bei der   Versicherung – Ich *(Ehemann)* habe meine Altersvorsorge zum einen durch eine vermietete Immobilie gestaltet, zum anderen kann ich aus der gesetzlichen Rentenversicherung, der Deutschen Rentenversicherung Bund, Zahlungen erwarten, in die ich während der bisherigen Zeit der Erwerbstätigkeit hohe Einzahlungen vorgenommen habe.

Auf eine Altersvorsorge durch den anderen Ehepartner sind wir keinesfalls abhängig.

III.

Unterhalt

Wir verzichten wechselseitig auf jedwede nacheheliche Unterhaltsansprüche nach einer Ehescheidung gemäß §§ 1569 ff. BGB und nehmen diesen Verzicht auch gegenseitig an.

IV.

Erbvertrag

1. Allgemeines:
Ein jeder von uns hat aus 1. Ehe Kinder, nämlich
die Ehefrau: die Kinder........
der Ehemann: die Kinder.......
Ein jeder von uns möchte seinen Nachlass den jeweiligen Kindern vermachen.
2.
Wir wollen deshalb einen Erbvertrag schließen, wonach jegliches Ehegattenerbrecht ausgeschlossen ist, einschließlich eines Pflichtteilsanspruches.
Wir vereinbaren deshalb Folgendes:
Wir verzichten hiermit gegenseitig auf jegliche gesetzlichen Erb- und Pflichtteilsrechte und nehmen den Verzicht gegenseitig an.

9. Muster – Vermögensübertragung mit Widerrufsklausel

Situation:

- Schenkweise Übertragung eines Grundstückes auf einen Ehepartner.

Gewünschte Regelung:

- Vereinbarung einer Widerrufsmöglichkeit für den Fall der Scheidung.

Verhandelt zu.......
am.........
vor dem Notar......... in..............
Die Erschienen erklären:
Es erschienen:
1. Frau............
– nachstehend „Veräußerin" genannt –

2. KAPITEL „Vorsorgender Ehevertrag"

2. Herr...........
– nachstehend „Erwerber" genannt –
Wir sind Eheleute. Wir möchten eine Immobilie übertragen.
Dies vorausgeschickt schließen wir folgenden

Grundstücksübertragungsvertrag:

1. Vorbemerkung

a) Die Ehefrau ist eingetragene Eigentümerin des im Grundbuch des Amtsgerichtes.......... verzeichneten Grundbesitzes............

b) Der in ihrem Eigentum stehende Grundbesitz soll auf den Ehemann übertragen werden. Die Ehefrau wird im Folgenden als „Veräußerin", der Ehemann als „Erwerber" bezeichnet.

c) Der Grundbesitz weist in Abt. II und Abt. III keine Belastungen auf. Der Notar hat den Grundbuchinhalt durch Einsichtnahme am........ festgestellt.

2. Übertragungsgegenstand

Die Veräußerin überträgt ihren in der Vorbemerkung näher bezeichneten Grundbesitz mit allen wesentlichen Bestandteilen und Zubehör auf den dies annehmenden Erwerber.

3. Gegenleistung

Eine Gegenleistung wird nicht geschuldet.

4. Rückforderungsrecht

Die Veräußerin behält sich die Rückforderung des übertragenen Hausgrundstückes vor bei Vorliegen folgender Umstände:

a) falls der Erwerber einen Antrag auf Scheidung der Ehe stellt oder die Ehe rechtskräftig geschieden wird;

b) falls der Erwerber den Grundbesitz ohne Einwilligung der Veräußerin an Dritte veräußert, schenkweise überträgt oder belastet;

c) falls über das Vermögen des Erwerbers das Insolvenzverfahren eröffnet wird oder Gläubiger des Erwerbers die Zwangsvollstreckung in den Grundbesitz betreiben.

Die Geltendmachung des Rückforderungsanspruches bedarf der notariellen Form und ist dem Erwerber zuzustellen.

Nach Geltendmachung des Rückforderungsanspruches ist die Veräußerin berechtigt, vom Erwerber die unentgeltliche Rückübereignung des Hausgrundbesitzes an sich zu verlangen.

Die Kosten einer Rückübertragung trägt der Erwerber.

5.

Zur Sicherung des bedingten Anspruches der Veräußerin auf Rückübertragung des Haugrundbesitzes bewilligen und beantragen die Parteien die Eintragung einer Vormerkung zu Gunsten der Veräußerin im Grundbuch.

6. Auflassung
a) Die Beteiligten sind darüber einig, dass das Eigentum an dem übertragenen Grundbesitz auf den Erwerber übergeht. Sie bewilligen die Eintragung des Eigentumswechsels ins Grundbuch.
b) Der Anspruch auf Eigentumsübertragung kann durch Eintragung einer Vormerkung gesichert werden. Nach Belehrung des Notars verzichten die Beteiligten auf die Eintragung einer Vormerkung zur Sicherung des Anspruches des Erwerbers auf Eigentumsübertragung.
7.
Der Notar hat uns darauf hingewiesen, dass eine Grundstücksschenkung – bei Überschreiten von Freibeträgen – Schenkungssteuer auslösen kann.

10. Muster – Ehevertrag mit einem Ausländer

Situation:

- Eine deutsche Frau heiratet einen ausländischen Mann.

Gewünschte Regelung:

- Wahl des deutschen Rechtes hinsichtlich des Güterstandes.

(…)
Die Erschienenen erklären:
Die Ehefrau ist deutsche Staatsangehörige.
Der Ehemann ist französischer Staatsangehöriger.
Wir sind beide der deutschen Sprache mächtig; der Notar hat sich davon überzeugt, dass der Ehemann die deutsche Sprache fließend spricht und versteht.
Wir haben am 10. 3. 2010 in Paris die Ehe geschlossen. Unseren ersten gemeinsamen ehelichen Wohnsitz nahmen wir in Frankreich. Einen Ehevertrag haben wir bislang nicht geschlossen. Wir gehen davon aus, dass wir bislang im gesetzlichen Güterstand nach französischem Recht leben.
Am 1. 2. 2011 sind wir in die Bundesrepublik Deutschland umgezogen und haben seitdem in Berlin unseren gemeinsamen ehelichen Wohnsitz.
Für unsere Ehe möchten wir hinsichtlich des Güterstandes den Güterstand der Bundesrepublik Deutschland vereinbaren. Dies vorausgeschickt schließen wir folgenden

Ehevertrag:

1.
Für die güterrechtlichen Wirkungen unserer Ehe wählen wir hiermit das Recht der Bundesrepublik Deutschland. Wir wollen zukünftig in gesetzlichem Güterstand der Bundesrepublik Deutschland, der Zugewinngemeinschaft, leben.

2. KAPITEL „Vorsorgender Ehevertrag"

2.
Der Notar hat uns ausführlich über den Güterstand der Zugewinngemeinschaft nach deutschem Recht informiert. Insbesondere ist uns die Vermögensregelung erläutert worden und der Zugewinnausgleich, sowohl im Todesfall eines Ehegatten wie auch im Scheidungsfall.

Wir sind darüber einig, dass der Güterstand der Zugewinngemeinschaft nach deutschem Recht rückwirkend ab Beginn unserer Ehe gelten soll.

3.
Der Notar hat uns darauf hingewiesen, dass er nicht beurteilen kann, ob der Ehevertrag in Frankreich für das dortige Rechtsgebiet anerkannt wird. Der Notar übernimmt keine Haftung hinsichtlich der Wirksamkeit der Güterstandsregelung.

3. Kapitel

Trennungsvereinbarungen und Ehescheidungsfolgenverträge

Die im vorherigen Kapitel des Buches dargestellten Gestaltungsmöglichkeiten eines vorsorgenden Ehevertrages können größtenteils auch Gegenstand eines Trennungs- oder Ehescheidungsfolgenvertrages sein. Es gibt aber – darüber hinaus – noch besondere Vereinbarungsmöglichkeiten speziell für Trennungs- und Ehescheidungsfolgenverträge. Die wichtigsten ergänzenden Regelungsmöglichkeiten werden im folgenden Kapitel dargestellt:

I. Vereinbarungen zum Vermögen

1. Formelle Gesichtspunkte

a) Notarielle Beurkundung

Grundsätzlich gilt – wie auch beim vorsorgenden Ehevertrag – meist die Notwendigkeit einer notariellen Beurkundung. Darauf muss nochmals eindringlich hingewiesen werden, weil es gerade in Trennungssituationen immer wieder zu beobachten ist, dass Eheleute „privat" irgendwelche Vereinbarungen treffen zur Vermögensaufteilung, Vermögensausgleich etc. Motivation für solche privaten Vereinbarungen ist, Kosten zu sparen. Derartige private Vereinbarungen sind oft nichts wert, weil unwirksam. Sobald sich ein Ehegatte – aus welchen Gründen auch immer – nicht mehr an die getroffene

Vereinbarung halten will, ist sie das Papier nicht wert, auf dem sie geschrieben ist.

b) Anwaltliche Beratung

> **Hinweis:**
>
> Von außergewöhnlicher Wichtigkeit ist, auch darauf sei nochmals hingewiesen, eine vorherige anwaltliche Beratung. Schließen Sie keinen Vertrag über die Regelung ihrer Trennungs- und Ehescheidungsfolgen beim Notar, bevor Sie nicht eine eigene anwaltliche Beratung in Anspruch genommen haben.

Folgende Gründe veranlassen zu dem Hinweis:

- Vielfach wird ein Notar einseitig von einer Partei informiert und es werden nicht alle wichtigen Umstände aufgeklärt. Der Vertrag kann dann einseitig zu Lasten einer Partei gehen.

- Wenn Eheleute schon mit festen Vorstellungen zum Notar kommen und eine Beurkundung wünschen, werden diese mitunter so beurkundet. Notaren bleiben dann oftmals die wahren Interessenlagen verborgen.

- Ein Notar ist häufig mit komplizierten familienrechtlichen Problemen (z. B. die genaue Ermittlung eines Unterhaltsanspruches) überfordert. Es kann deshalb zur Beurkundung von falschen Unterhaltsbeträgen kommen.

- Es ist nicht Aufgabe des Notars, Meinungsverschiedenheiten zwischen den Eheleuten zu lösen.

- Ein Rechtsanwalt ist Parteivertreter. Er muss die Interessen seiner Partei vertreten.

- Vielfach hat sich ein Ehegatte schon (heimlich) von einem Anwalt beraten lassen vor Aufsuchen des Notars. Der betreffende Ehegatte hat dann einen Informationsvorsprung. Evtl. hat der betreffende Ehegatte auch schon ein Vorgespräch im Notariat geführt und versucht, seine Vorstellungen in den Vertrag einfließen zu lassen.

Fazit deshalb: Suchen Sie stets vorweg eine anwaltliche Beratung, wobei eine fachkundige Beratung wichtig ist. Zweckmäßigerweise sollte ein Fachanwalt für Familienrecht aufgesucht werden, der sich möglichst auf Vermögensauseinandersetzungen und Eheverträge spezialisiert hat. Ob der Anwalt nur für eine Beratung aufgesucht wird oder ob er auch die Verhandlung mit dem Ehegatten führen soll bzw. einen Vertrag vorbereiten soll, muss jeder für sich selbst entscheiden. Dies ist nicht zuletzt auch eine Kostenfrage. Aber das Geld kann gut investiert sein.

> **Achtung!**
>
> Besondere Vorsicht ist geboten, wenn anlässlich einer Trennungssituation ein Ehegatte dem anderen vorschlägt, sofort zum Notar zu gehen und einen Vertrag zu schließen, meist mit dem Hinweis, die Einschaltung eines Anwaltes würde nur Geld kosten, was man sich sparen könne. Viele Beispiele in der Praxis belegen, dass Eheleute, die den Anwalt sparten, „am falschen Ende gespart haben". Häufig kommt erst im Nachhinein heraus, worauf ein Ehegatte ohne Grund verzichtet hat und welchen wirtschaftlichen Schaden er erlitt. Ist der Vertrag aber einmal geschlossen, ist meist nichts mehr zu ändern. Bedenken Sie, dass der Ehescheidungsfolgenvertrag endgültige Weichen stellt.

c) Protokollierung eines Vergleichs im gerichtlichen -Verfahren

Statt einer notariellen Regelung kann eine Vereinbarung über die Trennungs- und Ehescheidungsfolgen auch in Form eines Vergleiches bei Gericht protokolliert werden. Dies geht aber nur bei laufendem Gerichtsverfahren. Es muss also schon ein Prozess anhängig sein, bspw. das Ehescheidungsverfahren. Dann kann in einem Gerichtstermin eine Einigung zu Protokoll genommen werden, was manchmal preiswerter ist, wenn ein Gerichtsverfahren bereits läuft.

Unabhängig davon ist auch während eines Gerichtsverfahrens noch der Abschluss eines notariellen Vertrages möglich.

2. Vereinbarung eines anderen Güterstandes

a) Gütertrennung

Wenn eine Vereinbarung hinsichtlich der Vermögensauseinandersetzung getroffen wird, dann möchten die Beteiligten damit einen „Schlussstrich" ziehen. Dies geschieht – nachdem sie sich über die Verteilung des Vermögens wie auch immer geeinigt haben – durch Vereinbarung einer Gütertrennung.

b) Vermögensausgleich

Welcher Vermögensausgleich zu leisten ist, hängt vom ehelichen Güterstand ab. Hier kommt es also entscheidend darauf an, in welchem Güterstand die Eheleute bisher lebten.

Besteht bereits Gütertrennung, stellt sich die Frage des Vermögensausgleiches an sich nicht, da in diesem Güterstand ein Ausgleichsanspruch vom Gesetz nicht vorgesehen ist.

> **Achtung!**
>
> Es gibt aber durchaus Ausnahmen bei der Gütertrennung, wie z. B. bei ehebedingten Zuwendungen, daher ist grundsätzlich anwaltliche Beratung in solchen Fällen geboten.

Leben die Eheleute bislang im gesetzlichen Güterstand der Zugewinngemeinschaft, dann geht es um den Zugewinnausgleichsanspruch.

Im Rahmen der Vermögensauseinandersetzung sind also zunächst folgende Fragen zu klären:

- In welchem Güterstand leben die Eheleute?
- Gibt es bereits einen Ehevertrag, der die vermögensrechtliche Auseinandersetzung regelt?
- Sofern die Eheleute im gesetzlichen Güterstand der Zugewinngemeinschaft oder der modifizierten Zugewinngemeinschaft leben:
  – Gibt es beiderseitiges Anfangsvermögen?
  – Gibt es beiderseitiges Endvermögen?

- Hat ein Ehegatte Vermögen „beiseite geschafft"?
- Sind Schenkungen / Zuwendungen im Wege vorweggenommener Erbfolge erfolgt? Hat ein Ehegatte bereits geerbt?
- Sind einem Ehegatten bereits Vermögenswerte zugewendet worden zur Anrechnung auf einen Zugewinnausgleich?
- Bestehen Schuldverbindlichkeiten der Eheleute?
- Ist Grundbesitz vorhanden, wenn ja, wie ist die Eigentumslage?
- Hat ein Ehegatte „ehebedingte Zuwendungen" gemacht?
- Sollten die Eheleute in Gütertrennung leben:
  - Gibt es gemeinschaftlichen Grundbesitz, der auseinandergesetzt werden muss?
  - Gibt es gemeinsame Schuldverbindlichkeiten?
  - Hat ein Ehegatte „ehebedingte Zuwendungen" gemacht?

Nachdem diese Fragen in einem ausführlichen Informationsgespräch geklärt sind, können Überlegungen hinsichtlich der Vermögensauseinandersetzung beginnen.

c) Einvernehmliche Abwicklung des Vermögensstatus

aa) Grundstücksauseinandersetzung. Dies betrifft natürlich nur Eheleute, bei denen Grundvermögen vorhanden ist, etwa ein gemeinschaftliches Einfamilienhaus. Häufig sind Eheleute zu je 1/2-Anteil Eigentümer einer Eigentumswohnung oder eines Hauses.

Für den Fall des Scheiterns der Ehe gibt es verschiedene Möglichkeiten, die reine Grundstücksauseinandersetzung durchzuführen:

- Einer der Ehegatten übernimmt das Haus zu alleinigem Eigentum. Der andere Ehegatte erhält für seinen Miteigentumsanteil einen Wertausgleich.
- Veräußerung des Hauses an einen Dritten. Dies kommt in Betracht, wenn keiner der Eheleute das Haus übernehmen kann oder übernehmen möchte.
- Durchführung einer Teilungsversteigerung. Dies ist die ultima ratio, die letzte Möglichkeit, die Grundstückgemeinschaft aufzu-

lösen. Es handelt sich praktisch um einen Zwangsverkauf nach den Regeln der Zwangsversteigerung. Normalerweise ist es auch die wirtschaftlich schlechteste Lösung für beide Eheleute, es sei denn, ein Ehegatte spekuliert darauf, das Haus günstig ersteigern zu können, oder hat einen Interessenten, der bereit ist, das Objekt zu einem vorher vereinbarten Betrag anzusteigern (Bietungsabkommen).

> **Hinweis:**
>
> Die Grundstücksauseinandersetzung erfolgt unabhängig vom Güterstand. Die Grundstücksauseinandersetzung kann auch isoliert vorgenommen werden. Theoretisch ist also denkbar, dass man das Schicksal eines gemeinschaftlichen Hauses regelt, es z. B. veräußert, ohne gleichzeitig den Zugewinnausgleich zu regeln.

> **BEISPIEL:** Die Eheleute leben im gesetzlichen Güterstand der Zugewinngemeinschaft. Ihr wesentliches Vermögen ist ein Einfamilienhaus mit einem Wert von 200.000 €; sie sind zu je 1/2-Anteil im Grundbuch als Eigentümer eingetragen. Darüber hinaus besitzt der Ehemann noch ein Wertpapierdepot von 5.000 € und ein Sparbuch von 10.000 €. Nachdem die Ehe gescheitert ist, soll das Haus verkauft werden. Die Eheleute möchten, dass ein jeder von ihnen die Hälfte des Kaufpreises bekommt. Über die Vermögensauseinandersetzung im Übrigen (Sparbuch und Depot) wollen sie sich später einigen. Sie finden einen Käufer, der das Haus erwerben will. Es wird ein notarieller Kaufvertrag geschlossen. Darin steht, dass der Kaufpreis zu je 1/2 auf ein Konto der Eheleute fließt. Nach Abwicklung des Grundstücksverkaufs ist die Grundstücksgemeinschaft der Eheleute auseinandergesetzt. Nicht geregelt ist der Zugewinnausgleich bezüglich Depot und Sparvermögen. Dieser könnte noch zu einem späteren Zeitpunkt erfolgen.

Es ist in aller Regel **nicht ratsam**, eine **Grundstücksauseinandersetzung** in Form einer Veräußerung oder in Form der Übertragung auf einen Ehegatten **isoliert** durchzuführen, ohne gleichzeitig die Vermögensauseinandersetzung im Übrigen (z. B. die Durchführung des Zugewinnausgleiches) mit zu erledigen. Insbesondere **zwei Gründe** sprechen **gegen** eine isolierte Grundstücksauseinandersetzung:

I. Vereinbarungen zum Vermögen

- Zum Einen kann eine Grundstücksregelung vorweg gefährlich sein, weil der Güterstand noch nicht beendet ist. Bis zur Beendigung des Güterstandes (z. B. durch Einreichung der Scheidung oder Abschluss eines Ehevertrages) kann noch geraume Zeit vergehen. In der Zeit weiß man nicht, was der Ehegatte mit dem Kaufpreiserlös macht. Wird der Kaufpreiserlös vom anderen Ehegatten „verbraucht", ist er also zum Zeitpunkt der Beendigung des Güterstandes nicht mehr vorhanden, führt dies zu einem reduzierten Endvermögen; hat der andere Ehegatte demgegenüber das Geld brav auf der Bank angelegt, ist es bei ihm noch als Endvermögen vorhanden. Kommt es später zu einem Streit über den Zugewinnausgleich, werden die beiderseitigen Endvermögen verglichen. Derjenige Ehegatte, der den Kaufpreiserlös brav angelegt hat, muss dann schlimmstenfalls noch einen Zugewinnausgleich davon zahlen, weil der andere Ehegatte seinen Kaufpreisanteil verbraucht hat.

- Zum Anderen gibt es eine taktische Überlegung, die Grundstücksauseinandersetzung nicht vorweg zu betreiben. Stellen Sie sich etwa vor, dass der Ehemann das Haus unbedingt alleine übernehmen will, andererseits aber nicht bereit ist, einen umstrittenen Zugewinnausgleich wegen anderer Vermögenswerte zu zahlen. Würde ihm im Rahmen einer Vorwegregelung das Hausgrundstück übertragen, so hätte er praktisch alles erreicht, was er wollte, nämlich die Übertragung des Hauses, und könnte sich hinsichtlich der Zugewinnauseinandersetzung weiterhin kompromisslos verhalten. Würde man demgegenüber – wie üblich – die Grundstücksauseinandersetzung mit der übrigen Vermögensregelung verbinden, dann müsste der Ehemann – um das Haus zu erhalten – Kompromisse eingehen und seiner Frau entgegenkommen. Eine streitige Auseinandersetzung hinsichtlich des Zugewinnausgleiches könnte dann möglicherweise vermieden werden.

Hinweis:

Besser ist es deshalb auf jeden Fall, sich gleichzeitig auf einen Ehevertrag zu einigen.

> **BEISPIEL:** Eheleute sind gemeinschaftliche Eigentümer eines Hauses im Wert von 200.000 €. Der Ehemann möchte die Haushälfte seiner Frau gerne übernehmen. Unabhängig davon hat die Ehefrau einen Zugewinnausgleichsanspruch von 20.000 € gegenüber dem Ehemann. Es könnte zum Einen eine Grundstücksübertragung auf den Ehemann erfolgen gegen Zahlung eines Wertausgleiches von 100.000 €, zum Anderen würde sich der Ehemann im Rahmen eines Ehevertrages zur Zahlung eines Zugewinnausgleiches von 20.000 € verpflichten. Würde beides in einem geregelt, wäre alles geregelt. Und die Ehefrau müsste ihrem Zugewinnausgleich nicht mehr „hinterherlaufen".
>
> 1.
> Die Ehefrau überträgt ihren 1/2-Miteigentumsanteil am Hausgrundstück Köln, Azaleenweg 5, auf den dies annehmenden Ehemann, der Alleineigentümer wird.
>
> Der Ehemann zahlt als Gegenleistung einen Betrag von 100.000 € an die Ehefrau, zahlbar binnen zwei Wochen nach Vertragsabschluss.
> 2.
> Der Ehemann zahlt an die Ehefrau einen Zugewinnausgleich von 20.000 €, zahlbar mit Rechtskraft der Ehescheidung.
> 3.
> Der gesetzliche Güterstand der Zugewinngemeinschaft wird einvernehmlich aufgehoben und es tritt mit sofortiger Wirkung Gütertrennung ein.

bb) Regelung des Zugewinns. Ebenso gut ist es möglich, dass eine Zugewinnausgleichsforderung verrechnet werden kann mit einem Wertausgleich für den Grundbesitz.

> **BEISPIEL:** Die Ehefrau möchte das Haus für sich und die Kinder erhalten. Sie möchte deshalb die Miteigentumshälfte des Ehemannes übernehmen. Diese hat einen Wert von 100.000 €. Den Betrag kann sie nicht bar zahlen. Ihr steht aber ein Zugewinnausgleichsanspruch gegenüber dem Ehemann zu, weil dieser in der Ehezeit erhebliches Vermögen auf seinen Namen angespart hat in Form von Lebensversicherungen, Aktien etc. Der Zugewinnausgleichsanspruch der Ehefrau beträgt 80.000 €. Insoweit kann eine Verrechnung erfolgen. Sie muss dann nur noch einen Wertausgleich von 20.000 € fürs Haus zahlen.

I. Vereinbarungen zum Vermögen

cc) Übernahme von Schulden. In der Regel gibt es auch Schuldverbindlichkeiten zu regeln. Häufig ist das gemeinschaftliche Haus finanziert. Wird es verkauft, ist die Ablösung der Finanzierung geklärt, weil diese dann regelmäßig durch den Kaufpreis erfolgt. Sollte aber ein Ehegatte das Haus übernehmen, dann muss die Hausfinanzierung von einem Ehegatten übernommen werden und es gibt dabei grundsätzlich zwei Möglichkeiten:

- Die Bank entlässt den einen Ehegatten aus dem Kreditvertrag und setzt den Kreditvertrag alleine mit dem übernehmenden Ehegatten fort. Man nennt dies eine Entlassung im „Außenverhältnis".

- Die Bank ist nicht zu einer Änderung des Kreditvertrages bereit und entlässt den einen Ehegatten nicht aus der Haftung. Dann haften grundsätzlich beide Ehegatten im Verhältnis zu der Bank weiter. Der übernehmende Ehegatte verpflichtet sich aber gegenüber dem anderen Partner, die Schuld alleine zurückzuführen. Er stellt seinen Partner von den Verbindlichkeiten frei. Man nennt dies eine Freistellung im „Innenverhältnis".

Zweckmäßigerweise versucht man natürlich eine Regelung dahingehend zu finden, dass nur noch ein Ehepartner für die Schuldverbindlichkeiten nach außen haftet. Insoweit muss die Bank zustimmen. Eheleute tun gut daran, dies im Vorfeld mit der Bank abzusprechen. Nicht immer ist eine Bank bereit, einen Ehegatten aus dem Kreditvertrag zu entlassen. Manchmal ergibt sich eine Möglichkeit, wenn jemand anders eine Bürgschaft übernimmt. Jedenfalls sollte darüber mit der Bank verhandelt werden.

Im Rahmen eines Ehevertrages könnte sich folgende Lösung anbieten, wenn bspw. die Ehefrau ein Haus mit Schulden übernimmt.

> Die Ehefrau übernimmt die Rückzahlung der Kreditverbindlichkeiten (Zins und Tilgung) bei der X-Bank *(Darlehensnummer)* und der Y-Bank *(Darlehensnummer)* mit Wirkung ab 1. 2. 2011 alleine. Sie stellt den Ehemann im Innenverhältnis frei von jeglicher Inanspruchnahme aus den Kreditverbindlichkeiten. Unabhängig davon bemüht sich die Ehefrau um eine Entlassung des Ehemannes aus den Kreditverbindlichkeiten im Außenverhältnis zu den Gläubigerbanken. Sollte eine Entlassung seitens des Ehemannes im Außenverhältnis nicht erfolgen, steht dem Ehemann gleichwohl kein Rücktrittsrecht von diesem Vertrag zu.

Für den Fall, dass ein Ehepartner die Übertragung des Grundstückes von der Entlassung aus den Schuldverbindlichkeiten kategorisch abhängig machen will, kann sich der übertragende Ehepartner ein Rücktrittsrecht vorbehalten, sodass die Entlassung im Außenverhältnis Bedingung für die Durchführung des Vertrages ist.

> Für den Fall, dass der Ehemann im Außenverhältnis nicht seitens der Gläubigerbanken entlassen wird, behält er sich den Rücktritt vom Vertrag vor. Ein Rücktritt kann ausgeübt werden innerhalb von drei Monaten, nachdem ihm die ablehnende Mitteilung zugegangen ist, spätestens binnen sechs Monaten nach Abschluss dieses Vertrages.

Alternativ statt eines Rücktrittsrechts kommt in Betracht, dass der übernehmende Ehegatte die Schulden bei der Bank ablösen muss:

> Für den Fall, dass der Ehemann im Außenverhältnis nicht seitens der Gläubigerbanken entlassen wird, verpflichtet sich die Ehefrau, die Kreditverbindlichkeiten bei der Bank abzulösen.

Sollten die Eheleute neben den Hausverbindlichkeiten noch weitere Schulden haben, so empfiehlt sich auch diesbezüglich eine Regelung. Eheleute sollten im Rahmen der gesamten Vermögensauseinandersetzung absprechen, wer welche Schulden übernimmt. Hinsichtlich einer Entlassung im Außenverhältnis bzw. einer bloßen Freistellung im Innenverhältnis gilt das Gleiche wie oben ausgeführt.

dd) Rückabwicklung „ehebedingter Zuwendungen". Hat ein Ehegatte während der Ehe eine Zuwendung an den anderen gemacht, bspw. die Übertragung einer Immobilie, dann ist jetzt der Zeitpunkt, über eine Rückabwicklung – in welcher Form auch immer – zu sprechen. Später ist es zu spät. Eine Rückabwicklung ist nicht einfach, wenn die Eheleute – wie leider üblich – keine Vereinbarung getroffen haben anlässlich der Zuwendung. Wie bereits ausgeführt, gibt es im Streitfall nur sehr eingeschränkte Möglichkeiten, Zuwendungen zurückzufordern und dafür Ausgleichszahlungen zu verlangen. Deshalb ist es umso wichtiger, dies anlässlich einer Gesamtlösung im Rahmen einer Vermögensauseinandersetzung mit in die Diskussion einzubringen und Forderungen zu stellen.

I. Vereinbarungen zum Vermögen

Eine Regelung im Trennungs- bzw. Ehescheidungsfolgenvertrag könnte wie folgt lauten:

> Die Ehefrau hat im Jahre 1995 von ihrem Vater im Wege vorweggenommener Erbfolge das unbebaute Grundstück Gladiolenweg 1 in Bremen zu Alleineigentum erhalten. Im Jahre 1998 hat sie davon einen 1/2-Miteigentumsanteil auf den Ehemann übertragen. Die Parteien sind darüber einig, dass es sich dabei um eine „ehebedingte Zuwendung" gehandelt hat, die aufgrund Scheiterns der Ehe zurückerstattet werden soll. Der Ehemann verpflichtet sich mit dem in der Anlage beigefügten Übertragungsvertrag, seinen ½-Miteigentumsanteil an dem Grundstück auf die Ehefrau zurück zu übertragen.

ee) Bankkonten. Haben Eheleute ein gemeinsames Bankkonto, so gilt es, dieses aufzulösen. Selbstverständlich kann das Konto von einem Ehegatten alleine fortgeführt werden. Sollte das Konto überzogen sein, ist zu regeln, wer den Saldo bei der Bank ausgleicht.

> Das bei der X-Bank befindliche Konto, welches auf den Namen beider Eheleute lautet, *(Kto.-Nr.)* wird vom Ehemann alleine fortgeführt. Die Eheleute verpflichten sich, unverzüglich die nötige Willenserklärung gegenüber der Bank abzugeben. Im Hinblick auf den zurzeit auf dem Konto befindlichen Sollsaldo von 2.500 € besteht Einigkeit, dass dieser von den Eheleuten zu je 1/2 übernommen wird. Dementsprechend verpflichtet sich die Ehefrau, ihrem Ehemann einen Betrag von 1.250 € zu zahlen innerhalb zwei Wochen nach Vertragsabschluss.

Hinweis:

Zusammenfassend ist festzuhalten, dass sämtliche Vermögensdinge geregelt werden sollten. Es ist nicht zu empfehlen, nur Teile des Vermögens zu regeln.

ff) Steuerliche Aspekte

- Grundstücksübertragungen unter Eheleuten sind nicht grunderwerbsteuerpflichtig, § 3 Ziff. 4 GrEStG.
- Dies gilt auch für den früheren Ehegatten des Veräußerers im Rahmen der Vermögensauseinandersetzung nach der Scheidung, § 3 Ziff. 5 GrEStG. Sofern die Auseinandersetzung bereits abge-

schlossen ist, sind Grundstücksübertragungen zwischen früheren Ehegatten grunderwerbsteuerpflichtig.

- Einigt man sich im Rahmen bestehender Ehe auf eine Gütertrennung und vereinbart für die Zeit bis dahin die Zahlung eines Zugewinnausgleiches, so ist die vereinbarte Ausgleichszahlung nicht schenkungssteuerpflichtig, § 5 Abs. 2 ErbStG. Dies gilt auch, wenn zum Ausgleich des Zugewinns ein Grundstück übertragen wird.

- Schuldzinsen für die Aufnahme eines Darlehens zur Begleichung der Zugewinnausgleichsforderung können nicht steuerlich berücksichtigt werden.

- Die Übertragung von Wirtschaftsgütern des Betriebsvermögens anlässlich Durchführung eines Zugewinnausgleiches kann eine Besteuerung auslösen. Es handelt sich um einen steuerlich sehr komplizierten Bereich, der unbedingt den fachlichen Rat eines Steuerberaters/Wirtschaftsprüfers erfordert.

- Die steuerliche Spekulationsfrist ist zu beachten. Sie beträgt bei Grundstücksübertragungen zehn Jahre, § 23 Abs. 1 EStG (Stand 2011). Insoweit können Grundstücksverkäufe oder Übertragungen zur Begleichung einer Zugewinnausgleichspflicht zu einer Besteuerung führen.

- Grundstücksschenkungen sind – bei Überschreiten der Freibeträge – steuerpflichtig. Dabei kommt es entscheidend auf den Wert eines Grundstücks/Hauses an.

Hinweis:

Bei Vermögensauseinandersetzungen ist es generell ratsam, die Auskunft eines Steuerberaters einzuholen, damit auch die steuerlich günstigste Lösung gefunden wird. Bei größeren Vermögensauseinandersetzungen ist die begleitende steuerliche Beratung unverzichtbar.

II. Versorgungsausgleich

1. Formelle Aspekte

Es wurde bereits gesagt, dass Vereinbarungen zum Versorgungsausgleich in vorsorgenden Eheverträgen der notariellen Beurkundung bedürfen. Gleiches gilt auch für Trennungs- und Ehescheidungsfolgenverträge.

Unabhängig davon ist möglich, im Rahmen eines Scheidungsverfahrens eine Vereinbarung zu schließen. Dies ist nach einer Gesetzesänderung zum 1.9.2009 erleichtert möglich. Wenn keine Wirksamkeits- oder Durchsetzungsbedenken bestehen, ist das Familiengericht daran gebunden, § 6 Versorgungsausgleichsgesetz. Den Genehmigungsvorbehalt (früher § 1587 o BGB) gibt es nicht mehr.

Der gesetzliche Versorgungsausgleich ist eine selbstständige Scheidungsfolge, zwingend durchzuführen im Rahmen eines Scheidungsverfahrens, wenn keine abweichende Vereinbarung getroffen wird, unabhängig vom gesetzlichen Güterstand der Eheleute. Es kann im Rahmen von Trennungs- und Scheidungsvereinbarungen auch eine alleinige Regelung nur über den Versorgungsausgleich getroffen werden, sollten die Eheleute dies so wollen.

2. Inhaltliche Regelungen

Insoweit wird zunächst auf die ausführlichen Modifizierungsmöglichkeiten im Rahmen vorsorgender Eheverträge verwiesen, die auch hier im Rahmen von Trennungs- und Scheidungsvereinbarungen gelten, (vgl. S. 65–76).

Ergänzend dazu:

3. Steuerliche Aspekte

Soweit ein Ehegatte im Rahmen der Scheidung Rentenanwartschaften von seinem Rentenkonto abgibt, die auf das Rentenkonto des Ehegatten übertragen werden und die verloren gegangenen Anwartschaften durch zusätzliche Zahlung wieder auffüllt, kann er diese Beträge als Sonderausgaben im Rahmen seiner Einkommensteuerveranlagung – unter Beachtung der Höchstbeträge – gemäß § 10 Abs. 3 EStG abziehen.

III. Unterhalt

1. Formelle Aspekte

Unterhaltsvereinbarungen für die Zeit nach der Scheidung bedürfen der notariellen Beurkundung.

Alternativ kann die Protokollierung im Rahmen eines gerichtlichen Vergleiches erfolgen. Voraussetzung ist dann aber schon ein laufender Prozess, z. B. ein Ehescheidungsverfahren oder ein Unterhaltsprozess.

2. Inhaltliche Regelung zum Ehegattenunterhalt

a) Wie regelt das Gesetz den Unterhalt während einer Trennung (bis zur Scheidung)?

Unterhaltsansprüche für den Ehegatten sind gesetzlich geregelt in §§ 1361 ff. BGB. Darin heißt es u. a.:

§ 1361 BGB Unterhalt bei Getrenntleben

(1) Leben die Ehegatten getrennt, so kann ein Ehegatte von dem anderen den nach den Lebensverhältnissen und den Erwerbs- und Vermögensverhältnissen der Ehegatten angemessenen Unterhalt verlangen (…)

In der Praxis ist von großer Bedeutung, ab wann und in welchem Umfang ein Ehegatte arbeiten gehen muss:

§ 1361 BGB Unterhalt bei Getrenntleben

(…)
(2) Der nichterwerbstätige Ehegatte kann nur dann darauf verwiesen werden, seinen Unterhalt durch eine Erwerbstätigkeit selbst zu verdienen, wenn dies von

III. Unterhalt

> ihm nach seinen persönlichen Verhältnissen, insbesondere wegen einer früheren Erwerbstätigkeit unter Berücksichtigung der Dauer der Ehe und nach den wirtschaftlichen Verhältnissen beider Ehegatten erwartet werden kann. (…)

Danach kann ein Ehegatte, der keine eigenen Einkünfte hat oder nicht über genügend eigene Einkünfte verfügt, Unterhalt vom anderen Ehegatten begehren. Die Höhe des Unterhalts richtet sich nach den ehelichen Lebensverhältnissen und nach den Einkommensverhältnissen der Eheleute. Aber was heißt das konkret? Die Antwort muss man sich in verschiedenen Gerichtsentscheidungen holen. Danach lässt sich Folgendes zusammenfassen:

- Nach einer Trennung muss ein Ehegatte nicht sofort arbeiten gehen. Es gibt eine Übergangszeit, in der sich ein Ehegatte auf die neue Situation einstellen kann, die max. ein Jahr beträgt. Nach Ablauf eines Jahres gibt es also normalerweise eine Erwerbsobliegenheit.

> **BEISPIEL:** Nachdem es in der Ehe schon länger kriselte, kam es am 1. 7. 2010 zu einem heftigen Streit zwischen den Eheleuten, in dessen Folge sich der Ehemann trennte und auszog. Noch im Hinausgehen ruft er seiner Ehefrau laut zu, dass sie jetzt sehen solle, wie sie finanziell klarkomme, sie könne ja arbeiten gehen, er werde freiwillig jedenfalls nicht zahlen. Die Ehefrau war zu dem Zeitpunkt ohne eigenes Einkommen und hatte bis dahin den gemeinsamen Haushalt geführt. – Der Ehemann unterliegt einem Rechtsirrtum. Seine Frau muss nicht sofort eine Erwerbstätigkeit aufnehmen. Vielmehr hat sie längstens Zeit bis Juli 2011, um eine für sie angemessene Tätigkeit zu finden. Der Ehemann muss also ab Juli 2010 Ehegattenunterhalt zahlen ohne dass es auf ein Eigeneinkommen der Frau ankäme.

- Sollte ein kleines Kind unter drei Jahren vorhanden sein, besteht noch keine Erwerbsobliegenheit des betreuenden Elternteils (in der Regel der Mutter).

> **BEISPIEL:** Im Zeitpunkt der Trennung am 1. 7. 2010 haben die Eheleute eine Tochter von gerade mal einem Jahr. – Bis Juli 2012 besteht deshalb definitiv keine Erwerbsverpflichtung.

- Ist ein Kind im Alter von über drei Jahren vorhanden, besteht eine Erwerbsverpflichtung, aber abhängig von den Versorgungs- und Betreuungsmöglichkeiten des Kindes und davon inwieweit eine Erwerbstätigkeit mit dem Wohl des Kindes vereinbar ist. Also eine individuelle Betrachtung. Üblicherweise wird man sagen, dass zunächst bei einem kleinen Kind über drei Jahren allenfalls eine Verpflichtung zur Aufnahme einer Teilzeitbeschäftigung besteht, eventuell nur auf 400 €-Basis. Dann später mit zunehmendem Alter des Kindes eine Ausdehnung der Tätigkeit.

BEISPIEL: Im Zeitpunkt der Trennung am 1. 7. 2010 haben die Eheleute zwei Kinder im Alter von sechs und acht Jahren. Beide besuchen die Grundschule, bei der es keine Über-Mittag-Betreuung gibt. Für nachmittags hat die Mutter auch keine anderweitige Betreuungsmöglichkeit, weder gibt es einen Kinderhort in der Nähe, noch sind etwa Großeltern vorhanden, die stundenweise auf die Kinder aufpassen könnten – In einem solchen Fall dürfte einer Mutter ab Juli 2011 eine Teilzeittätigkeit zumutbar sein, mindestens auf 400 €-Basis, maximal eine Halbtagstätigkeit, sodass sie ab Mittag wieder zuhause ist.

- Trennungsunterhalt kann grundsätzlich nicht befristet werden, ist also bis zur Rechtskraft der Scheidung geschuldet.

BEISPIEL: Nachdem es am 1. 7. 2010 zur Trennung kam, reichte der Ehemann im Juni 2011 die Scheidung bei Gericht ein. Das Scheidungsverfahren zog sich hin, da die Rentenauskünfte im Rahmen des Versorgungsausgleiches auf sich warten ließen, sodass die Ehe erst am 15. 4. 2012 geschieden wird. Die Rechtskraft der Scheidung tritt am 30. 5. 2012 ein. – Der Ehemann muss grundsätzlich bis zum 30. 5. 2012 Trennungsunterhalt zahlen. Möglicherweise wird sich innerhalb dieser Zeit die Höhe verändern, falls sich die Einkommensverhältnisse ändern, etwa durch zwischenzeitliches Eigeneinkommen der Ehefrau. Aber grundsätzlich geht der Trennungsunterhalt bis zur Rechtskraft der Scheidung.

- Die Höhe richtet sich nach dem Einkommen der Partner. Von der Differenz beider Einkommen erhält der bedürftige Ehegatte eine Quote von 3/7 (sog. „Differenzunterhalt").

III. Unterhalt

> **BEISPIEL:** Der Ehemann verdient monatlich 2.000 € netto. Die Ehefrau hat kein Einkommen. Kinder sind nicht vorhanden. – Nach der Trennung hat die Ehefrau einen Unterhaltsanspruch von etwa 857 €.

- Sollte es sich um außergewöhnlich gute Einkommensverhältnisse handeln (monatlich etwa über 5.000 € netto nach Abzug von Verbindlichkeiten und Kindesunterhalt), dann wird der Unterhalt nicht mehr nach einer Quote, sondern nach konkretem Bedarf des bedürftigen Ehegatten berechnet (sog. „Bedarfsmethode"). Das Eigeneinkommen des bedürftigen Ehegatten wird auf den Bedarf angerechnet.

> **BEISPIEL:** Der Ehemann verdient monatlich 10.000 € netto. Nach Abzug von Belastungen und Kindesunterhalt bleiben ihm 8.000 €. Die Ehefrau ist nicht erwerbstätig. – Nach der Trennung trägt sie vor, dass sie im einzelnen folgende Geldbeträge benötige, um ihren monatlichen Bedarf zu decken:
>
> | | |
> |---|---:|
> | Für Miete | 750 € |
> | Mietnebenkosten | 250 € |
> | Kleidung | 280 € |
> | Kosmetik | 70 € |
> | Frisör | 120 € |
> | Tageszeitung/Zeitschriften | 55 € |
> | Telefon | 30 € |
> | Versicherungen | 150 € |
> | Lebensmittel | 350 € |
> | Reinigungsmittel Wohnung | 20 € |
> | Mitgliedschaft im Golfclub | 120 € |
> | Trainerstunden | 200 € |
> | Kfz-Steuer/Kfz-Versicherung | 160 € |
> | Laufende Kosten Kfz | 150 € |
> | Urlaube | 400 € |
> | Geschenke etc. | 150 € |
> | **Gesamtbedarf:** | **3.255 €** |
>
> Diesen Bedarf muss sie im Streitfall weitestgehend beweisen.

- Sofern ein Ehegatte nicht erwerbstätig ist, obwohl er es sein sollte, kann ihm notfalls ein fiktives Einkommen unterstellt werden, das dann in die Unterhaltsberechnung eingerechnet wird.

> **BEISPIEL:** Die Ehefrau verdient nur 400 € im Rahmen einer Nebentätigkeit. Sie lebt schon 1 3/4 Jahre getrennt. Das gemeinsame Kind, das bei der Mutter lebt, ist 14 Jahre alt, geht nachmittags bis 16 Uhr in die Schule und hat keine besondere Betreuungsnotwendigkeit mehr. Die Ehefrau müsste Vollzeit arbeiten und könnte in ihrem erlernten Beruf 1.200 € netto verdienen. Bemüht hat sie sich um eine solche Tätigkeit nicht, jedenfalls kann sie ausreichende Bewerbungsbemühungen nicht nachweisen. Sie wird deshalb – im Rahmen der Unterhaltsberechnung – fiktiv so behandelt, als wenn sie 1.200 € verdienen würde.

Achtung!

Insgesamt ist das Unterhaltsrecht äußerst kompliziert. Die Prüfung des Unterhaltsanspruches und die Ausrechnung des Betrages sollte unbedingt einem darauf spezialisierten Rechtsanwalt überlassen werden, zweckmäßigerweise einem Fachanwalt für Familienrecht.

b) Regelungen im Trennungsvertrag

Im Trennungsvertrag kann der Unterhalt **bis** zur Scheidung geregelt werden, z. B. durch Vereinbarung eines festen Betrages.

> Der Ehemann verpflichtet sich ab Januar 2011 zur Zahlung eines monatlichen Trennungsunterhaltes von 500 € an seine Ehefrau.

aa) Abänderbarkeit / Grundlagen. Wichtig ist, dass bei jeder Vereinbarung die Grundlagen aufgenommen werden, die zu diesem Unterhaltsbetrag geführt haben. Unterlässt man dies, kann man später nicht feststellen, wie man auf den Betrag gekommen ist. Dies ist aber wichtig, bei einer evtl. später erforderlichen Abänderung. Es sollte deshalb stets aufgenommen werden, wie man zu dem Ergebnis kommt.

Der Ehemann verpflichtet sich ab Januar 2010 zur Zahlung eines monatlichen Trennungsunterhaltes von 500 € an seine Ehefrau.
Grundlage dieser Unterhaltsverpflichtung sind folgende Einkommensverhältnisse der Parteien:

Monatliches Einkommen Ehemann:

netto	2.500 €
abzüglich 5% berufsbedingte Aufwendungen	125 €
abzüglich Pkw-Kredit	175 €
verbleibendes Einkommen	2.200 €
Monatliches Einkommen Ehefrau	
von netto	1.030 €

bb) Unterhaltsverzichte sind unwirksam

Hinweis:

Zu beachten ist, dass ein Verzicht auf zukünftigen Trennungsunterhalt nicht zulässig ist. Sollte also in einer Trennungsvereinbarung eine Klausel aufgenommen werden, wonach die Ehegatten wechselseitig auf Ehegattenunterhaltsansprüche bis zur Scheidung verzichten, so ist die Klausel null und nichtig.

Einigt man sich auf einen bestimmten Unterhaltsbetrag, dann muss beachtetet werden, dass darin kein teilweiser Verzicht liegt; auch ein Teilverzicht auf Trennungsunterhalt kann unwirksam sein. Es ist aber nicht stets notwendig, sich exakt genau auf den geschuldeten Unterhalt zu verständigen, wenn man dies nicht möchte. Möglich ist auch ein etwas niedrigerer Unterhalt. Noch zulässig ist, einen bis zu 20% niedrigeren Unterhalt zu vereinbaren, ohne dass dieser Teilverzicht zur Unwirksamkeit führte. – Unabhängig davon ist die Vereinbarung eines höheren Unterhaltes zulässig.

cc) Unterhalt nicht geltend zu machen, ist zulässig. Gelegentlich anzutreffen ist indes eine Regelung, wonach Ehegatten sich einig sind, dass sie vom anderen keinen Unterhalt fordern. Dies kommt etwa vor, wenn beide Eheleute über eigenes Einkommen verfügen oder dem weniger verdienenden Ehegatten auf andere Weise eine Kompensation zuteil wird. In Eheverträgen findet sich deshalb gelegentlich die Formulierung, dass die Ehegatten wechselseitig keine Trennungsunterhaltsansprüche „geltend machen". Dies gibt dann keine Garantie, dass ein Ehegatte später nicht doch Ansprüche stellt. Vielmehr ist es mehr oder weniger eine Absichtserklärung, auf die man sich im Streitfall nicht berufen kann. Erfahrungsgemäß halten sich aber die meisten Eheleute daran, wenn sie einmal eine solche Vereinbarung getroffen haben.

Ein Verzicht auf Trennungsunterhalt für die Vergangenheit wäre demgegenüber zulässig. Im Rahmen eines Trennungs- und Ehescheidungsfolgenvertrages kann also vereinbart werden, dass für die Vergangenheit ein Unterhalt nicht mehr zu zahlen ist.

dd) Vereinbarung einer Abfindungszahlung. Rechtlich problematisch sind Vereinbarungen, wonach ein Ehegatte gegen Zahlung einer Abfindung auf weitere Unterhaltsansprüche auch für die Trennungszeit verzichtet. Davor ist zu warnen.

> **BEISPIEL:** Getrennt lebende Eheleute vereinbaren schriftlich, dass der Ehemann eine Abfindungszahlung von 40.000 € an die Ehefrau leistet zur Abgeltung aller Ehegattenunterhaltsansprüche. Sie erklären, auf darüber hinausgehende Unterhaltsansprüche wechselseitig zu verzichten.

Im Ergebnis dürfte eine solche Vereinbarung keinen wirksamen Unterhaltsverzicht für die Zeit der Trennung darstellen. Falls die Ehefrau nach Erhalt des Geldes noch Unterhaltsansprüche reklamiert, können diese noch geltend gemacht werden. Ehegatten, die bereits für die Trennungszeit eine Abfindungszahlung vereinbaren wollen, können diese vertraglich so gestalten, dass der Geldbetrag bis zur Rechtskraft der Scheidung gestundet wird und unter der auflösenden Bedingung steht, dass kein monatlicher Trennungsunterhalt geltend gemacht wird. Von solchen Regelungen ist aber letztlich abzuraten.

c) Vereinbarungen über den nachehelichen Unterhalt

Zunächst wird nochmals verwiesen auf die bereits dargelegten vielfältigen Vereinbarungsmöglichkeiten im vorsorgenden Ehevertrag, die auch für den Ehescheidungsfolgenvertrag gelten (vgl. S. 78–90).

Ergänzend dazu:

aa) Vertragsfreiheit. Im Ehescheidungsfolgenvertrag besteht grundsätzlich eine Vertragsfreiheit der Eheleute hinsichtlich der Regelung des nachehelichen Unterhaltes.

Danach können Eheleute z. B.

- den Unterhalt des Ehegatten mit einem bestimmten monatlichen Betrag festschreiben
- die Dauer der Unterhaltszahlung regeln
- eine Verpflichtung des Ehegatten aufnehmen, ab wann er zur Aufnahme einer eigenen Erwerbstätigkeit verpflichtet ist
- den Unterhaltsanspruch auf einen bestimmten Unterhaltstatbestand beschränken (vgl. zu den einzelnen Unterhaltstatbeständen S. 79–83)
- es kann ein Unterhaltsverzicht vereinbart werden (unter der Voraussetzung, dass der Unterhaltsverzicht nicht zu Lasten eines Dritten geht, z. B. des Sozialamtes, und dass der Unterhaltsverzicht nicht sittenwidrig ist)
- es kann ein Unterhaltsverzicht vereinbart werden gegen Zahlung einer Abfindung.

> **Achtung!**
>
> Auch hier ist die anwaltliche Beratung durch einen Spezialisten von äußerster Wichtigkeit. Wer Beratungskosten spart, spart am falschen Ende!

bb) Vereinbarung eines festen Betrages. Ein Unterhaltsbetrag kann fest vereinbart werden, sogar unabänderlich.

> Der Ehemann verpflichtet sich, ab Rechtskraft der Ehescheidung an seine Ehefrau einen monatlichen Unterhalt von 300 € zu zahlen. Dieser Betrag ist fest vereinbart. Eine Abänderung des Betrages wird ausgeschlossen. Insbesondere ist auch eine Abänderung gem. § 238 FamFG ausgeschlossen.

Alternativ:

> Der Ehemann verpflichtet sich, ab Rechtskraft der Ehescheidung an seine Ehefrau einen monatlichen Unterhalt von 300 € zu zahlen. Dieser Betrag ist für die Dauer von 12 Monaten fest vereinbart und nicht abänderbar. Während dieser Zeit spielen Einkommensveränderungen auf beiden Seiten keine Rolle. Nach Ablauf von zwölf Monaten ist der Unterhalt abänderbar nach den gesetzlichen Vorschriften.
> Grundlagen der Unterhaltsregelung sind (…)

Alternativ:

> Der Ehemann verpflichtet sich, ab Rechtskraft der Ehescheidung an seine Ehefrau folgenden monatlichen Unterhalt zu zahlen:
> 500 € bis zum 31.12.2011,
> 400 € vom 1.1.2012 bis zum 31.12.2012 und
> 300 € vom 1.1.2013 bis zum 31.12.2013.
> Auf etwaige darüber hinausgehende Ansprüche wird seitens der Ehefrau verzichtet. Der Ehemann nimmt den Verzicht an.
> Während der Zeit bleibt der Ehefrau vorbehalten, eigenes Einkommen in beliebiger Höhe hinzuzuverdienen, ohne dass dies Auswirkungen auf die Unterhaltshöhe hat.
> Der Unterhalt ist fest vereinbart und während der Zeit nicht abänderbar.
> Für die Zeit ab 1.1.2014 verzichtet die Ehefrau auf jedwede nacheheliche Unterhaltsansprüche gem. den §§ 1569 ff. BGB. Der Ehemann nimmt den Verzicht an.

cc) Vereinbarung einer festen Zeit. Ein Unterhaltsbetrag kann auch für eine feste Zeit vereinbart werden.

> Der Ehemann verpflichtet sich, an seine Ehefrau ab Rechtskraft der Scheidung einen monatlichen Unterhalt von 300 € zu zahlen. Die Zahlung dieses Betrages erfolgt auf die Dauer von 36 Monaten. Nach Ablauf der Zeit wird über Grund und Höhe des Unterhaltsanspruches neu verhandelt.

III. Unterhalt

Der Zusatz, dass nach Ablauf einer bestimmten Zeit „neu verhandelt" wird, lässt für die Zukunft alles offen. Das kann für die Beteiligten Vor-, aber auch Nachteile haben.

> **BEISPIEL:** Nachdem Eheleute ein Jahr voneinander getrennt leben treten sie in Verhandlungen über die Folgen einer demnächst einzureichenden Scheidung. Sie können keinen Konsens finden, wie lange der Ehemann Unterhalt zahlen soll. Die Ehefrau stellt sich einen lebenslangen Unterhalt vor, weil sie über 20 Jahre verheiratet war und während der Zeit die gemeinsamen Kinder betreute und deshalb ihren Beruf aufgab, weshalb sie Nachteile für ihre weitere berufliche Zukunft sieht. – Demgegenüber ist der Ehemann der Meinung, allenfalls für eine Übergangszeit zahlen zu müssen von maximal drei Jahren, weil die Ehefrau auf Dauer keine wirtschaftlichen Nachteile haben werde. Weil man sich nicht einigen kann, ob der Ehefrau nach Ablauf einer bestimmten Zeit noch Ansprüche zustehen oder nicht und auch noch nicht abschätzen kann, ob die Ehefrau zukünftig einen adäquaten Job hat, vereinbart man sozusagen eine vorläufige Regelung. Die Beteiligten haben dadurch erstmal Ruhe und eine streitige Auseinandersetzung vermieden. Andererseits kann es sein, dass das „Problem" dadurch nur verschoben wird und es dann in einigen Jahren zu einer Auseinandersetzung darüber kommt.

Demgegenüber kann es – aus Sicht des zahlungsverpflichteten Ehemannes – sinnvoll sein, sofort auf eine endgültige Regelung zu drängen. Mit anderen Worten ist es im Interesse des Mannes, sofort im Vertrag einen Unterhaltsverzicht zu vereinbaren nach Ablauf einer gewissen Zeit. Er hat dadurch Sicherheit über den Zeitpunkt der Beendigung seiner Verpflichtung.

> Der Ehemann verpflichtet sich an seine Ehefrau ab Rechtskraft der Scheidung einen monatlichen Unterhalt von 300 € zu zahlen. Die Zahlung dieses Betrages erfolgt auf die Dauer von 36 Monaten. Im Anschluss daran verzichtet die Ehefrau auf weitergehende Unterhaltsansprüche jedweder Art gem. §§ 1569 ff. BGB. Der Ehemann nimmt den Verzicht an.

Andererseits ist es –aus Sicht der berechtigten Ehefrau – wichtig, sich möglichst noch Ansprüche offen zu halten. Natürlich ist es für sie besser, wenn sie nach Ablauf der Zeit von beispielsweise 36 Monaten noch Ansprüche geltend machen könnte. Denn möglicherweise ist sie dann noch unterhaltsbedürftig (z. B. weil sie dann noch keinen ausreichenden Job hat oder ihren Job gerade verloren hat). Wenn es ihr gelingen sollte, Ansprüche offen zu lassen, wäre es für sie allemal sicherer.

Achtung!

Ein Unterhaltsverzicht nach Ablauf einer bestimmten Zeit muss sehr gut überlegt werden!

dd) Regelung zur Erwerbsverpflichtung. Möglich ist auch, weitergehende Regelungen aufzunehmen hinsichtlich Erwerbsverpflichtung der Ehefrau etc. Die vorgenannte Vereinbarung könnte deshalb wie folgt ergänzt werden:

> Die Parteien sind sich darüber einig, dass die Ehefrau eine Verpflichtung zur Aufnahme einer Erwerbstätigkeit hat nach Ablauf von drei Jahren nach Rechtskraft der Ehescheidung in Form einer Vollzeittätigkeit.

Alternativ ist auch eine gestaffelte Erwerbsverpflichtung möglich. Dies hat für beide Seiten den Vorteil, dass es in der Zukunft jedenfalls keinen Streit über den Beginn der Erwerbstätigkeit gibt.

> Die Parteien sind darüber einig, dass die Ehefrau mit Vollendung des 8. Lebensjahres des Kindes eine Teilzeittätigkeit aufnimmt auf 400 €-Basis, sodann ab Vollendung des 10. Lebensjahres eine Halbtagstätigkeit und ab Vollendung des 14. Lebensjahres eine Vollzeittätigkeit.

ee) Zusätzliche Regelungen. Eheleute können – neben den beschriebenen Vereinbarungen- auch noch verschiedene Zusätze vereinbaren:

> Im Anschluss an den Betreuungsunterhalt kann die Ehefrau Unterhalt aus anderen gesetzlichen Gründen nicht verlangen. Auf etwaige sonstige Unterhaltstatbestände wird ausdrücklich seitens der Ehefrau verzichtet. Der Ehemann nimmt den Verzicht an.

Oder:

> Im Anschluss an den Betreuungsunterhalt kann die Ehefrau Unterhalt nur verlangen, wenn von ihr wegen Krankheit oder anderer Gebrechen oder Schwächen ihrer körperlichen oder geistigen Kräfte eine Erwerbstätigkeit nicht verlangt werden kann gem. § 1572 BGB.

Oder:

> Der Unterhaltsanspruch der Ehefrau für die Zeit der Kindesbetreuung wird auf höchstens 1.500 € monatlich begrenzt. Während dieser Zeit kann die Ehefrau eigenes Einkommen in beliebiger Höhe hinzuverdienen, ohne dass dies auf die Höhe des Unterhaltes Auswirkungen hat.
> Oder:
> Der Ehemann kann den Ehegattenunterhalt im Rahmen eines steuerlichen Sonderausgabenabzuges gem. § 10 Abs. 1 EStG (begrenztes Realsplitting) geltend machen. Die Ehefrau verpflichtet sich, dem Ehemann dazu die Anlage U zur Einkommensteuererklärung zu unterzeichen. Der Ehemann verpflichtet sich im Gegenzug, der Ehefrau etwaige wirtschaftliche Nachteile, die durch die Unterzeichnung der Anlage U entstehen, zu erstatten.
> Oder:
> Für den Fall einer späteren Neuberechnung des Unterhaltes sind die Parteien einig, dass das Nebeneinkommen des Ehemannes, welches er im Rahmen seiner gewerblichen Tätigkeit bezieht, außen vor bleibt.
> Oder:
> Für den Fall einer späteren Neuberechnung des Unterhaltes sind die Parteien einig, dass der Vorteil des mietfreien Wohnens der Parteien in ihren jeweiligen Hausgrundbesitz unberücksichtigt bleibt. Ebenso etwaige Finanzierungslasten der Immobilien.

d) Inflationsindex

Im Ehescheidungsfolgenvertrag sollte eine Unterhaltsforderung, zumindest wenn sie über eine bestimmte Zeit fest vereinbart ist, wertgesichert sein, d. h., sich an der Entwicklung der Lebenshaltungskosten orientieren. Ansonsten wird die Summe stets weniger wert. Es kann eine Kopplung an einen Lebenshaltungskostenindex vereinbart werden.

Der Unterhalt ist nach den heutigen Lebenshaltungskosten festgelegt. Erhöht oder vermindert sich der Verbraucherpreisindex für Deutschland (VPI) gegenüber dem Stand vom Monat der Errichtung dieser Urkunde um mindestens 10 %, sind die Beteiligten verpflichtet, die monatliche Zahlungsverpflichtung entsprechend anzupassen. Die erste Anpassung erfolgt frühestens nach Rechtskraft der Ehescheidung. Jede weitere Anpassung erfolgt frühestens dann, wenn erneut die Veränderung im vorbeschriebenen Umfang eingetreten ist.

> **Hinweis:**
>
> Sollten die beteiligten Eheleute ausdrücklich keine Wertsicherung des Unterhaltes wünschen, ist unter Umständen ratsam, ausdrücklich in den Vertrag aufzunehmen, dass auf eine Wertsicherung verzichtet wird.

e) Krankenvorsorgeunterhalt

Bestandteil eines nachehelichen Unterhaltsanspruches ist grundsätzlich auch ein Anspruch auf Krankenvorsorgeunterhalt.

> **BEISPIEL:** Häufig wird übersehen, dass nach der Scheidung Geld aufgebracht werden muss für eine eigene Krankenversicherung. Nehmen Sie etwa die bislang nicht erwerbstätige Ehefrau, die während der Ehe über die gesetzliche Krankenversicherung des Ehemannes im Rahmen der Familienversicherung kostenfrei krankenversichert war. Deren Familienversicherung endet mit Rechtskraft der Scheidung. Danach muss sie sich um eine eigene Krankenversicherung bemühen, die feste monatliche Geldbeträge verschlingt. Vergleichbares gilt auch für diejenigen Ehegatten, die privat versichert sind. Es ist keine Frage, dass ein Ehegatte, der grundsätzlich unterhaltsverpflichtet ist, auch für die Krankenversicherungsbeiträge aufkommen muss.

> **Hinweis:**
>
> Dies kann und sollte im Rahmen eines Ehescheidungsfolgenvertrages vereinbart werden. Jedenfalls ist es für den unterhaltsbedürf-

> tigen Ehegatten sehr wichtig, den Krankenversicherungsbeitrag mitzuregeln.
> Der Krankenvorsorgeunterhalt sollte als solcher auch ausdrücklich im Vertrag bezeichnet werden.

> Der Ehemann verpflichtet sich, ab Rechtskraft der Ehescheidung einen monatlichen Unterhalt von 300 € an seine Ehefrau zu zahlen.
> Darüber hinaus verpflichtet sich der Ehemann, seiner Ehefrau die monatlichen Krankenversicherungskosten zu erstatten, die diese an die gesetzliche Krankenversicherung zu zahlen hat. Der monatliche Beitrag beläuft sich derzeit auf….. €. Steigt der Beitrag, verpflichtet er sich zur Zahlung des erhöhten Beitrages.

f) Altersvorsorgeunterhalt

Auch der Altersvorsorgeunterhalt ist ein Bestandteil des Ehegattenunterhaltsanspruches. Er dient bekanntlich dazu, dass sich ein Ehegatte auch nach der Scheidung fürs Alter absichern kann durch Entrichtung von Beiträgen in eine Altersversicherung. Der Anspruch besteht nicht erst ab Rechtskraft der Scheidung, sondern kann schon früher ab dem Zeitpunkt der Rechtshängigkeit eines Ehescheidungsantrages geltend gemacht werden, weil ein Ehegatte ab dem Zeitpunkt nicht mehr an der gesetzlichen Rentenversicherung des Ehegatten partizipiert über den sog. „Versorgungsausgleich".

Hinweis:

In Ehescheidungsfolgenvereinbarungen kann der Altersvorsorgeunterhalt mitgeregelt werden. Für den unterhaltsberechtigten Ehegatten ist eine solche Regelung wichtig.

g) Vollstreckbarkeit

Wichtig ist, dass eine vertragliche Unterhaltsregelung vollstreckbar ist. Vollstreckbarkeit bedeutet, dass man notfalls – sollte der andere die vereinbarte Zahlung nicht freiwillig leisten – eine Zwangsvollstreckung betreiben kann, etwa in Form einer Lohnpfändung. Dies ist nur möglich, wenn ein vollstreckbarer Titel vorliegt. Dies ist bei einer privatschriftlichen Vereinbarung nicht der Fall. Hingegen kann und sollte im Rahmen eines Trennungs- und Ehescheidungsfolgenvertrages eine Vollstreckbarkeit vereinbart werden. Dies geschieht durch folgende übliche Klausel:

> Der Ehemann unterwirft sich hinsichtlich seiner Zahlungsverpflichtung bezüglich des Ehegattenunterhaltes der sofortigen Zwangsvollstreckung in sein gesamtes Vermögen. Auf Verlangen der Ehefrau ist der Notar berechtigt, ohne weiteren Nachweis eine vollstreckbare Ausfertigung der Notarurkunde zu erteilen.

Als Unterhaltsgläubiger (derjenige, der Unterhalt verlangen kann) sollte man auf einer solchen Vollstreckbarkeitserklärung bestehen. Regelmäßig ist eine Vollstreckbarkeitserklärung in notariellen Verträgen enthalten. Hin und wieder tauchen schon mal Notarverträge auf, die keine solche Vollstreckbarkeitserklärung enthalten. Darauf sollte sich kein Unterhaltsgläubiger einlassen! Denn wenn eine Vollstreckbarkeitserklärung im Ehevertrag fehlt, muss der unterhaltsberechtigte Ehegatte – falls der andere freiwillig nicht zahlt – erst eine Unterhaltsklage bei Gericht erheben, bevor er die Zwangsvollstreckung betreiben kann.

Achtung!

Ein Unterhaltsgläubiger sollte auf einer Vollstreckbarkeitserklärung im Notarvertrag bestehen. Ohne wenn und aber!

h) Unterhalt nur bis zum Tod des Verpflichteten

Der Anspruch auf nachehelichen Unterhalt endet nicht mit dem Tod des Zahlungsverpflichteten. Vielmehr geht die Unterhaltsverpflichtung als Nachlassverbindlichkeit auf Erben über, wenn auch mit gewisser Beschränkung der Höhe nach.

§ 1586 b BGB Kein Erlöschen bei Tod des Verpflichteten

> (1) Mit dem Tode des Verpflichteten geht die Unterhaltspflicht auf den Erben als Nachlassverbindlichkeit über. (...). Der Erbe haftet jedoch nicht über einen Betrag hinaus, der dem Pflichtteil entspricht, welcher dem Berechtigten zustände, wenn die Ehe nicht geschieden worden wäre. (...)

> **BEISPIEL:** Stirbt etwa der Ehemann, der seiner geschiedenen Frau monatlichen Unterhalt von 1.000 € zu zahlen hat, dann endet diese Unterhaltsverpflichtung nicht mit dem Tode des Mannes. Seine Erben, etwa die neue Lebenspartnerin, wird die Unterhaltsverpflichtung weiter zahlen müssen, vorausgesetzt, es ist eine genügende Erbmasse vorhanden.

In einer Ehescheidungsfolgenvereinbarung kann geregelt werden, dass der Unterhalt mit dem Tode des Unterhaltsschuldners erlischt.

> Wir sind uns darüber einig, dass ein Ehegattenunterhalt nach der Scheidung längstens bis zum Tode des Ehemannes geschuldet wird. Die Ehefrau verzichtet hiermit ausdrücklich auf nacheheliche Unterhaltsansprüche ab dem Monat, der auf den Tode des Ehemannes folgt. Der Ehemann nimmt den Verzicht an.

i) Steuerliche Absetzbarkeit

Ehegattenunterhaltszahlungen können steuerlich abgesetzt werden, § 10 Abs. 1 Ziff. 1 EStG (Höchstbetrag 13.805 €, Stand 2010), wenn Eheleute steuerlich getrennt veranlagt werden. Man nennt den steuerlichen Sonderausgabenabzug „begrenztes Realsplitting". D. h., derjenige, der Unterhalt zahlt (z. B. der Ehemann) kann den Ehegattenunterhalt in seiner Einkommensteuererklärung angeben mit der positiven Folge für ihn, dass er weniger Steuern zahlen muss. Er kann sich sogar im laufenden Steuerjahr einen Freibetrag auf seiner Steuerkarte eintragen lassen. Dazu muss er beim Finanzamt die sog. „Anlage U" einreichen, auf der der andere Ehegatte (z. B. die Ehefrau) bestätigt, einen bestimmten Unterhalt erhalten zu haben. Die Einreichung der Anlage U beim Finanzamt kann dann jedoch (beim Unterhaltsempfänger) zur Besteuerung führen. Kommt es aufgrund dessen zu einer steuerlichen Mehrbelastung, muss diese vom Partner ersetzt werden.

> **Hinweis:**
> Bevor die Anlage U unterzeichnet wird, sollte man sich vom anderen Ehegatten bestätigen lassen, dass dieser einen etwaigen wirtschaftlichen Nachteil, insbesondere einen Steuernachteil, ausgleicht. Wichtig ist, eine entsprechende Freistellungserklärung im

> Vertrag mit aufzunehmen. Sollten – in seltenen Fällen – begründete Zweifel bestehen, dass der Partner den Steuernachteil später ausgleicht, dann kann vertraglich vereinbart werden, dass – neben der Freistellungserklärung – eine Sicherheitsleistung erbracht werden muss in Höhe des geschätzten Nachteils.

> Die Ehefrau stimmt dem „begrenzten Realsplitting" gemäß § 10 Abs. 1 Nr. 1 EStG zu und verpflichtet sich gegenüber dem Ehemann, jährlich die „Anlage U" zur Einkommensteuererklärung zu unterzeichnen. Im Gegenzug verpflichtet sich der Ehemann zur Erstattung sämtlicher der Ehefrau durch Unterzeichnung der Anlage U entstehender Nachteile, insbesondere der Steuernachteile. Die Erstattungspflicht umfasst auch evtl. seitens des Finanzamtes festgesetzte erhöhte Steuervorauszahlungen (evtl. zusätzlich: die Beratungskosten eines Steuerberaters).
> Zur Sicherheit zahlt der Ehemann Zug um Zug gegen Unterzeichnung der Anlage U einen Betrag von 2.500 € auf dem Konto der Ehefrau bei der (...) Bank ein, über den nach Feststellung des Steuernachteils der Ehefrau abgerechnet wird.

3. Kindesunterhalt

Sind gemeinsame Kinder aus der Ehe hervorgegangen, stellt sich auch das Bedürfnis zur Regelung des Kindesunterhaltes. Der von einem Elternteil zu zahlende Unterhalt, sog. Barunterhalt, kann im Ehevertrag mitgeregelt werden. Auf folgende Aspekte ist in dem Zusammenhang hinzuweisen:

a) Barunterhalt / Betreuungsunterhalt

Die Art der Unterhaltsleistung hängt davon ab, wo das Kind nach der Trennung lebt. Der Elternteil, in dessen Haushalt es lebt, erbringt den sog. „Betreuungsunterhalt". Der andere Elternteil, bei dem das Kind nicht lebt, muss einen Geldbetrag zahlen, den sog. „Barunterhalt". Das „Kindergeld" fließt grundsätzlich dem betreuenden Elternteil zu, wird dem anderen Elternteil aber – einkommensabhängig – bis maximal zur Hälfte beim Kindesunterhalt angerechnet.

In einem Vertrag muss klargestellt werden, wo das Kind lebt.

b) Tabellenunterhalt nach Düsseldorfer Tabelle

Die Höhe des Barunterhaltes ergibt sich aus der sog. „Düsseldorfer Tabelle", in aktueller Fassung vollständig abrufbar unter www.olg-duesseldorf.nrw.de. Abhängig vom Alter des Kindes und vom Einkommen des pflichtigen Elternteiles, sind darin Unterhaltsbeträge festgelegt. Nach evtl. teilweiser Anrechnung des Kindergeldes ergibt sich dann der endgültige Zahlbetrag. Dieser Zahlbetrag kann im Vertrag fest fixiert werden.

	Nettoeinkommen des Barunterhaltspflichtigen	Altersstufen in Jahren (§ 1612 a Abs. 1 BGB)				Prozentsatz	Bedarfskontrollbetrag (Anm. 6)
		0 – 5	6 – 11	12 – 17	ab 18		
	Alle Beträge in Euro						
1.	bis 1.500	317	364	426	488	100	770/950
2.	1.501 – 1.900	333	383	448	513	105	1.050
3.	1.901 – 2.300	349	401	469	537	110	1.150
4.	2.301 – 2.700	365	419	490	562	115	1.250
5.	2.701 – 3.100	381	437	512	586	120	1.350
6.	3.101 – 3.500	406	466	546	625	128	1.450
7.	3.501 – 3.900	432	496	580	664	136	1.550
8.	3.901 – 4.300	457	525	614	703	144	1.650
9.	4.301 – 4.700	482	554	648	742	152	1.750
10.	4.701 – 5.100	508	583	682	781	160	1.850
	ab 5.101 nach den Umständen des Falles						

Quelle: Düsseldorfer Tabelle (Stand 1. 1. 2011) (Auszug), abrufbar unter www.olg-duesseldorf.nrw.de

c) Kindergeld

Der zu zahlende Unterhalt ermittelt sich unter Berücksichtigung des Kindergeldes. Das Kindergeld soll beiden Eltern gleichermaßen zugute kommen. Da es an den Elternteil ausgezahlt werden soll, wo das Kind lebt, kann der andere Elternteil bei der Zahlung des Kindesunterhaltes die Hälfte des Kindergeldes vom Tabellenbetrag der Düsseldorfer Tabelle in bringen.

Das Kindergeld ist unterschiedlich hoch:
- für das 1. und 2. Kind jeweils 184 €
- für das 3. Kind 190 €
- ab dem 4. Kind 215 €.

Das Kindergeld wird nur gezahlt, wenn die Einkünfte des Kindes eine bestimmte Grenze nicht übersteigen. Sofern die Einkünfte des volljährigen Kindes einen Jahresbetrag übersteigen, entfällt der Anspruch auf Kindergeld. Die Grenze liegt bei einem Jahreseinkommen von 8.004 €, Stand 2011 (Ausnahme behinderte Kinder).

d) Höhe des zu zahlenden Kindesunterhaltes

Von daher ergeben sich –nach Verrechnung des hälftigen Kindergeldes- folgende Zahlbeträge des getrennt lebenden Elternteils an den betreuenden Elternteil:

1. bis 2. Kind		0–5	6–11	12–17	ab 18	%
1.	bis 1500	225	272	334	304	100
2.	1501 – 1900	241	291	356	329	105
3.	1901 – 2300	257	309	377	353	110
4.	2301 – 2700	273	327	398	378	115
5.	2701 – 3100	289	345	420	402	120
6.	3101 – 3500	314	374	454	441	128
7.	3501 – 3900	340	404	488	480	136
8.	3901 – 4300	365	433	522	519	144
9.	4301 – 4700	390	462	556	558	152
10.	4701 – 5100	416	491	590	597	160

3. Kind		0–5	6–11	12–17	ab 18	%
1.	bis 1500	222	269	331	298	100
2.	1501 – 1900	238	288	353	323	105
3.	1901 – 2300	254	306	374	347	110
4.	2301 – 2700	270	324	395	372	115

III. Unterhalt

5.	2701 – 3100	286	342	417	396	120
6.	3101 – 3500	311	371	451	435	128
7.	3501 – 3900	337	401	485	474	136
8.	3901 – 4300	362	430	519	513	144
9.	4301 – 4700	387	459	553	552	152
10.	4701 – 5100	413	488	587	591	160

	Ab 4. Kind	0–5	6–11	12–17	ab 18	%
1.	bis 1500	209,50	256,50	318,50	273	100
2.	1501 – 1900	225,50	275,50	340,50	298	105
3.	1901 – 2300	241,50	293,50	361,50	322	110
4.	2301 – 2700	257,50	311,50	382,50	347	115
5.	2701 – 3100	273,50	329,50	404,50	371	120
6.	3101 – 3500	298,50	358,50	438,50	410	128
7.	3501 – 3900	324,50	388,50	472,50	449	136
8.	3901 – 4300	349,50	417,50	506,50	488	144
9.	4301 – 4700	374,50	446,50	540,50	527	152
10.	4701 – 5100	400,50	475,50	574,50	566	160

Quelle: Düsseldorfer Tabelle (Stand 1. 1. 2011) (Auszug), abrufbar unter www.olg-duesseldorf.nrw.de

BEISPIEL: Der Sohn Max ist 15 Jahre und lebt seit der Trennung der Eltern bei der Mutter, ebenso wie die Tochter Claudia mit 9 Jahren. Während die Mutter Naturalunterhalt erbringt, ist der Vater den Kindern gegenüber barunterhaltsverpflichtet. Der Vater hat ein monatliches Nettoeinkommen nach Abzug von ehelichen Schuldverbindlichkeiten von 2.000 €. Er hat einen Unterhalt gemäß der entsprechenden Einkommensgruppe der „Düsseldorfer Tabelle" wie folgt zu zahlen:

Für Max (15 Jahre):

Tabellenunterhalt Gruppe 3	469 €
Abzüglich 1/2 Kindergeld	92 €
Ergibt Zahlbetrag	**377 €**

3. KAPITEL — Trennungsvereinbarungen und Ehescheidungsfolgenverträge

Für Claudia (9 Jahre):

Tabellenunterhalt Gruppe 3	401 €
Abzüglich 1/2 Kindergeld	92 €
Ergibt Zahlbetrag	**309 €**

Hinweis:

Die „Düsseldorfer Tabelle" geht von einer Standardsituation aus, wonach ein Unterhaltsverpflichteter insgesamt zwei Personen gegenüber unterhaltsverpflichtet ist. Sollten hingegen mehr Personen unterhaltsberechtigt sein, ist eine Herabstufung in der Tabelle vorzunehmen. Besteht hingegen nur eine geringere Unterhaltsverpflichtung als zwei Personen gegenüber, also nur gegenüber einer Person, ist die nächst höhere Stufe maßgeblich.

BEISPIEL: Hat der Vater neben den beiden Kindern Max und Claudia auch der Ehefrau Unterhalt zu zahlen, hat er insgesamt drei unterhaltsberechtigte Personen. Der Kindesunterhalt ergibt sich also nicht aus Gruppe 3, sondern aus Gruppe 2.

Der Kindesunterhalt kann im Vertrag wie folgt vereinbart werden:

Der Ehemann verpflichtet sich zur Zahlung eines Kindesunterhaltes zu Händen der Kindesmutter gemäß Gruppe 3 der Düsseldorfer Tabelle, Stand 1. 1. 2011, mithin in Höhe von:

Für Max, geb. 18. 7. 1995:

Tabellenbetrag	469 €
abzüglich 1/2 Kindergeld	92 €
ergibt Zahlbetrag	377 €

Für Claudia, geb. 1. 2. 2002:

Tabellenbetrag	401 €
abzüglich 1/2 Kindergeld	92 €
ergibt Zahlbetrag	309 €

> **Hinweis:**
>
> Im Tabellenunterhalt nach der Düsseldorfer Tabelle ist kein Krankenvorsorgeunterhalt enthalten. Sollten also noch zusätzliche Beiträge zur Krankenversicherung zu zahlen sein, etwa weil das Kind privat versichert ist, kommen diese noch extra hinzu und sind von dem barunterhaltspflichtigen Elternteil zu zahlen.

Da ein Vertrag nur zwischen den Eheleuten geschlossen wird, bindet er regelmäßig nur die Eheleute untereinander. Allerdings kann man die Verpflichtung hinsichtlich des Kindesunterhaltes so formulieren, dass auch das Kind einen eigenen vollstreckbaren Anspruch erhält aus dem Vertrag der Eltern heraus. Man nennt dies einen „Vertrag zu Gunsten Dritter". Ist dies gewollt, so sollte die Zahlungsverpflichtung im Vertrag wie folgt ergänzt werden:

> (…) Die Eheleute sind darüber einig, dass die vorgenannte Unterhaltsverpflichtung einen eigenen Anspruch des Kindes begründet und einen „Vertrag zu Gunsten Dritter" gem. § 328 BGB, nämlich einen Vertrag zu Gunsten des Kindes, darstellt. Die Ehefrau ist berechtigt, neben dem Kind auch eine Zahlung des Unterhaltes an sich zu verlangen.

e) Grundlagen

Stets sollte im Vertrag aufgenommen werden, aufgrund welchen Einkommens sich der Unterhalt errechnet. Dies ist für eine spätere Abänderbarkeit wichtig. Denn wenn sich die wirtschaftlichen Verhältnisse ändern sollten, muss es möglich sein, den Unterhalt nach oben / unten anzupassen.

> Grundlagen dieser Verpflichtung sind:
>
> | | |
> |---|---:|
> | Einkommen des Ehemannes von monatlich netto | 2.600 € |
> | Abzüglich 5 % beruflich bedingte Aufwendungen verbleiben | 2.470 € |
> | Abzüglich Kredit bei … Bank | 200 € |
> | Abzüglich Krankenzusatzversicherungen Eheleute/Kinder | 270 € |
> | Verbleiben | 2.000 € |

f) Vollstreckbarkeit

Auch hinsichtlich des Kindesunterhaltes gilt, dass sich der zahlungsverpflichtete Elternteil in dem Vertrag der Zwangsvollstreckung unterwerfen sollte, wie es üblich ist.

g) Kein Verzicht auf Kindesunterhalt

> **Achtung!**
>
> Unzulässig ist ein Verzicht auf Kindesunterhalt. In einem Vertrag kann also nie wirksam eine Erklärung der Eltern aufgenommen werden, dass auf die Geltendmachung von Kindesunterhalt verzichtet werde. Hintergrund ist, dass es sich um Ansprüche des Kindes handelt und Eltern darüber nicht zu Lasten des Kindes verfügen können.

h) Freistellung

Möglich ist allenfalls, dass ein Elternteil den anderen von Kindesunterhaltsansprüchen freistellt. Dies bedeutet praktisch, dass ein Elternteil für die finanzielle Versorgung des Kindes aufkommen will. Er erklärt damit gegenüber dem anderen Ehegatten, dass er für den Unterhalt des Kindes aufkommen möchte. Das Kind behält aber gleichwohl formell einen eigenen Anspruch gegenüber dem zahlungsverpflichteten Elternteil.

> Der Ehemann stallt die Ehefrau von Kindesunterhaltsansprüchen für das bei ihm lebende Kind Niklas, geb. 2. 6. 1999 im Innenverhältnis frei.

i) Zeitliche Begrenzung des Kindesunterhaltes

In einem Vertrag empfiehlt sich die Festlegung des Kindesunterhaltes nur bis zur Vollendung des 18. Lebensjahres des Kindes. Bis dahin gelten die Berechnungsgrundsätze für den Minderjährigen-Unterhalt. Denkbar ist im Einzelfall aber auch, dass – je nach Umständen – auch eine Regelung über die Volljährigkeit hinaus getroffen wird oder zumindest eine Freistellungserklärung eines Elternteils, wenn dieser sich bereit erklären will, den Kindesunterhalt auch in Zukunft alleine zu übernehmen.

> Die vorbezeichnete Unterhaltsregelung des Ehemannes gegenüber den Kindern Max und Claudia besteht längstens bis zur Vollendung deren 18. Lebensjahres. Für die Zeit ab Volljährigkeit ist der Unterhalt neu zu ermitteln nach den gesetzlichen Vorschriften.

j) Volljährigenunterhalt

Ab Volljährigkeit eines Kindes sind beide Eltern barunterhaltsverpflichtet. Unabhängig davon, wo das Kind lebt, müssen – rechtlich – beide Eltern Barunterhalt zahlen. Dies gilt selbst dann, wenn das Kind noch im Haushalt eines Elternteils lebt und dort versorgt wird.

Man spricht vom sog. **Quotenunterhalt**. Jeder Elternteil hat entsprechend seinem Einkommen einen prozentualen Anteil zu zahlen. Die Beteiligung am Barunterhalt erfolgt aber nur dann, wenn ein Elternteil über ein Einkommen verfügt oberhalb eines Selbstbehaltes von 1.150 € (Stand 1. 1. 2011). Verfügt ein Elternteil über geringeres oder gar kein Einkommen, kann eine Barunterhaltsverpflichtung ausscheiden. Dann ist der andere Elternteil zu 100 % zahlungspflichtig.

> **BEISPIEL:** Der 18 Jahre alte Sohn lebt im Haushalt der Mutter, die für ihn sorgt. Die Mutter ist nicht berufstätig. Sie hat nur Erwerbseinkünfte im Rahmen eines geringfügigen Beschäftigungsverhältnisses von ca. 400 €. Zu einer umfangreicheren Erwerbstätigkeit ist sie nicht in der Lage, da sie noch weitere minderjährige Kinder zu versorgen hat. – Grundsätzlich ist die Mutter zwar barunterhaltsverpflichtet aufgrund der Volljährigkeit des Sohnes. Da sie aber nur über Einkünfte unterhalb des Selbstbehaltes verfügt, scheidet eine Barunterhaltsverpflichtung aus. Der Barunterhalt ist in dem Fall zu 100 % vom Vater zu übernehmen, der über 2.500 € verfügt.

Die Höhe des Unterhaltsbedarfes eines volljährigen Kindes ist abhängig davon, ob das Kind noch im Haushalt eines Elternteils lebt oder eine eigene Wohnung hat.

- Lebt es im Haushalt eines Elternteils, richtet sich der Bedarf in der Regel nach dem zusammengerechneten Einkommen beider Elternteile und der betreffenden Einkommensgruppe der „Düsseldorfer Tabelle". Der Bedarf ist dann also einkommensabhängig.
- Lebt das Kind in eigener Wohnung, gibt es in der Regel einen festen Bedarfsbetrag nach den Richtlinien zur „Düsseldorfer Tabelle", der 670 € beträgt (Stand 1/2011).

Auf den Unterhaltsbedarf wird sowohl etwaiges Eigeneinkommen des Kindes angerechnet (abzüglich eines Betrages für ausbildungsbedingten Mehrbedarf von 90 €) als auch das volle Kindergeld. Verbleibt dann noch ein Restbedarf, so hat das Kind in der Höhe einen Unterhaltsanspruch. Dieser richtet sich dann als Quotenunterhalt grundsätzlich gegen beide Eltern (siehe oben).

> **BEISPIEL:** Der Sohn Florian, geb. 8. 7. 1992 studiert in Freiburg Rechtswissenschaft. Dort hat er eine eigene Studentenbude, für die er eine monatliche Miete zahlt. Er hat keine Zeit, noch Geld zu verdienen. Für ihn wird jedoch staatliches Kindergeld gezahlt. Sein Unterhaltsbedarf beträgt gegenüber den Eltern:
>
> | | |
> |---|---:|
> | Üblicher Bedarf eines Studierenden | 670 € |
> | Abzüglich volles Kindergeld | 184 € |
> | Ergibt Unterhaltsanspruch | 486 € |
>
> Der Betrag ist dann von den getrennt lebenden Eltern prozentual unter ihnen aufzuteilen je nach Quote („Quotenunterhalt").

Alternatives Beispiel wenn das volljährige Kind noch zuhause bei einem Elternteil wohnt:

> Der Sohn Florian, geb. 8. 7. 1992 studiert in Freiburg Rechtswissenschaft, wo auch seine Familie lebt. Nachdem sich die Eltern getrennt hatten, wohnt er weiter bei der Mutter. Diese ist zur Zeit arbeitslos und verfügt nicht über Einkommen. Der Vater verdient monatlich etwa 3.000 € netto. Weitere Kinder sind nicht vorhanden. Der Unterhaltsanspruch von Florian berechnet sich danach wie folgt:
> Auszugehen ist von der jeweiligen Einkommensstufe der Düsseldorfer Tabelle. Bei dem Einkommen ist eine Einordnung in Gruppe 5 der Düs-

seldorfer Tabelle gegeben (2.701 € bis 3.100 €), sodass der Bedarf des Kindes beträgt:

Tabellenunterhalt Gruppe 5	586 €
Abzüglich volles Kindergeld	184 €
Ergibt Zahlbetrag	402 €

> **Hinweis:**
>
> Da in dem üblichen Bedarf von 670 € bei einem auswärts wohnenden Studenten bzw. dem Bedarf nach der jeweiligen Stufe der Düsseldorfer Tabelle eines noch bei einem Elternteil lebenden volljährigen studierenden Kindes weder Krankenversicherungsbeiträge noch etwaige Studiengebühren enthalten sind (vgl. Anm. 9 zur Düsseldorfer Tabelle), sind diese von den Eltern noch extra zu zahlen.

k) Jugendamtsurkunde

Unabhängig von einer vertraglichen Festlegung des Unterhaltes gibt es die Möglichkeit, den Kindesunterhalt durch eine vollstreckbare Jugendamtsurkunde titulieren (festlegen) zu lassen. Eine Jugendamtsurkunde kann kostenlos beim Jugendamt errichtet werden. Örtlich zuständig ist das Jugendamt, in dessen Bezirk der Unterhaltspflichtige wohnt.

IV. Hausrat/Möbel

1. Formelle Aspekte

Eine Vereinbarung über die Verteilung des Hausrates und der Möbel anlässlich einer Trennung kann grundsätzlich von den Eheleuten formfrei geschlossen werden. Aus Gründen einer späteren Beweisbarkeit sollte sie zumindest schriftlich verfasst werden.

Sollte eine Vereinbarung aber in Zusammenhang stehen mit sonstigen beurkundungspflichtigen Einigungen (z. B. eine Regelung über den Zugewinnausgleich), dann bedarf auch die Vereinbarung bezüglich Hausrat und Möbel der notariellen Beurkundung.

Sollte im Vertrag aufgenommen werden, dass sich ein Ehegatte zur Herausgabe bestimmter Gegenstände verpflichtet, so ist eine Herausgabeverpflichtung nicht vollstreckbar. Ein Ehevertrag ist diesbezüglich keine vollstreckbare Urkunde (i. S. des § 794 Abs. 1 Nr. 5 ZPO).

2. Inhaltliche Regelungen

Wenn Eheleute auseinander gehen, empfiehlt sich eine Verständigung über die Verteilung der einzelnen Gegenstände. Vernünftigerweise setzen sich die Eheleute anlässlich einer Trennung zusammen und einigen sich, wer was bekommt. Anschließend sollte die Einigung schriftlich fixiert werden. Dabei sollten die Gegenstände so genau wie möglich bezeichnet werden.

> Wir sind uns darüber einig, dass die Gegenstände des ehelichen Hausrates wie folgt verteilt werden:
>
> Die Ehefrau erhält:
> 1. das Esszimmer, bestehend aus einem Eichentisch mit 6 Eichenstühlen
> 2. den Esszimmer-Vitrinenschrank
> 3. den Perser-Teppich aus dem Esszimmer, Größe 3 × 2 Meter
> 4. die Wohnzimmer-Stehleuchte
> 5. der Farbfernseher, Marke Grundig, Typ 111
> 6. das Essservice, Hutschenreuther, 12-teilig, komplett
> 7. ...
> 8. ....
> etc.
>
> Der Ehemann erhält:
> 1. Die Wohnzimmer-Garnitur, bestehend aus einem 3-er- und einem 2-er-Sofa, graues Leder
> 2. den Wohnzimmerschrank aus Nussbaum-Holz
> 3. das Essservice, in weiß mit rotem Rand, 12-teilig, komplett
> 4. ...
> 5. ...
> etc.

IV. Hausrat/Möbel

> Wir sind uns darüber einig, dass der Hausrat damit endgültig geteilt ist. Jeder Ehegatte ist bereits im Besitz der genannten Gegenstände und soll insoweit auch Alleineigentümer werden. Eine weitere Hausratsteilung findet nicht mehr statt.

Alternativ einigen sich Eheleute manchmal auch darauf, dass ein Ehegatte den gesamten oder nahezu gesamten Hausrat behält und dem anderen Ehegatten dafür einen Ausgleich zahlt.

> Wir sind uns darüber einig, dass sämtliche Hausrats- und Möbelgegenstände aus der ehelichen Wohnung Hauptstr. 5 in Köln im Besitz der Ehefrau verbleiben soll. Wir sind uns ferner darüber einig, dass die Ehefrau Alleineigentümerin der Gegenstände wird.
> Als Wertausgleich zahlt die Ehefrau einen Geldbetrag von 10.000 € an den Ehemann. Der Betrag ist zur Zahlung fällig binnen zwei Wochen nach Abschluss des Vertrages (alternativ: die Zahlung des Betrages erfolgt durch Verrechnung mit einem Zugewinnausgleichsanspruch o.ä.).
> Damit sind alle wechselseitigen Hausratsteilungsansprüche endgültig geregelt. Weitergehende Ansprüche werden nicht gestellt.

Sollten sich Eheleute schon im Vorfeld auf eine Verteilung der Gegenstände geeinigt haben, so genügt im Ehevertrag eine kurze klarstellende Klausel.

> Der Hausrat ist bereits geteilt. Jeder Ehegatte bleibt im Besitz derjenigen Gegenstände, die er schon im Besitz hat und wird insoweit auch Alleineigentümer der Gegenstände. Weitergehende Hausratsteilungsansprüche bestehen nicht.

Sollten Schuldverbindlichkeiten existieren, z. B. Kredite, die für den Kauf von Hausratsgegenständen aufgenommen wurden, so sollte darüber eine Vereinbarung getroffen werden. Wichtig zu regeln ist, wer diese Kredite weiterhin zahlt. Ggf. bietet sich an, dass der einkommensstärkere Ehegatte die Rückzahlung übernimmt und die Raten einkommensmindernd bei der Unterhaltsberechnung berücksichtigt werden.

V. Ehewohnung

Anlässlich einer Trennung ist häufig die Nutzung der Mietwohnung oder des Hauses zu regeln. Denn regelmäßig vollzieht sich eine Trennung durch Auszug eines Partners. Eine Vereinbarung in einem Ehevertrag empfiehlt sich, um streitige gerichtliche Verfahren, sog. Wohnungszuweisungsverfahren, zu vermeiden.

1. Formelle Aspekte

Eine vertragliche Vereinbarung, mit der sich ein Ehegatte zum Verlassen der Wohnung verpflichtet, ist nicht vollstreckbar. Eine notarielle Urkunde ist insoweit (wie auch beim Hausrat) kein vollstreckbarer Räumungstitel (gem. § 794 Abs. 1 Nr. 5 ZPO). Räumt der eine Ehegatte nicht freiwillig entsprechend dem Vertrag, ist ein gerichtliches Verfahren unvermeidlich, wobei dieses – aufgrund des geschlossenen Vertrages – zügig mit Erfolg geführt werden dürfte.

2. Inhaltliche Regelungen

Inhaltlich wird auf die Darlegungen zum vorsorgenden Ehevertrag verwiesen (vgl. S. 95–100).

VI. Erb- und Pflichtteilsverzicht

Kommt es zur Trennung, besteht auch ein Regelungsbedürfnis für den Fall, dass ein Ehepartner vor der Scheidung verstirbt. Dies gilt insbesondere in Trennungssituationen, wenn die Eheleute zunächst noch nicht geschieden werden wollen. Denn so lange die Ehe besteht und kein Scheidungsantrag bei Gericht eingereicht ist, besteht das gesetzliche Ehegattenerbrecht und es gelten noch gemeinschaftliche Testamente oder Erbverträge.

In Betracht kommt, dass Eheleute anlässlich der Trennung etwaige vorhandene gemeinschaftliche erbrechtliche Verfügungen wie Testamente oder Erbverträge aufheben und wechselseitig auf Ehegatten-

Erbansprüche verzichten. Gleichfalls kommt auch ein Verzicht auf Pflichtteilsansprüche in Betracht.

> **BEISPIEL:** Nachdem sich die Eheleute getrennt haben, führten sie sehr vernünftige Gespräche über die Regelung der Trennungsfolgen. Sie haben sich deshalb auch geeinigt auf den Abschluss eines Vertrages, in dem die Folgen ihres Auseinandergehens umfassend geregelt werden. Der Vertrag soll in Kürze beim Notar beurkundet werden. Da sie noch nicht ein Jahr getrennt leben und eine Ehescheidung erst in etwa einem Jahr ausgesprochen werden dürfte, wissen sie, dass das gesetzliche Erbrecht noch besteht. Sie möchten aber nicht, dass im Todesfall der andere Ehegatte noch erbt. Deshalb entscheiden Sie sich, den notariellen Ehe- und Ehescheidungsfolgenvertrag um eine erbrechtliche Regelung zu ergänzen, wonach das Ehegattenerbrecht und auch das Pflichtteilsrecht ausgeschlossen wird.

> Wir verzichten hiermit ein jeder dem anderen Ehegatten gegenüber auf unser gesetzliches Ehegattenerbrecht einschließlich des Pflichtteilsrechts und nehmen diesen Verzicht gegenseitig an.
> Der Notar hat uns über die Bedeutung und die Auswirkungen des Erb- und Pflichtteilsverzichtes eingehend belehrt. Insbesondere wurden wir auch darauf hingewiesen, dass sich durch den Erbverzicht die Erbquoten und die Pflichtteilsquoten der übrigen gesetzlichen Erben erhöhen.
> Wir heben hiermit ein jeder von uns alle Verfügungen auf, durch die der andere Ehegatte von Todes wegen bedacht wird und stimmen der Aufhebung, soweit erforderlich zu.
> (Zusatz, wenn ein Erbvertrag bestanden haben sollte:
> Insbesondere heben wir hiermit den am ... vor dem Notar ... zu UR-Nr. ... geschlossenen Erbvertrag seinem gesamten Inhalt nach wieder auf.)

VII. Elterliche Sorge

1. Formelle Aspekte

Eheleute sind häufig der Auffassung, sie könnten kraft eigener Vereinbarung die elterliche Sorge auf einen Ehegatten übertragen. Diese

Regelungsmöglichkeit haben Eheleute nicht, vielmehr ist dem Familiengericht eine Regelung vorbehalten. Möglich ist indes, dass in einem Ehevertrag ein Vorschlag für das Gericht aufgenommen wird.

2. Inhaltliche Regelung

a) Gemeinsame elterliche Sorge

Sind sich Eheleute einig, dass es – wie im Regelfall – bei einer gemeinsamen elterlichen Sorge verbleibt, dann könnte folgende Regelung aufgenommen werden.

> 1.
> Wir sind uns darüber einig, dass unsere Kinder......
> zukünftig im Haushalt der Mutter leben sollen.
> 2.
> Wir sind uns auch darüber einig, dass es bei der gemeinschaftlichen elterlichen Sorge bezüglich der Kinder verbleiben soll. Wir sehen uns weiterhin in der Lage, die wichtigen Entscheidungen hinsichtlich der Kinder gemeinsam zu treffen. Diesbezüglich möchten wir uns auch weiter regelmäßig austauschen über die Entwicklung der Kinder und einander in erzieherischen Fragen unterstützen.

b) Getrennte elterliche Sorge

Sollten Ehepartner einig sein, dass einer von ihnen die elterliche Sorge alleine ausübt, so könnten sie folgende Regelung aufnehmen:

> 1.
> Wir sind uns darüber einig, dass unsere Kinder........ zukünftig bei der Mutter leben und von ihr betreut werden.
> 2.
> Die Mutter soll zukünftig auch alleine die Entscheidungsbefugnis haben hinsichtlich der wichtigen Belange der Kinder.
> Wir sind uns darüber einig, dass der Mutter die alleinige elterliche Sorge übertragen werden soll. Wir schlagen dem Familiengericht deshalb übereinstimmend vor, die elterliche Sorge gem. § 1671 Abs. 2 Nr. 1 BGB auf die Mutter zu übertragen.

VIII. Umgangsregelung

In vielen Fällen erscheint es zweckmäßig, eine Umgangsregelung mit in einen Ehevertrag aufzunehmen.

> **Hinweis:**
>
> Kinder leiden unter einer Trennung am meisten. Es kann deshalb nicht oft genug darauf hingewiesen werden, dass persönliche Beziehungen zwischen dem Elternteil, bei dem die Kinder nicht ständig leben und den Kindern für deren Entwicklung von großer Wichtigkeit ist.

Eltern sind grundsätzlich frei, wie sie das Umgangsrecht ausgestalten. Sie sollten dabei stets an das Wohl der Kinder denken.

Denkbar sind etwa folgende Lösungen:

1. Unbestimmte Regelung

> Dem Vater steht ein großzügiges Umgangsrecht mit den gemeinsamen Kindern..... zu. Ihm steht auch grundsätzlich das Recht zu, mit den Kindern gemeinsam in den Ferien Urlaub zu verbringen. Auf eine nähere Regelung wird verzichtet. Die Umgangszeiten werden wir einvernehmlich miteinander absprechen.

2. Konkrete Regelung

> Dem Vater steht das Recht zu, seine Kinder..... zu Umgangszwecken an folgenden Tagen zu sich zu nehmen:
> Jedes 2. Wochenende von freitags 18.00 Uhr bis sonntags 18.00 Uhr, darüber hinaus an den besuchsfreien Wochenenden samstags von 14.00 Uhr bis 18.00 Uhr.
> An den Weihnachts-Feiertagen jeweils am 1. Weihnachtstag von 10.00 Uhr bis 21.00 Uhr,
> zu Ostern jeweils am Ostermontag von 10.00 Uhr bis 21.00 Uhr.

> In den Ferien steht dem Vater das Recht zu, mit den Kindern eine Woche in den Osterferien, zwei Wochen in den Sommerferien und eine Woche in den Herbstferien Urlaub zu verbringen. Welche Urlaubswochen in Betracht kommen, wird mit der Kindesmutter unter Berücksichtigung auch ihrer Urlaubspläne abgestimmt.

Hinweis:

Unwirksam wäre es, Regelungen des Umgangsrechtes oder auch der elterlichen Sorge mit finanziellen Leistungen zu verknüpfen oder davon abhängig zu machen. Es wäre bspw. unzulässig, ein Umgangsrecht von pünktlichen Unterhaltszahlungen abhängig zu machen.

IX. Muster von Trennungs- und Ehescheidungsfolgenvereinbarungen

1. Muster – vorläufige Trennungsvereinbarung

Situation:

- Die Eheleute haben sich zu einer vorläufigen Trennung entschieden, wohnen aber noch zusammen in der bisherigen ehelichen Wohnung. Der Ehemann ist zum Auszug bereit.
- Sie haben ein Kind von fünf Jahren, das bei der Mutter bleiben soll. Die Ehefrau war bisher nicht erwerbstätig, sondern Hausfrau und versorgte das Kind.
- Der Ehemann ist Angestellter mit etwa 3.000 € monatlich netto, es bestehen aber Kreditverbindlichkeiten von beiden Eheleuten, die monatlich etwa 350 € betragen, darüber hinaus eine Lebensversicherung zur Alterssicherung mit monatlicher Prämie von 150 €.

Gewünschte Regelung:

- Die Eheleute möchten eine vorläufige Nutzungsvereinbarung bezüglich der Wohnung treffen.

- Der Unterhalt soll zumindest für eine Übergangszeit geregelt werden.
- Die Übernahme der Kredite und der Wohnungsmiete soll geklärt werden.

Anmerkung:

Die gewünschten Regelungen bedürfen nicht der notariellen Beurkundung, sodass der Vertrag privatschriftlich möglich ist.

Vertrag

zwischen

Frau Petra Müller, Hauptstr. 2, Köln
vertreten durch: Rechtsanwalt …
und
Herrn Klaus Müller, Hauptstr. 2, Köln
Vertreten durch Rechtsanwalt …

Vorbemerkung

Wir beabsichtigen, uns vorläufig zu trennen. Ob es zu einer Scheidung der Ehe kommt, steht noch nicht fest. Für die erste Zeit der Trennung möchten wir bezüglich unserer gemeinsamen Wohnung und der finanziellen Verhältnisse nachfolgende Regelung treffen:

Vertrag

1. Wohnung

a) Wir sind uns darüber einig, dass der Ehemann aus der Wohnung Hauptstr. 2 in Köln zum 31. 1. 2011 auszieht und die Wohnung ab 1. 2. 2011 weiter von der Ehefrau und dem gemeinsamen Kind bewohnt wird.

b) Der Ehemann verpflichtet sich, die Miete einschließlich Nebenkostenvorauszahlungen von monatlich 650 € über den 31. 1. 2011 hinaus unmittelbar an den Vermieter zu zahlen.

2. Hausrat/Möbel

Es besteht Einigkeit, dass der gesamte eheliche Hausrat vorläufig in der ehemals gemeinsamen Wohnung verbleibt, bis auf folgende Gegenstände, die der Ehemann anlässlich seines Auszuges mitnimmt:

- Gästebett
- Kleiderschrank aus dem Gästezimmer
- Fernseher mit DVD-Recorder
- Laptop
- Kaffeemaschine

- blaues Geschirr (sechs Gedecke), Besteckkasten von den Eltern
- Bettwäsche zwei Garnituren

Eine endgültige Hausratsverteilung ist damit nicht verbunden.

3. Kredite/Lebensversicherung

Der Ehemann wird die beiden Kreditverbindlichkeiten bei der ... Bank zu Nr. ..., die monatliche Raten von ... haben, weiter aus seinem Einkommen zahlen. Ebenso trägt er weiter die Lebensversicherungsprämie bei der ... Versicherung von monatlich ... Die Kreditraten und die Versicherungsprämie werden bei der Ermittlung des Unterhaltes von seinem Einkommen in Abzug gebracht.

4. Unterhalt

a) Kindesunterhalt

Der Ehemann verpflichtet sich, ab 1. 2. 2011 folgenden Kindesunterhalt für die Tochter Caroline, geb.3. 1. 2006 zu Händen der Kindesmutter zu zahlen:

Tabellenunterhalt Gruppe 2	333 €
abzüglich 1/2 Kindergeld	92 €
Ergibt Zahlbetrag	241 €

b) Ehegattenunterhalt

Der Ehemann zahlt ab 1. 2. 2011 an die Ehefrau einen Ehegattenunterhalt von monatlich 500 €.

c) Grundlagen

Einkommen Ehemann von monatlich netto	3.000 €
abzüglich beruflich bedingter Aufwendungen von:	
Kredite	350 €
Lebensversicherung	150 €
Miete für Ehewohnung	650 €
Verbleiben	1.850 €

Die Ehefrau erhält das staatliche Kindergeld ausgezahlt.

Die Ehefrau hat kein eigenes Erwerbseinkommen und ist bis Ende des Jahres auch nicht verpflichtet, eine Tätigkeit aufzunehmen.

5. Dauer der Vereinbarung

Die Vereinbarung gilt nur für die Zeit, solange die Eheleute getrennt leben, längstens bis 31. 12. 2011. Sollten die Eheleute über den 31. 12. 2011 hinaus getrennt leben, werden sie für die Zeit ab 1. 1. 2012 eine einvernehmliche neue Regelung anstreben.

Datum...
Unterschriften...

2. Muster – endgültige Trennungsvereinbarung

Situation:

- Die Eheleute haben sich zu einer endgültigen Trennung entschieden. Der Ehemann ist bereit, aus der ehelichen Wohnung auszuziehen.
- Sie haben zwei Kinder von 13 und 15 Jahren, die bei der Mutter bleiben sollen. Die Ehefrau ist teilzeitbeschäftigt mit zur Zeit 700 € netto (Steuerklasse V). Die Tätigkeit kann zukünftig zu einer Vollzeittätigkeit ausgebaut werden.
- Der Ehemann ist Angestellter mit etwa 3.000 € monatlich netto (Steuerklasse III), es besteht aber eine Leasingrate für einen Pkw von monatlich 400 €.
- An Vermögen gibt es Kapitalanlagen auf Namen des Mannes und ein Grundstück der Ehefrau.

Gewünschte Regelung:

- Die Eheleute möchten vereinbaren, dass die Ehefrau die Wohnung auf Dauer weiter bewohnen kann. Das Mietverhältnis soll möglichst auf die Ehefrau umgeschrieben werden.
- Der Unterhalt soll geregelt werden. Dabei wollen sie klären, wann die Ehefrau einer weitergehenden Erwerbstätigkeit nachgehen soll.
- Es soll ein nachehelicher Unterhaltsverzicht vereinbart werden.
- Die Übernahme der Leasingrate wird geklärt.
- Wegen der Vermögensauseinandersetzung soll noch nichts abschließend geregelt werden. Man einigt sich zunächst nur auf eine Wertermittlung des Vermögens, die genaue Festlegung einer Ausgleichszahlung (Zugewinnausgleich) erfolgt später.

Verhandelt zu............ am............
vor dem Notar............. in..................
Es erschienen:
1. Frau........
2. Herr.........

3. KAPITEL — Trennungsvereinbarungen und Ehescheidungsfolgenverträge

Die Erschienenen erklären:
Wir haben am........... vor dem Standesbeamten............ geheiratet. Wir sind beide deutsche Staatsangehörige. Aus unserer Ehe sind zwei Kinder hervorgegangen:
Jan, geb. 14. 2. 1998
Nils, geb. 20. 1. 1996
Einen Ehevertrag haben wir bisher nicht geschlossen.
Wir leben innerhalb der ehelichen Wohnung voneinander getrennt und beabsichtigen demnächst eine räumliche Trennung.
Zu unseren persönlichen Verhältnissen erklären wir:
Ich, *(Ehefrau)* bin von Beruf Versicherungskauffrau und befinde mich in einem ungekündigten Beschäftigungsverhältnis mit einer Wochenarbeitszeit von 20 Stunden. Mein Verdienst liegt bei 700 € monatlich netto (Steuerklasse V). Der Arbeitgeber hat mir ab dem kommenden Jahr eine Vollzeittätigkeit von 37,5 Stunden in Aussicht gestellt. Verbindlichkeiten habe ich nicht. Während der Ehe wurde mir von meinen Eltern im Wege vorweggenommener Erbfolge ein Grundstück übertragen.
Ich, *(Ehemann)* bin Angestellter und ebenso in einem ungekündigten Beschäftigungsverhältnis. Im Rahmen meiner Vollzeittätigkeit beziehe ich ein Gehalt von 3.150 € monatlich netto (Steuerklasse III). Es besteht ein Leasingvertrag für einen Pkw mit monatlicher Rate von 400 €. Auf meinen Namen gibt es Kapitallebensversicherung und ein Wertpapierdepot.
Für die Zeit der Trennung und für den Fall der Scheidung möchten wir Vereinbarungen treffen. Dies vorausgeschickt schließen wir den nachfolgenden

Ehevertrag.

I.

Wohnung

1.
Es besteht Einigkeit zwischen uns, dass der Ehemann die Wohnung unter der Anschrift ... zum 31. 1. 2011 verlässt und die Wohnung ab dem 1. 2. 2011 nur noch von der Ehefrau zusammen mit den beiden Kindern bewohnt wird. Der Ehemann wird seinen Haus- und Wohnungsschlüssel der Ehefrau übergeben und die Wohnung nicht mehr ohne ihre Zustimmung betreten.
2.
Das Mietverhältnis soll möglichst von der Ehefrau übernommen werden. Dazu werden wir mit dem Vermieter Kontakt aufnehmen, um eine Entlassung des Ehemannes aus dem Mietverhältnis zu erreichen. Beide Eheleute verpflichten sich, die für eine entsprechende Vertragsänderung notwendige Willenserklärung abzugeben.

3.
Die laufende Miete einschließlich Nebenkostenvorauszahlung wird vom Ehemann noch bis einschließlich Dezember 2011 an den Vermieter gezahlt.
Ab 1.1.2012 wird die laufende Miete einschließlich der Nebenkostenvorauszahlungen von der Ehefrau übernommen.
4.
Bei Beendigung des Mietverhältnisses steht das Kautionsguthaben, soweit es vom Vermieter auszuzahlen ist, der Ehefrau zu.

II.

Kindesunterhalt

1.
Der Ehemann zahlt an die beiden Kinder zu Händen der Kindesmutter ab Februar 2011 nachfolgenden Unterhalt:

Für Jan, geb. 14. 2. 1998

Tabellenunterhalt	469 €
abzüglich 1/2 Kindergeld	92 €
Zahlbetrag	377 €

Für Nils, geb. 20. 1. 1996

Tabellenunterhalt	469 €
abzüglich 1/2 Kindergeld	92 €
Zahlbetrag	377 €

Dabei ist berücksichtigt, dass das staatliche Kindergeld der Mutter zufließt.
Der Unterhalt ist jeweils monatlich im voraus fällig bis zum 3. Werktag eines jeden Monates.
2.
Der Ehemann unterwirft sich wegen der Zahlungsverpflichtung zu Ziff. 1. der sofortigen Zwangsvollstreckung aus dieser Urkunde in sein gesamtes Vermögen und gestattet die jederzeitige Erteilung vollstreckbarer Ausfertigung dieser Urkunde zu Händen Frau …ohne weitere Nachweise.
3.
Grundlage der Unterhaltsverpflichtung ist, dass die gemeinsamen Kinder Jan und Nils im Haushalt der Mutter leben und der Vater über folgendes Einkommen verfügt:

Monatlich netto	3.150 €
abzüglich beruflich bedingte Aufwendungen	150 €
abzüglich Leasingrate Pkw	400 €
Verbleiben	2.600 €

3. KAPITEL Trennungsvereinbarungen und Ehescheidungsfolgenverträge

Grundlage ist zunächst eine Einordnung in Gruppe 4 der Düsseldorfer Tabelle, alsdann aufgrund einer weiteren Unterhaltsverpflichtung des Ehemannes gegenüber der Ehefrau, eine Herabstufung in Gruppe 3 der Düsseldorfer Tabelle.

III.

Ehegattenunterhalt

1.

Für die Zeit vom 1. 2. 2011 bis längstens 31. 12. 2011 zahlt der Ehemann an die Ehefrau einen Unterhalt von monatlich 512 €.

Der Unterhalt ist jeweils monatlich im voraus bis zum 3. Werktag eines jeden Monats fällig.

In der Zeit ist die Ehefrau nicht zu einer weitergehenden Erwerbstätigkeit verpflichtet.

2.

Der Ehemann unterwirft sich wegen der Zahlungsverpflichtung zu Ziff. 1. der sofortigen Zwangsvollstreckung aus dieser Urkunde in sein gesamtes Vermögen und gestattet die jederzeitige Erteilung vollstreckbarer Ausfertigung dieser Urkunde zu Händen Frau ...ohne weitere Nachweise.

3.

Grundlage sind folgende Einkommensverhältnisse:

Ehemann netto	3.150 €
abzüglich berufliche Aufwendungen	150 €
abzüglich Leasingrate Pkw	400 €
abzüglich Kindesunterhalt Jan	377 €
abzüglich Kindesunterhalt Nils	377 €
Verbleiben	1.846 €
Ehefrau netto	700 €
abzüglich berufliche Aufwendungen	50 €
Verbleiben	650 €

4.

Für die Zeit ab 1. 1. 2012 bleibt eine Neuberechnung des Unterhaltes vorbehalten.

Dabei besteht Einigkeit, dass die Ehefrau ab 1. 1. 2012 eine Verpflichtung zu einer weitergehenden Erwerbstätigkeit hat von mindestens 25 Wochenarbeitsstunden und ab 1. 1. 2014 eine Verpflichtung zu einer Vollzeittätigkeit von 37,5 Wochenarbeitsstunden hat.

Sollte die Ehefrau in der Zeit vom 1. 1. 2012 bis 31. 12. 2013 mehr als 25 Wochenarbeitsstunden erwerbstätig sein, bleibt das darüber hinausgehende Einkommen bei der zukünftigen Unterhaltsberechnung unberücksichtigt.

5.

Für die Zeit ab Rechtskraft der Scheidung verzichtet der Ehemann auf jedweden nachehelichen Unterhalt gem. §§ 1569 ff. BGB. Die Ehefrau nimmt den Verzicht an.

Die Ehefrau verzichtet ab Rechtskraft der Scheidung auf nachehelichen Unterhalt gem. den §§ 1569 ff. BGB. Von dem Verzicht nicht umfasst ist ein etwaiger Unterhaltsanspruch wegen Betreuung eines Kindes gem. § 1570 BGB. Mit Ablauf eines etwaigen Betreuungsunterhaltsanspruches endet jeglicher nachehelicher Unterhalt. Der Ehemann nimmt den Verzicht an.

IV.

Vermögensregelung

Wir sind uns darüber einig, dass ein Zugewinnausgleich nach dem Gesetz erfolgen soll.

Zur Ermittlung des jeweiligen Zugewinns werden wir einander Auskünfte erteilen, wie das Gesetz es vorsieht.

Zur Vorbereitung einer späteren Berechnung soll bezüglich des Grundstückes der Ehefrau unter der Anschrift …ein Verkehrswertgutachten eingeholt werden, und zwar einerseits zum Zeitpunkt der Schenkung der Eltern, andererseits zum aktuellen Zeitpunkt. Dazu soll von uns beiden der städtische Gutachterausschuss beauftragt werden. Die Kosten teilen wir uns.

V.

Versorgungsausgleich

Hinsichtlich des Versorgungsausgleiches wollen wir keine Vereinbarung treffen. Insoweit soll es bei der gesetzlichen Regelung verbleiben.

VI.

Kosten

Die Kosten dieser Vereinbarung trägt der Ehemann.

Datum …
Unterschriften …

3. Muster – Trennungs- und Scheidungsvereinbarung zum Unterhalt

Situation:

- Die Eheleute sind fünf Jahre verheiratet leben seit kurzem voneinander getrennt.
- Sie haben keine Kinder.
- Beide sind erwerbstätig, die Ehefrau verdient aber weniger, weil sie nur eine Halbtagsbeschäftigung hat, will ihre Tätigkeit zukünftig ausdehnen und hat durch die Eingehung der Ehe keine wirtschaftlichen Nachteile erlitten.

Gewünschte Regelung:

- Für die Zeit bis zur Scheidung wollen sie sich über den Unterhalt einigen.
- Für die Zeit nach der Scheidung soll der Ehemann noch eine gewisse Zeit Unterhalt zahlen, danach will die Ehefrau auf Unterhalt verzichten.

Verhandelt zu............ am............
vor dem Notar............. in..................
Es erschienen:
1. Frau........
2. Herr........
Die Erschienenen erklären:
Wir haben am........... vor dem Standesbeamten............ geheiratet. Wir sind beide deutsche Staatsangehörige.
Wir leben voneinander getrennt.
Kinder sind bei uns beiden nicht vorhanden. Derzeit besteht auch keine Schwangerschaft.
Zu unseren persönlichen Verhältnissen erklären wir:
Ich, *(Ehefrau)* bin von Beruf Sekretärin. Im Rahmen einer Halbtagstätigkeit verdiene ich etwa 1.300 € netto monatlich (Steuerklasse IV). Mein Beschäftigungsverhältnis besteht ungekündigt und ich habe die Aussicht, zukünftig den Beschäftigungsumfang im kommenden Jahr auf eine Vollzeittätigkeit auszudehnen mit einem Einkommen von etwa 2.400 € monatlich netto.

IX. Muster von Trennungs- und Ehescheidungsfolgenvereinbarungen

Ich, *(Ehemann)* bin Angestellter mit einer Vollzeittätigkeit und habe etwa 2.500 € monatlich netto (Steuerklasse IV). Mein Beschäftigungsverhältnis besteht ungekündigt.

Wir erklären beide, keine Kreditverbindlichkeiten zu haben. Jeder von uns hat eine Kapitallebensversicherung, die wir monatlich mit 100 € ansparen.

Grundsätzlich wird jeder von uns zukünftig für seinen eigenen Unterhalt aufkommen können.

Wir sehen uns auf Dauer nicht in einem Abhängigkeitsverhältnis zueinander. Keiner befindet sich in einer Drucksituation. Die vorgesehene Einigung haben wir uns reiflich überlegt. Der notarielle Vertragsentwurf lag uns seit drei Wochen vor.

Dies vorausgeschickt möchten wir zum Unterhalt folgenden

Ehevertrag

schließen:

I.
Unterhalt

1. Trennungsunterhalt

a)
Der Ehemann zahlt der Ehefrau ab 1. 3. 2011 für die Zeit der Trennung einen monatlichen Unterhalt von 520 €.

b)
Der Unterhalt ist monatlich im voraus fällig jeweils zum 3. Werktag eines jeden Monats.

c)
Grundlagen der Unterhaltsregelung ist ein Einkommen des Ehemannes von 2.500 € monatlich netto und der Ehefrau von 1.300 € monatlich netto.

d)
Frau........ stimmt dem begrenzten Realsplitting gemäß § 10 Abs. 1 Ziff. 1 EStG zu und verpflichtet sich gegenüber Herrn............. hinsichtlich der gezahlten Ehegattenunterhaltsbeträge jährlich die Anlage U zur Einkommensteuererklärung zu unterzeichnen. Im Gegenzug verpflichtet sich Herr.......... zur Erstattung sämtlicher der Ehefrau durch Unterzeichnung der Anlage U entstehender Nachteile, insbesondere der Steuernachteile.

2. Nachehelicher Unterhalt

a)
Der Ehemann zahlt an die Ehefrau ab Rechtskraft der Ehescheidung einen monatlichen Unterhalt von 300 € auf die Dauer von 18 Monaten, beginnend ab dem Monat, der auf die Rechtskraft der Ehescheidung folgt.

Der Unterhalt ist für die Zeit fest vereinbart und nicht abänderbar.

b)
Die Ehefrau verzichtet auf die Dauer von 18 Monaten nach der Ehescheidung auf etwaige über 300 € hinausgehende Unterhaltsansprüche. Der Ehemann nimmt den Verzicht an.
Nach Ablauf von 18 Monaten verzichtet die Ehefrau auf jedwede nachehelichen Unterhaltsansprüche gem. §§ 1569 ff. BGB. Der Ehemann nimmt den Verzicht an.
Der Ehemann verzichtet ab Rechtskraft der Ehescheidung auf jedweden nachehelichen Unterhalt gem. §§ 1569 ff. BGB. Die Ehefrau nimmt den Verzicht an.
c)
Frau........ stimmt dem begrenzten Realsplitting gemäß § 10 Abs. 1 Ziff. 1 EStG zu und verpflichtet sich gegenüber Herrn.............. hinsichtlich der gezahlten Ehegattenunterhaltsbeträge jährlich die Anlage U zur Einkommensteuererklärung zu unterzeichnen. Im Gegenzug verpflichtet sich Herr........... zur Erstattung sämtlicher der Ehefrau durch Unterzeichnung der Anlage U entstehender Nachteile, insbesondere der Steuernachteile.
3)
Wegen der Verpflichtung zur Zahlung der vorstehend vereinbarten monatlichen Unterhaltsbeträge unterwirft sich Herr ... gegenüber Frau ... der sofortigen Zwangsvollstreckung aus dieser Urkunde in sein gesamtes Vermögen und gestattet die jederzeitige Erteilung vollstreckbarer Ausfertigung dieser Urkunde zu Händen Frau ... ohne weitere Nachweise.
4)
Der Notar hat uns eingehend über die möglichen Folgen der Unterhaltsverzichte belehrt, insbesondere im Hinblick auf Krankheit, Berufs- und Erwerbsunfähigkeit, Arbeitslosigkeit und dergleichen. Er hat uns darüber belehrt, dass nach der Rechtsprechung eine Berufung auf den Verzicht im Einzelfall wegen Sittenwidrigkeit oder Eingreifens der Grundsätze von Treu und Glauben eventuell nicht möglich ist, beispielsweise gegenüber der Sozialhilfebehörde. Gleichwohl möchten wir in Kenntnis dessen die vorbeschriebene Einigung treffen.

II.

Versorgungsausgleich

Hinsichtlich des Versorgungsausgleiches wollen wir keine Vereinbarung treffen. Insoweit soll es bei der gesetzlichen Regelung verbleiben.

III.

Kosten

Die Kosten der Vereinbarung tragen wir zu je 1/2.
Datum....
Unterschriften....

4. Muster – Kurze Ehe ohne Kinder

Situation:

- Die Eheleute sind nur wenige Jahre verheiratet.
- Der Vermögenszuwachs in der Ehe ist bei beiden Eheleuten ungefähr gleich.
- Beide Eheleute berufstätig mit eigenem Einkommen; jeder will zukünftig selbst für seinen Unterhalt aufkommen.
- Aus der Ehe sind keine Kinder hervorgegangen.
- Über die Verteilung des Hausrates/Möbel haben sich die Eheleute schon geeinigt.
- Sie haben sich über die Nutzung der Mietwohnung geeinigt.

Gewünschte Regelung:

- Ein Vermögensausgleich soll nicht erfolgen.
- Unterhalt soll keiner vom anderen verlangen können.
- Ein Versorgungsausgleich soll nicht stattfinden.
- Der Ehemann soll die Wohnung übernehmen.

> Verhandelt zu............ am............
> vor dem Notar............ in................
> Es erschienen:
> 1. Frau........
> 2. Herr.........
>
> Die Erschienenen erklären:
> Wir haben am........... vor dem Standesbeamten............ geheiratet. Wir sind beide deutsche Staatsangehörige.
> Wir leben voneinander getrennt.
> Aus unserer Ehe sind keine Kinder hervorgegangen. Es besteht derzeit auch keine Schwangerschaft.
> Zu unseren persönlichen Verhältnissen erklären:
> …
> Die Folgen der Trennung und einer etwaigen späteren Ehescheidung wollen wir einvernehmlich regeln.

3. KAPITEL Trennungsvereinbarungen und Ehescheidungsfolgenverträge

I.

Güterstand

Durch diesen Vertrag wollen wir insbesondere den gesetzlichen Güterstand der Zugewinngemeinschaft aufheben und stattdessen den Güterstand der Gütertrennung vereinbaren und damit eine endgültige Vermögensauseinandersetzung herbeiführen.

Der Notar belehrte uns nochmals ausführlich über die Folgen von Tod und Ehescheidung im Güterstand der Zugewinngemeinschaft einerseits und den Güterstand der Gütertrennung andererseits. Insbesondere belehrte uns der Notar darüber, dass im Güterstand der Gütertrennung

1. Jeder Ehegatte über sein Vermögen ohne Zustimmung des anderen frei verfügen kann,

2. ein Zugewinnausgleich gemäß der §§ 1372 ff. BGB nicht stattfindet,

3. im Todesfall eines Ehegatten die Erhöhung des gesetzlichen Erbteils des überlebenden Ehegatten gem. § 1371 BGB ausgeschlossen ist,

4. im Güterstand der Gütertrennung das gesetzliche Erbrecht des überlebenden Ehegatten von der Anzahl der Kinder des verstorbenen Ehegatten beeinflusst wird.

Dies vorausgeschickt wollen wir folgenden

Ehevertrag

beurkunden:

Für unsere Ehe heben wir den gesetzlichen Güterstand der Zugewinngemeinschaft auf und vereinbaren stattdessen den Güterstand der

Gütertrennung.

Wir beantragen die Eintragung der Gütertrennung im Güterrechtsregister; wir weisen den Notar jedoch an, den Antrag auf Eintragung nur dann zu stellen, wenn ein Ehegatte den Notar dazu schriftlich anweist.

Wir sind uns darüber einig, dass in unserer Ehe bislang Zugewinn nicht entstanden ist. Ein Zugewinnausgleich findet deshalb nicht statt. Wir sind uns darüber einig, dass wechselseitig keine Zugewinnausgleichsansprüche entstanden sind. Auf Zugewinnausgleichsansprüche wird vorsorglich verzichtet und wir nehmen den Verzicht gegenseitig an.

II.

Unterhalt

1. Unterhalt für die Zeit der Trennung

Wir erklären, beide über ausreichendes eigenes Einkommen zu verfügen. Wir benötigen deshalb keinen Unterhalt vom Ehepartner. Für die Zeit der Trennung machen wir deshalb keine Unterhaltsansprüche gegenüber dem jeweils anderen Ehegatten geltend.

2. Unterhalt nach der Scheidung

Wir verzichten wechselseitig auf Unterhaltsansprüche für die Zeit nach Rechtskraft einer Ehescheidung gem. §§ 1569 ff. BGB und nehmen diesen Verzicht hiermit gegenseitig an. Dieser Verzicht umfasst alle Lebenslagen, ist endgültig und vorbehaltlos.

III.

Hausrat

Wir erklären, dass der Haurat bereits geteilt ist. Jeder von uns behält diejenigen Gegenstände, die er bereits jetzt im Besitz hat. Wir sind uns darüber einig, dass ein jeder von uns das Alleineigentum an den Gegenständen erhalten soll, die er bereits jetzt im Besitz hat. Eine weitere Hausratsteilung findet nicht statt.

IV.

Versorgungsausgleich

Für unsere Ehe schließen wir den gesetzlichen Versorgungsausgleich hiermit aus gem. § 6 Versorgungsausgleichsgesetz.

Der Notar hat uns über die Bedeutung des Ausschlusses des Versorgungsausgleiches belehrt, insbesondere darüber, dass im Scheidungsfalle ein Ausgleich für die während der Ehezeit erworbenen jeweiligen Rentenanwartschaften nicht stattfindet und ein jeder von uns für seine eigene Altersversorgung Vorsorge treffen muss.

Wir betrachten den Ausschluss des Versorgungsausgleiches als fair und ausgewogen.

V.

Ehewohnung

Wir sind gemeinsam Mieter der Wohnung Hauptstr. 4 in Köln. Wir sind uns darüber einig, dass der Ehemann die Wohnung alleine weiter nutzt. Die Ehefrau verpflichtet sich, die Wohnung bis zum 30. 6. 2011 zu verlassen und dem Ehemann ihre Schlüssel zu übergeben. Wir bemühen uns gegenüber dem Vermieter um eine Änderung des Mietvertrages dahingehend, dass die Ehefrau aus dem Mietverhältnis ausscheidet. Unabhängig davon stellt der Ehemann die Ehefrau von allen Ansprüchen des Vermieters frei mit Wirkung ab dem 1. 7. 2011.

Das Kautionsguthaben steht dem Ehemann zu. Etwaige Kautionsrückforderungsansprüche kann der Ehemann im eigenen Namen gegenüber dem Vermieter geltend machen.

VI.

Erbverzicht / Pflichtteilsverzicht

Wir verzichten hiermit ein jeder von uns dem anderen Ehegatten gegenüber auf das gesetzliche Ehegattenerbrecht einschließlich des Pflichtteilsrechtes und nehmen den Verzicht gegenseitig an. Wir verzichten hiermit ein jeder von uns dem anderen Ehegatten gegenüber auf das gesetzliche Ehegattenerbrecht einschließlich des Pflichtteilsrechtes und nehmen den Verzicht gegenseitig an.

Vorsorglich heben wir hiermit alle Verfügungen auf, durch die der jeweils andere Ehegatte von Todes wegen bedacht wird und stimmen der Aufhebung, soweit erforderlich, zu.

VII.

Abschlussbemerkungen, Kostenregelung

Datum....
Unterschrift....

5. Muster – Eheleute mit eigenem Einkommen und eigener Altersvorsorge

Situation:

- Die Eheleute haben sich endgültig getrennt.

- Die Ehefrau ist Beamtin mit Anwartschaften auf Beamtenpension aus einer Vollzeittätigkeit und hat daneben einen Riester-Vertrag. Der Ehemann ist leitender Angestellter mit Anwartschaften aus der gesetzlichen Rentenversicherung sowie aus einer betrieblichen Altersvorsorge über eine private Rentenversicherung.

- Der Ehemann hat ein etwas höheres Einkommen.

- Es gibt zwei gemeinsame Kinder im Alter von 15 und 18 Jahren, die beide noch zur Schule gehen.

- Es gibt ein Haus des Ehemannes, in dem die Ehefrau noch mit den Kindern lebt.

Gewünschte Regelung:

- Die Eheleute möchten bei der Scheidung den Versorgungsausgleich teilweise ausschließen.

IX. Muster von Trennungs- und Ehescheidungsfolgenvereinbarungen

- Die Ehefrau soll das Haus noch gut vier Jahre bewohnen können, bis das jüngste Kind die Schule beendet hat.
- Nach der Scheidung soll es keinen Unterhaltsanspruch der Ehefrau geben, dafür kann die Ehefrau mietfrei im Haus wohnen.

Verhandelt zu............. am.............
vor dem Notar............. in................
Es erschienen:
1. Frau........
2. Herr.........
Die Erschienenen erklären:
Wir haben am........... vor dem Standesbeamten............. geheiratet. Wir sind beide deutsche Staatsangehörige.
Wir leben voneinander getrennt.
Aus unserer Ehe sind zwei Kinder hervorgegangen, die noch im Haushalt der Mutter leben, u.z.
Max, geb. 18. 7. 1995
Florian, geb. 8. 7. 1992
Zu unseren persönlichen Verhältnissen erklären wir:
...
Dies vorausgeschickt schließen wir zur Regelung von Trennungs- und Ehescheidungsfolgen folgenden

Ehevertrag.

I.

Unterhalt

1.
Für die Zeit der Trennung macht die Ehefrau keinen Ehegattenunterhalt geltend und erklärt, über ausreichende Eigeneinkünfte zu verfügen.
2.
Ab Rechtskraft der Ehescheidung verzichten die Eheleute wechselseitig auf nacheheliche Unterhaltsansprüche gem. §§ 1569ff BGB und nehmen den Verzicht gegenseitig an. Der Verzicht umfasst alle Lebenslagen und ist vorbehaltlos.
Der Notar hat uns eingehend über die möglichen Folgen der Unterhaltsverzichte belehrt, insbesondere im Hinblick auf Krankheit, Berufs- und Erwerbsunfähigkeit, Arbeitslosigkeit und dergleichen. Er hat uns darüber belehrt, dass nach der Rechtsprechung eine Berufung auf den Verzicht im Einzelfall wegen Sittenwidrigkeit oder Eingreifens der Grundsätze von Treu und Glauben eventuell nicht möglich ist, beispielsweise gegenüber der Sozialhilfebehörde. Gleichwohl möchten wir in Kenntnis dessen die vorbeschriebene Einigung treffen.

II.

Versorgungsausgleich

Es besteht Einigkeit, dass im Scheidungsfall vom Versorgungsausgleich der Riester-Vertrag … der Ehefrau und die private Versicherung des Ehemannes bei der …. Versicherung Nr. … ausgeschlossen wird. Im Übrigen soll der Versorgungsausgleich nach dem Gesetz durchgeführt werden.

III.

Nutzung des Hauses

Herr … stellt das in seinem Eigentum stehende Einfamilienhaus unter der Anschrift … Frau … und den gemeinsamen Kindern Max und Florian weiter zur Nutzung zur Verfügung – auch zur Abgeltung etwaiger Unterhaltsansprüche – nach folgender Maßgabe:

1.
Frau … hat das Recht zur Nutzung des voraufgeführten Hausgrundbesitzes gemeinsam mit den beiden Kindern Max und Florian mietfrei bis einschließlich Dezember 2015.

2.
Das Recht zur Nutzung des Hauses bis Dezember 2015 entfällt, falls kein Kind mehr mit im Haus wohnt. Für diesen Fall verpflichtet sich Frau …, das Haus spätestens drei Monate nach dem Auszug des zuletzt im Haus verbliebenen Kindes zu räumen und geräumt an Herrn … zurückzugeben.

3.
Das Recht zur Nutzung des Hauses entfällt bei einer neuen Eheschließung von Frau … mit dem Ablauf des Monats der Eheschließung.

4.
Während der Nutzungszeit bis Dezember 2015 trägt Frau … sämtliche verbrauchsabhängigen Nebenkosten des Hauses (z. B. Strom, Gas, Wasser, etc). Demgegenüber trägt Herr … die verbrauchsunabhängigen Nebenkosten des Hauses (z. B. Grundsteuer, Gebäudeversicherung, etc).Sämtliche Schönheitsreparaturen trägt Frau …

IV.

Güterstand

Hinsichtlich des Güterstandes wollen wir heute keine Vereinbarungen treffen.

V.

Kosten

Die Kosten des Vertrages tragen die Eheleute zu 1/2.

Datum….
Unterschriften….

IX. Muster von Trennungs- und Ehescheidungsfolgenvereinbarungen

6. Muster – Einverdiener-Ehe mit Kindern

Situation:

- Nur der Ehemann ist erwerbstätig, die Ehefrau ist Hausfrau und Mutter.
- Es sind zwei kleinere minderjährige Kinder vorhanden.
- Die Ehefrau hat einen Zugewinnausgleichsanspruch.

Gewünschte Regelung:

- Der Zugewinnausgleich für die Ehefrau wird festgelegt, wodurch die vermögensrechtliche Auseinandersetzung abschließend erfolgt.
- Der Kindesunterhalt soll geregelt werden.
- Der Ehegattenunterhalt soll für eine Übergangszeit von gut zwei Jahren geregelt werden, wobei der Ehefrau – auch als Anreiz zur Aufnahme einer Erwerbstätigkeit – etwaiges Eigeneinkommen unterhaltsrechtlich neutral zukommen soll.
- Der Pkw geht ins Eigentum der Ehefrau über.
- Es soll beim gesetzlichen Versorgungsausgleich bleiben.
- Beiderseits wird auf das Erbrecht verzichtet.

> Verhandelt zu............ am............
> vor dem Notar............. in................
> Es erschienen:
> 1. Frau........
> 2. Herr.........
> Die Erschienenen erklären:
> Wir haben am........... vor dem Standesbeamten............ geheiratet. Wir sind beide deutsche Staatsangehörige.
> Wir leben voneinander getrennt.
> Aus unserer Ehe sind zwei Kinder hervorgegangen
> Thomas, geb.5. 2. 2006
> Christine, geb. 3. 8. 2008
> Die Kinder leben im Haushalt der Mutter und werden von ihr versorgt....
> Zu unseren persönlichen Verhältnissen erklären wir ...

Die Folgen der Trennung und einer etwaigen späteren Ehescheidung wollen wir einvernehmlich regeln. Dies vorausgeschickt wollen wir folgenden

Ehevertrag

beurkunden:

I.

Güterstand

Durch diesen Vertrag wollen wir insbesondere den gesetzlichen Güterstand der Zugewinngemeinschaft aufheben und stattdessen den Güterstand der Gütertrennung vereinbaren und damit eine endgültige Vermögensauseinandersetzung herbeiführen.

Der Notar belehrte uns nochmals ausführlich über die Folgen von Tod und Ehescheidung im Güterstand der Zugewinngemeinschaft einerseits und den Güterstand der Gütertrennung andererseits. Insbesondere belehrte uns der Notar darüber, dass im Güterstand der Gütertrennung

1.

Jeder Ehegatte über sein Vermögen ohne Zustimmung des anderen frei verfügen kann,

2.

ein Zugewinnausgleich gemäß der §§ 1372 ff. BGB nicht stattfindet,

3.

im Todesfall eines Ehegatten die Erhöhung des gesetzlichen Erbteils des überlebenden Ehegatten gem. § 1371 BGB ausgeschlossen ist,

4.

im Güterstand der Gütertrennung das gesetzliche Erbrecht des überlebenden Ehegatten von der Anzahl der Kinder des verstorbenen Ehegatten beeinflusst wird.

Für unsere Ehe heben wir den gesetzlichen Güterstand der Zugewinngemeinschaft auf und vereinbaren stattdessen den Güterstand der

Gütertrennung.

Wir beantragen die Eintragung der Gütertrennung im Güterrechtsregister, weisen den Notar jedoch an, den Antrag auf Eintragung zum Güterrechtsregister nur zu stellen, wenn ihn einer von uns hierzu schriftlich anweist.

II.

Ausgleich des Zugewinns

Zum Ausgleich des für die zurückliegende Zeit unserer Ehe entstandenen Zugewinnes verpflichtet sich der Ehemann, an die Ehefrau einen Ausgleichsbetrag von 65.000,00 EUR zu zahlen. Wir erklären, dass mit Zahlung des Betrages ein Zugewinn endgültig ausgeglichen ist. Auf darüber hinausgehende Zugewinnausgleichsansprüche wird wechselseitig verzichtet und wir nehmen den Verzicht gegenseitig an.

Der Zugewinnausgleichsbetrag ist wie folgt zur Zahlung fällig:

a) Ein Teilbetrag von 35.000 € zahlbar innerhalb eines Monats nach Abschluss dieses Vertrages.

b) Ein Teilbetrag von 30.000 € zahlbar einen Monat nach Rechtskraft der Ehescheidung.

Sollte der Ehemann mit der Zahlung eines Teilbetrages mehr als eine Woche in Verzug kommen, ist zusätzlich ein Verzugszins von 5 Prozentpunkten über dem Basiszins zu zahlen. Unabhängig davon unterwirft sich der Ehemann wegen der Zahlungsverpflichtung der sofortigen Zwangsvollstreckung in sein gesamtes Vermögen.

III.

Kindesunterhalt

1.

Der Ehemann verpflichtet sich zur Zahlung eines monatlichen Kindesunterhaltes beginnend ab Mai 2011 zu Händen der Mutter wie folgt:

a) für Thomas, geb. 5. 2. 2006

Tabellenunterhalt	333 €
abzüglich 1/2 Kindergeldanteil	92 €
ergibt Zahlbetrag von	241 €

b) für Christine, geb. 3. 8. 2008

Tabellenunterhalt	333 €
abzüglich 1/2 Kindergeldanteil	92 €
ergibt Zahlbetrag von	241 €

Wir sind uns darüber einig, dass das staatliche Kindergeld der Kindesmutter zufließt und nach Maßgabe der gesetzlichen Bestimmungen bis maximal zur Hälfte auf den Kindesunterhalt angerechnet wird.

Die Unterhaltsbeträge sind jeweils zahlbar bis zum 3. Werktag eines jeden Monates im Voraus.

2.

Grundlage der Unterhaltsverpflichtung ist ein durchschnittliches monatliches Nettoeinkommen des Ehemannes von 2.400 € abzüglich 5 % beruflich bedingter Pauschale. Bei dem Einkommen ist der Ehemann zunächst in Gruppe 3 der Düsseldorfer Tabelle einzuordnen. Da er darüber hinaus noch eine weitere Unterhaltsverpflichtung hat gegenüber der Ehefrau, erfolgt eine Herabstufung in Gruppe 2 der Düsseldorfer Tabelle.

3.
Wegen der Verpflichtung zur Zahlung der vorstehend vereinbarten monatlichen Unterhaltsbeträge unterwirft sich Herr ... gegenüber Frau ... der sofortigen Zwangsvollstreckung aus dieser Urkunde in sein gesamtes Vermögen und gestattet die jederzeitige Erteilung vollstreckbarer Ausfertigung dieser Urkunde zu Händen Frau ... ohne weitere Nachweise.

IV.

Ehegattenunterhalt

1. Trennungsunterhalt

Der Ehemann verpflichtet sich zur Zahlung eines monatlichen Unterhaltes ab Mai 2011 von 750 € an die Ehefrau.

2. Nachehelicher Unterhalt

a)

Ab Rechtskraft der Scheidung verpflichtet sich der Ehemann zur Zahlung eines monatlichen Unterhaltes von 750 € an die Ehefrau.

Der Unterhalt gilt als fest vereinbart für die Zeit bis einschließlich 31. 8. 2013. Innerhalb der Zeit kann die Ehefrau unbegrenztes Eigeneinkommen verdienen, ohne dass dies zu einer Abänderung führt. Die Beteiligten sind darüber einig, dass die Unterhaltsregelung nicht abänderbar ist gemäß § 278 FamFG mit folgenden Ausnahmen:

aa) Sollte die Ehefrau mit einem neuen Partner in eheähnlicher Gemeinschaft leben, so reduziert sich der Unterhaltsanspruch ab dem Monat, der auf das Zusammenleben folgt, um monatlich 300 €.

bb) Für den Fall der Scheidung der Beteiligten und Wiederverheiratung von Frau....... entfällt der Ehegattenunterhalt ab dem Monat, der auf die Wiederverheiratung folgt.

cc) Für den Fall, dass der Ehemann
- unverschuldet arbeitslos wird oder
- dauerhaft für länger als drei Monate erkrankt oder
- erwerbsunfähig wird

und aufgrund dessen nur über monatliche Nettoeinkünfte von unter 2.200 € verfügt, dann ist der Unterhaltsanspruch der Ehefrau nach den gesetzlichen Bestimmungen neu zu berechnen.

Für den Fall einer Scheidung der Ehe der Beteiligten verzichtet Frau....... für die Zeit nach Rechtskraft der Scheidung hinsichtlich des vorstehend genannten Zeitraumes auf etwaigen Unterhalt über die vorvereinbarten Beträge hinaus; dieser Verzicht umfasst alle Lebenslagen, ist also endgültig und vorbehaltlos.

b)
Für die Zeit ab 1. 9. 2013 soll der Unterhaltsanspruch dem Grunde und der Höhe nach neu ermittelt werden nach den gesetzlichen Bestimmungen. Dabei sind wir uns darüber einig, dass die Ehefrau für die Zeit ab 1. 9. 2013 grundsätzlich eine Verpflichtung zur Aufnahme einer Erwerbstätigkeit hat, wobei der Umfang abhängig ist von der Kinderbetreuungssituation..

c) Begrenztes Realsplitting

Frau........ stimmt dem begrenzten Realsplitting gemäß § 10 Abs. 1 Ziff. 1 EStG zu und verpflichtet sich gegenüber Herrn.............. hinsichtlich der gezahlten Ehegattenunterhaltsbeträge jährlich die Anlage U zur Einkommensteuererklärung zu unterzeichnen. Im Gegenzug verpflichtet sich Herr........... zur Erstattung sämtlicher der Ehefrau durch Unterzeichnung der Anlage U entstehender Nachteile, insbesondere der Steuernachteile.

3.
Wegen der Verpflichtung zur Zahlung der vorstehend vereinbarten monatlichen Unterhaltsbeträge unterwirft sich Herr ... gegenüber Frau ... der sofortigen Zwangsvollstreckung aus dieser Urkunde in sein gesamtes Vermögen und gestattet die jederzeitige Erteilung vollstreckbarer Ausfertigung dieser Urkunde zu Händen Frau ... ohne weitere Nachweise.

V.

Versorgungsausgleich

Hinsichtlich des Versorgungsausgleiches wollen wir keine Vereinbarung treffen. Insoweit soll es bei der gesetzlichen Regelung verbleiben.

VI.

Pkws

Wir sind uns darüber einig, dass der Pkw Marke VW Passat Variant mit dem amtlichen Kennzeichen.......... ins Alleineigentum der Ehefrau übergeht. Der Ehemann verpflichtet sich, seiner Ehefrau unverzüglich den Kraftfahrzeugschein und Kraftfahrzeugbrief zu übergeben und das Fahrzeug auf die Ehefrau umzumelden. Der Ehemann verpflichtet sich, alle notwendigen Erklärungen für die Umschreibung des Kraftfahrzeuges abzugeben.

Die Beteiligten sind ferner darüber einig, dass der Pkw Marke Audi A6 mit dem amtlichen Kennzeichen................ im Alleineigentum des Ehemannes steht.

VII.

Hausrat

Wir sind uns darüber einig, dass die Gegenstände des ehelichen Hausrates und die Möbel gemäß der in der Anlage zu diesem Vertrag aufgenommenen Liste zwischen den Ehegatten aufgeteilt werden soll.

Wir sind darüber einig, dass jeder Ehegatte Alleineigentümer der Gegenstände werden soll, die ihm gemäß der Liste zugewiesen sind.

Damit ist eine Hausratsteilung abschließend erfolgt. Weitere Hausratsteilungsansprüche bestehen darüber hinaus nicht.

VIII.
Sorgerecht /Umgangsrecht

1.

Es besteht Einigkeit zwischen den Beteiligten, dass es beim gemeinsamen Sorgerecht hinsichtlich unserer Kinder Thomas, 5. 2. 2006 und Christine, geb. 3. 8. 2008 verbleiben soll.

2.

Dem Vater steht ein großzügiges Umgangsrecht mit den gemeinsamen Kindern zu. Ihm steht auch grundsätzlich das Recht zu, mit den Kindern gemeinsam in den Ferien Urlaub zu verbringen. Auf eine nähere Regelung wird verzichtet. Die Umgangszeiten werden wir einvernehmlich miteinander absprechen.

IX.
Erbverzicht / Pflichtteilsverzicht

Wir verzichten hiermit ein jeder von uns dem anderen Ehegatten gegenüber auf das gesetzliche Ehegattenerbrecht einschließlich des Pflichtteilsrechtes und nehmen den Verzicht gegenseitig an.

Der Notar hat uns über die Bedeutung und die Auswirkungen des Erb- und Pflichtteilsverzichtes eingehend belehrt. Insbesondere sind wir auch darauf hingewiesen worden, dass sich durch den Erbverzicht die Erbquoten sowie die Pflichtteilsquoten der übrigen gesetzlichen Erben erhöhen.

Der gegenseitige Verzicht auf das Erb- und Pflichtteilsrecht lässt den Unterhaltsanspruch nach § 1586 b BGB unberührt.

Vorsorglich heben wir hiermit alle Verfügungen auf, durch die der jeweils andere Ehegatte von Todes wegen bedacht wird und stimmen der Aufhebung, soweit erforderlich, zu.

X.
Sonstige Vereinbarungen, Kosten

Datum ...
Unterschriften ...

7. Muster – Vermögende Ehegatten

Situation:

- Die Eheleute sind zu 1/2-Anteil Miteigentümer eines Hauses.
- Der Ehemann hat eine Firma in Form einer GmbH, woran die Ehefrau auch einen Gesellschaftsanteil hält.
- Der Ehemann verfügt über hohes Einkommen, die Ehefrau über kein Einkommen.
- Die Eheleute und die beiden älteren Kinder sind privat krankenversichert.

Gewünschte Regelung:

- Die Ehefrau erhält zum Ausgleich eines Teils des Zugewinns einen Grundstücksanteil am gemeinsamen Haus übertragen.
- Übernahme von Schulden durch den Ehemann.
- Übertragung des Gesellschaftsanteils der Ehefrau an der GmbH auf den Ehemann.
- Einseitiger Unterhaltsverzicht des Ehemannes.
- Kopplung des Unterhaltes der Ehefrau an den Lebenshaltungskostenindex.
- Freistellungserklärung eines Ehegatten bezüglich Kindesunterhalt.
- Vereinbarung über die Kosten des Vertrages und eines späteren Scheidungsverfahrens.

> Verhandelt zu............ am............
> vor dem Notar............. in……………..
> Es erschienen:
> 1. Frau……..
> 2. Herr………
> Die Erschienenen erklären:
> Wir haben am........... vor dem Standesbeamten............ geheiratet. Wir sind beide deutsche Staatsangehörige.
> Aus unserer Ehe sind die beiden Kinder
> Christian, geb. 5. 4. 1996
> Alexandra, geb. 29. 8. 1990

hervorgegangen, die zur Zeit noch beide im elterlichen Haushalt leben. Beide Kinder befinden sich noch in der allgemeinen Schulausbildung bzw. im Studium.
Zu unseren persönlichen Verhältnissen erklären wir:
…
Wir beabsichtigen, uns zu trennen. Die Folgen der Trennung und einer etwaigen späteren Ehescheidung wollen wir einvernehmlich regeln.

I.

Güterstand

Durch diesen Vertrag wollen wir insbesondere den gesetzlichen Güterstand der Zugewinngemeinschaft aufheben und stattdessen den Güterstand der Gütertrennung vereinbaren und damit eine endgültige Vermögensauseinandersetzung herbeiführen.
Der Notar belehrte uns nochmals ausführlich über die Folgen von Tod und Ehescheidung im Güterstand der Zugewinngemeinschaft einerseits und den Güterstand der Gütertrennung andererseits. Insbesondere belehrte uns der Notar darüber, dass im Güterstand der Gütertrennung
1.
Jeder Ehegatte über sein Vermögen ohne Zustimmung des anderen frei verfügen kann,
2.
ein Zugewinnausgleich gemäß der §§ 1372 ff. BGB nicht stattfindet,
3.
im Todesfall eines Ehegatten das gesetzliche Erbteil des überlebenden Ehegatten gem. § 1371 BGB ausgeschlossen ist,
4.
im Güterstand der Gütertrennung das gesetzliche Erbrecht des überlebenden Ehegatten von der Anzahl der Kinder des verstorbenen Ehegatten beeinflusst wird.
Dies vorausgeschickt wollen wir folgenden

Ehevertrag

beurkunden:
Für unsere Ehe heben wir den gesetzlichen Güterstand der Zugewinngemeinschaft auf und vereinbaren stattdessen den Güterstand der

Gütertrennung.

Wir beantragen die Eintragung der Gütertrennung im Güterrechtsregister, weisen den Notar jedoch an, den Antrag auf Eintragung im Güterrechtsregister nur auf schriftliche Anweisung von einem von uns zu stellen.
Soweit der in unserer Ehe bisher etwa erzielte Zugewinn Unterschiedsbeträge aufweisen sollte, sind wir darüber einig, dass nach vollständiger Durchführung

IX. Muster von Trennungs- und Ehescheidungsfolgenvereinbarungen

und Erfüllung des Vertrages und der vereinbarten Leistungen dieser etwaige Unterschied vollständig ausgeglichen ist und ein weiterer Zugewinnausgleich für die zurückliegende Zeit unserer Ehe nicht mehr zu erfolgen hat. Bei diesen Leistungen handelt es sich um folgende:

a) Grundstücksübertragung

Herr....... überträgt an Frau........... in dem als Anlage und wesentlicher Bestandteil zu dieser Urkunde genommenen und mit verlesenen Übertragungsvertrag seinen ½-Miteigentumsanteil an dem im Grundbuch des Amtsgerichtes Bonn von
Bonn, Blatt......
verzeichneten Grundbesitz:
Gemarkung Bonn, Flur......., Flurstück.......
Gebäude- und Freifläche,
Rosenweg 5
8,5 Ar
sodass Frau......... nach grundbuchlichem Vollzug des Übertragungsvertrages Alleineigentümerin des Grundstückes ist.

b) Geschäftsanteilsabtretung

Frau...... ist mit einem Geschäftsanteil in Höhe von 10.000 € und Herr....... ist mit einem Geschäftsanteil in Höhe von 15.000 € Gesellschafter der im Handelsregister des Amtsgerichts Bonn unter HRB 2222 eingetragenen Gesellschaft mit der Firma
X-Steuerberatungs GmbH mit Sitz in Bonn
Beide Geschäftsanteile sind zu 100 % eingezahlt. Frau....... überträgt dem dies annehmenden Herrn........ ihren vorgenannten Geschäftsanteil in Höhe von 10.000 € an der vorgenannten Gesellschaft mit Wirkung zum Ablauf des 31.12.2011 nebst allen Pflichten und Rechten, die mit dem Geschäftsanteil verbunden sind und tritt den Geschäftsanteil mit Wirkung zum Ablauf des 31.12.2011 an den dies annehmenden Herrn......... ab. Das Gewinnbezugsrecht steht Herrn........ ab dem 1.1.2012 zu.
Als Gegenleistung hat Herr...... an Frau......... einen Kaufpreis von 30.000 € zu zahlen.
Wegen der Zahlung dieses Betrages unterwirft sich Herr..... der Zwangsvollstreckung in sein gesamtes Vermögen.
(Evtl. weitere Vereinbarungen, bezüglich Handelsregisteranmeldung, etc.....)

c) Zugewinnausgleichszahlung

Der Ehemann verpflichtet sich zur Zahlung eines Zugewinnausgleichsbetrages an seine Ehefrau in Höhe von 100.000 €. Der Betrag ist zur Zahlung fällig binnen eines Monates nach Abschluss dieses Vertrages.

Kommt der Ehemann mit der Zahlung in Verzug, sind von ihm zusätzlich Verzugszinsen in Höhe von 5 % über dem Basiszins zu zahlen.

Unabhängig davon unterwirft sich der Ehemann bezüglich der Zahlungsverpflichtung der Zwangsvollstreckung in sein gesamtes Vermögen.

d) Hausratsteilung

Die Beteiligten stellen übereinstimmend fest, dass der Hausrat bereits geteilt ist. Die Ehefrau behält den gesamten Hausrat und alle Möbel, die sich im Hause Rosenweg 5 in Bonn befinden. Die Beteiligten stellen klar, dass sämtliche dort befindlichen Hausratsgegenstände im Alleineigentum der Ehefrau sind.

II.

Unterhalt

1.

Der Ehemann verzichtet gegenüber der Ehefrau für den Fall der Scheidung der Ehe auf die Gewährung jeglichen nachehelichen Unterhaltes gem. den §§ 1569 ff. BGB. Die Ehefrau nimmt den Verzicht hiermit an.

2.

Hinsichtlich des Unterhaltsanspruches der Ehefrau wird für den Fall der Scheidung Folgendes vereinbart:

a)

Der Ehemann verpflichtet sich zur Zahlung eines monatlichen Elementarunterhaltes von 2.000 €.

b)

Zusätzlich verpflichtet sich der Ehemann zur Zahlung von Krankenvorsorgeunterhalt für die Ehefrau. Er übernimmt die Kosten der privaten Krankenversicherung der Ehefrau gegenüber der Y-Krankenversicherung AG, die derzeit mtl. .... € betragen.

Sollte es im Rahmen des bisherigen Versicherungsumfanges zu einer Erhöhung der Versicherungsprämie kommen, so wird der Ehemann auch den erhöhten Krankenversicherungsbeitrag leisten.

c)

Die Unterhaltsbeträge sind jeweils monatlich im Voraus bis zum 3. Werktag eines jeden Monates fällig und auf ein noch zu benennendes Konto der Ehefrau zu zahlen.

d)

Hinsichtlich der Verpflichtung zur Zahlung des Unterhaltes unterwirft sich der Ehemann der sofortigen Zwangsvollstreckung in sein gesamtes Vermögen.

e)

Der vorgenannte Elementarunterhalt von 2.000 € ist nach heutigen Lebenshaltungskosten festgelegt. Erhöht oder vermindert sich der Verbraucherpreisindex für Deutschland (VPI) gegenüber dem Stand vom Monat der Errichtung dieser

IX. Muster von Trennungs- und Ehescheidungsfolgenvereinbarungen

Urkunde um mindestens 10%, sind die Beteiligten verpflichtet, die monatliche Zahlungsverpflichtung angemessen anzupassen. Die erste Anpassung erfolgt frühestens nach Rechtskraft der Ehescheidung. Jede weitere Anpassung erfolgt frühestens dann, wenn erneut die Veränderung im vorbeschriebenen Umfang eingetreten ist.

f)
Die Ehefrau stimmt dem begrenzten Realsplitting gemäß § 10 I 1 EStG zu und verpflichtet sich gegenüber dem Ehemann, hinsichtlich der gezahlten Ehegattenunterhaltsbeträge, jährlich die Anlage U zur Einkommensteuererklärung zu unterzeichnen. Im Gegenzug dazu verpflichtet sich der Ehemann zur Erstattung sämtlicher der Ehefrau durch Unterzeichnung der Anlage U entstehender wirtschaftlicher Nachteile, insbesondere der Steuernachteile.

III.
Kindesunterhalt

Der Ehemann verpflichtet sich zur Zahlung des Kindesunterhaltes für die beiden Kinder
a) Christian, geb. 5. 4. 1996
b) Alexandra, geb. 29. 8. 1990
in Höhe der höchsten Stufe der Düsseldorfer Tabelle unter Anrechnung des staatlichen Kindergeldes.

Der Ehemann übernimmt den gesamten Kindesunterhalt einschließlich Krankenvorsorgeunterhalt und etwaigen Sonderbedarfes zur Entlastung seiner Ehefrau. Er stellt die Ehefrau im Innenverhältnis von sämtlichen Kindesunterhaltsansprüchen frei.

IV.
Erbverzicht / Pflichtteilsverzicht

Wir verzichten hiermit ein jeder dem anderen Ehegatten gegenüber auf unser gesetzliches Ehegattenerbrecht einschließlich des Pflichtteilsrechtes und nehmen diesen Verzicht gegenseitig an.

Der Notar hat uns über die Bedeutung und die Auswirkungen des Erb- und Pflichtteilsverzichtes eingehend belehrt. Insbesondere sind wir auch darauf hingewiesen worden, dass sich durch den Erbverzicht die Erbquoten sowie die Pflichtteilsquoten der übrigen gesetzlichen Erben erhöhen.

Der gegenseitige Verzicht auf das Erb- und Pflichtteilsrecht lässt den Unterhaltsanspruch nach § 1586 b BGB unberührt.

Vorsorglich heben wir hiermit alle Verfügungen auf, durch die jeweils der andere Ehegatte von Todes wegen bedacht wird und stimmen der Aufhebung, soweit erforderlich, zu.

V.
Kosten

Die im Zusammenhang mit dem Zustandekommen dieses Vertrages entstehenden außergerichtlichen Kosten, insbesondere der Rechtsanwaltskosten, trägt der Ehemann. Insbesondere verpflichtet sich der Ehemann zur Übernahme der der Ehefrau entstandenen Rechtsanwaltskosten gegenüber der Z-Rechtsanwaltskanzlei.
Die Notarkosten einschließlich der Kosten des grundbuchlichen Vollzugs der Anlage zu diesem Vertrag sowie der Kosten der Übertragung des Hausgrundbesitzes und des GmbH-Anteils tragen die Parteien zu je 1/2 Anteil. Wir wurden über die gesamtschuldnerische Haftung für die Kosten belehrt.

VI.
Schlussbemerkungen

Datum …
Unterschriften …

Grundstücksübertragungsvertrag

I.
Übertragungsgegenstand

Herr…….
überträgt hiermit zum Alleineigentum der dies annehmenden
Frau…….
seinen ideellen 1/2-Miteigentumsanteil an dem im Grundbuch des Amtsgerichtes Bonn
Grundbuch von Bonn, Blatt……..
bezeichneten Grundbesitz:
Gemarkung Bonn,
Flur….., Flurstück………
Gebäude- und Freifläche
sodass Frau…….. nach Vollzug dieser Urkunde Alleineigentümerin des vorbezeichneten Grundbesitzes ist.
Das Grundbuch ist in Abteilung II lastenfrei.
In Abteilung III des Grundbuches ist der Grundbesitz wie folgt belastet:
lfd. Nr. 1: 300.000 € Grundschuld nebst 15 % Jahreszinsen für die X-Bank.
Die dem vorgenannten Grundpfandrecht zu Grunde liegenden Forderungen werden von der Erwerberin nachstehend zur vollständigen Freistellung des Veräußerers als Selbst- und Alleinschuldner übernommen.
Der Notar hat den Grundbuchinhalt am……….. festgestellt.

IX. Muster von Trennungs- und Ehescheidungsfolgenvereinbarungen

II.

Gegenleistungen

Schuldübernahme

Die Erwerberin übernimmt zur vollständigen Entlastung des Veräußerers als Selbst- und Alleinschuldner die dem voraufgeführten Grundpfandrecht in Abteilung III lfd. Nr. 1 zu Grunde liegenden, den übertragenden Grundbesitz betreffenden Schuldverpflichtungen zur ferneren Verzinsung und Tilgung einschließlich etwaiger Tilgungsstreckungsdarlehen mit Wirkung vom heutigen Tage ab gemäß den Bedingungen der zu Grunde liegenden Grundpfandrechtsbestimmungsurkunde nebst Darlehensertrag, nämlich:

Forderung der ...Bank, gesichert durch das voraufgeführte Grundpfandrecht in Abteilung III lfd. Nr. 1 über 300.000 € nebst 15 % Jahreszinsen.

Die Höhe der zurzeit noch valutierenden Schuldverbindlichkeit geben die Beteiligten mit 125.000 € an, sodass die Erwerberin, die im Innenverhältnis der Beteiligten bereits für die Rückzahlung der Hälfte mit haftete, eine zusätzliche Verpflichtung in Höhe von 62.500 € übernimmt.

Sollte die Höhe der valutierenden Schuldverbindlichkeit nicht mit dem genannten Betrag übereinstimmen, wollen die Vertragsbeteiligten gleichwohl keine Differenzbeträge untereinander ausgleichen, da die Schuldübernahme unabhängig von der genauen Höhe der Darlehensvaluta erfolgt.

Die Beteiligten werden die zurzeit noch valutierenden Schuldverbindlichkeiten selbst bei der Bank feststellen.

Der Veräußerer tritt an den Erwerber die bei den übernommenen Grundpfandrechten bis zum Eigentumswechsel entstehenden Eigentümergrundschulden samt allen Zinsen und sonstigen Nebenleistungen ab Entstehen ab.

Sollte die Gläubigerbank die Schuldbefreiung nicht genehmigen oder das Darlehen aus Anlass der Veräußerung kündigen, steht weder dem Veräußerer noch der Erwerberin das Recht zum einseitigen Rücktritt von diesem Vertrag zu. In einem solchen Fall verpflichtet sich die Erwerberin im Innenverhältnis gegenüber dem Veräußerer, diesen von den vorgenannten Verbindlichkeiten freizustellen.

Die Beteiligten verpflichten sich, die Zweckbestimmungserklärung für das Grundpfandrecht so ändern zu lassen, dass es künftig nur noch zur Sicherung der Verbindlichkeit der Erwerberin, nicht aber der des Veräußerers, dient.

III.

Weitere Vereinbarungen

1. Gewährleistung

Der Grundbesitz wird ohne Gewähr für einen bestimmten Flächeninhalt übertragen in dem Zustand, in dem er sich gerade befindet, mit allen wesentlichen

Bestandteilen und allem gesetzlichen Zubehör. Der Veräußerer haftet nicht für sichtbare oder unsichtbare Sachmängel.

Der Veräußerer leistet dafür Gewähr, dass der übertragene Grundbesitz frei von nicht übernommenen, im Grundbuch in Abteilung II und III eingetragenen Belastungen und Beschränkungen, sowie nicht übernommenen Zinsen, Steuern oder Abgaben übertragen wird.

2. Besitzübergang

Besitz, Nutzung und Gefahr und Lasten sowie alle Lasten und Verpflichtungen aus dem Grundbesitz gehen auf die Erwerberin über mit dem heutigen Tag.

IV.

Auflassung und grundbuchliche Durchführung

1. Auflassung

Die Beteiligten sind sich darüber einig, dass das Eigentum an dem übertragenen Grundbesitz auf die Erwerberin übergeht.

Sie bewilligen die Eintragung des Eigentumswechsels in das Grundbuch.

2. Vormerkung

Der Notar hat uns darüber aufgeklärt, dass der Anspruch auf Eigentumsübertragung durch Eintragung einer Vormerkung gesichert werden kann. Danach bewilligen und beantragen die Beteiligten zu Gunsten der Erwerberin und zu Lasten des übertragenen ½-Miteigentumsanteils die Eintragung einer Vormerkung zur Sicherung des Anspruchs auf Eigentumsübertragung.

Die Erwerberin bewilligt schon jetzt die Löschung dieser Vormerkung gleichzeitig mit der Eigentumsumschreibung, vorausgesetzt, dass keine Zwischeneintragungen ohne ihre Zustimmung erfolgt sind.

V.

Sonstige Regelungen

Datum ...
Unterschriften ...

4. Kapitel

Kosten

I. Wie hoch sind die Kosten beim Notar?

1. Geschäftswert

Maßgeblich ist zunächst der sog. „Geschäftswert". Er bestimmt sich beim Ehevertrag nach dem zusammengerechneten Wert der gegenwärtigen Vermögen beider Eheleute (wenn der Ehevertrag nur das Vermögen eines Ehegatten betrifft, nach diesem). Dazu heißt es u. a. in der Kostenordnung (KostO) der Notare:

§ 39 Abs. 3 KostO Geschäftswert

(3) Bei Eheverträgen bestimmt sich der Geschäftswert nach dem zusammengerechneten Wert der gegenwärtigen Vermögen beider Ehegatten und, wenn der Ehevertrag nur das Vermögen eines Ehegatten betrifft, nach diesem. Bei Ermittlung des Vermögens werden die Schulden abgezogen. Betrifft der Ehevertrag nur bestimmte Gegenstände, so ist deren Wert maßgebend. Die Sätze 1 bis 3 gelten entsprechend bei Lebenspartnerschaftsverträgen.

BEISPIEL: Der Ehemann ist Eigentümer eines Hauses, das einen Verkehrswert von 100.000 € hat. Dies stellt auch sein gesamtes Vermögen dar. Die Ehefrau hat demgegenüber ein Sparkonto von 30.000 €, das ihr gesamtes Vermögen darstellt. Der Gesamtwert des Vermögens beider Eheleute ist also 130.000 €. Sofern sie einen Ehevertrag schließen über den Güterstand ihrer Ehe, etwa Gütertrennung vereinbaren, ist der „Geschäftswert" 130.000 €.

Sofern in einem Ehevertrag eine Sache auf den anderen Ehegatten übertragen wird, gilt § 2 KostO:

§ 20 Abs. 1 KostO Kauf, Vorkaufs- und Wiederkaufsrecht

Beim Kauf von Sachen ist der Kaufpreis maßgebend; (...)

Wird ein Grundstück übertragen gilt § 19 Abs. 2 KostO:

§ 19 Abs. 2 KostO Sachen

(...)
(2) Bei der Bewertung von Grundbesitz ist der letzte Einheitswert maßgebend, (...) sofern sich nicht aus dem Inhalt des Geschäfts, den Angaben der Beteiligten, (...) ein höherer Wert ergibt. (...)

BEISPIEL: Eheleute vereinbaren, dass die Ehefrau den hälftigen Anteil des Mannes an einer Eigentumswohnung erhält. Die Eigentumswohnung hat einen Wert von gesamt 140.000 €, der hälftige Anteil hat demzufolge einen Wert von 70.000 €. Der Ehefrau soll nach dem Willen der Beteiligten auch im Rahmen der Gesamtauseinandersetzung ein Wert von 70.000 € zukommen. Der „Geschäftswert" dieses Vertragsteils beträgt 70.000 €.

Sofern in einem Ehevertrag der Unterhalt geregelt wird muss dafür natürlich auch ein Wert angesetzt werden. Es handelt sich insoweit um wiederkehrende Leistungen. Die diesbezügliche Regelung in § 24 KostO lautet:

§ 24 Abs. 3 KostO Wiederkehrende Nutzungen oder Leistungen

(3) Der Geschäftswert ist höchstens das Fünffache des einjährigen Bezugs, wenn das Recht dem Ehegatten, einem früheren Ehegatten, dem Lebenspartner oder einem früheren Lebenspartner des Verpflichteten oder einer Person zusteht, die mit dem Verpflichteten in gerader Linie verwandt, verschwägert oder in der Seitenlinie bis zum dritten Grad verwandt oder bis zum zweiten Grad verschwägert ist, auch wenn die die Schwägerschaft begründende Ehe oder die Lebenspartnerschaft, aufgrund derer jemand als verschwägert gilt, nicht mehr besteht.

> **BEISPIEL:** In einem Ehevertrag wird ein monatlicher Kindesunterhalt von 241 € für das eine Kind und 291 € für das andere Kind vereinbart. Darüber hinaus ein Ehegattenunterhalt von monatlich 500 €. Zusammen beträgt die monatliche Unterhaltsverpflichtung des Ehemannes 1.032 €. Der einjährige Betrag entspricht 12.384 €. Das Fünffache des einjährigen Bezugs sind 61.920 €. Entsprechend ist der „Geschäftswert" 61.920 €.

Sofern in einem Ehevertrag verschiedene Angelegenheiten zusammen geregelt werden, muss für die einzelnen Sachverhalte jeweils ein Geschäftswert festgelegt werden und alle Werte werden dann saldiert.

> **BEISPIEL:** In einem Ehevertrag wird zunächst eine endgültige Vermögensauseinandersetzung vorgenommen, indem eine Gütertrennung vereinbart wird. Dafür ist der Wert des Gesamtvermögens beider Eheleute maßgebend, der 200.000 € beträgt. Ferner wird der Ehegattenunterhalt festgelegt mit monatlich 500 €, wofür der fünffache Jahreswert gilt, mithin 30.000 €. Alsdann wird eine Eigentumsübertragung eines Pkw vorgenommen im Wert von 10.000 € Darüber hinaus wird in einem Übertragungsvertrag zum Ausgleich von Zugewinnausgleichsansprüchen ein unbebautes Grundstück vom Ehemann auf die Ehefrau übertragen im Wert von 40.000 €. Der gesamte „Geschäftswert" des Vertrages beträgt demnach:

Vereinbarung Gütertrennung	200.000 €
Ehegattenunterhalt von monatlich 500 €	30.000 €
Pkw	10.000 €
Grundstücksübertragung	40.000 €
Geschäftswert	**280.000 €**

2. Berechnung der Gebühren

Auch sie berechnen sich nach der sog. Kostenordnung (KostO).

Der Notar erhält für die Beurkundung eines Ehevertrages grundsätzlich das Doppelte einer Gebühr nach dem jeweiligen Geschäftswert. Darin enthalten ist die gesamte Tätigkeit des Notars einschließlich etwaiger vorausgegangener Beratung.

> **§ 36 KostO Einseitige Erklärungen und Verträge**
>
> (1) Für die Beurkundung einseitiger Erklärungen wird die volle Gebühr erhoben; unerheblich ist, ob die Erklärung von einer oder von mehreren Personen abgegeben wird.
>
> (2) Für die Beurkundung von Verträgen wird das Doppelte der vollen Gebühr erhoben.

Soweit der Notar im Vertrag zusätzliche Verpflichtungen übernimmt, lösen diese auch zusätzliche Gebühren aus. Dies kann z. B. der Fall sein:

- bei der Umschreibungsüberwachung (im Rahmen einer mit vereinbarten Grundstücksübertragung)
- bei Vereinbarung einer Vormerkung (zur Sicherung eines Eigentumswechsels einer Immobilie)
- bei Schuldhaftentlassungserklärungen (wenn ein Notar im Übertragungsfall einer Immobilie beauftragt wird, eine Schuldbefreiung / Genehmigung der Gläubiger einzuholen)
- bei Eintragung von Verfügungsbeschränkungen.

> **Hinweis:**
>
> Die Beteiligten sollten jeweils überlegen, welche zusätzlichen Verpflichtungen seitens des Notars erforderlich sind.

Kommt der Vertrag letztlich nicht zu Stande, so kann der Notar die Anfertigung eines Vertragsentwurfes abrechnen. Kommt es dann später in angemessenem zeitlichen Abstand (bis etwa einem Jahr) doch noch zur Beurkundung, so wird die Entwurfsgebühr auf die eigentliche Beurkundungsgebühr angerechnet.

Wird der Notar lediglich beauftragt zur Überprüfung eines Vertragsentwurfes, so wird die Hälfte der für die Beurkundung der gesamten Erklärung bestimmten Gebühr erhoben, mindestens jedoch 1/4.

Sollte neben dem Ehevertrag gleichzeitig ein Erbvertrag geschlossen werden, kann es sein, dass für den Erbvertrag keine gesonderte No-

I. Wie hoch sind die Kosten beim Notar?

targebühr anfällt. Genau genommen fällt die Gebühr nur einmal an aus dem Vertrag mit dem höheren Geschäftswert.

Bei der Erstellung eines Ehevertrages können z. B. folgende Notarkosten anfallen je nach Geschäftswert:

Geschäftswert in €	Gebühr in €
11.000,00	108,00
20.000,00	144,00
35.000,00	204,00
50.000,00	264,00
100.000,00	414,00
130.000,00	504,00
200.000,00	714,00
400.000,00	1.314,00
500.000,00	1.614,00
1.000.000,00	3.114,00
jeweils zuzüglich Auslagen und gesetzlicher Mehrwertsteuer	

Für den oben angesprochenen Ehevertrag mit einem Geschäftswert von 130.000,00 € entstehen danach folgende Notargebühren:

20/10 Gebühr gem. §§ 36 Abs. 2, 39 Abs. 3 KostO	504,00 €
Mehrwertsteuer	80,64 €
Summe	584,64 €

Hinweis:

Mit einem Notar kann keine Gebührenvereinbarung geschlossen werden, da solche Vereinbarungen verboten sind, § 140 KostO.

II. Wie hoch sind die Kosten beim Rechtsanwalt?

1. Gebührenordnung

Grundlage der Anwaltsgebühren ist das Rechtsanwaltsvergütungsgesetz (RVG).

a) Gegenstandswert

Maßgeblich ist zunächst der sog. Gegenstandswert eines Vertrages. Wie hoch dieser ist, richtet sich nach dessen Inhalt.

Geht es z. B. nur um eine reine Unterhaltsvereinbarung, ist der Gegenstandswert der Jahresbetrag des vereinbarten Unterhaltes.

> **BEISPIEL:** Wenn sich etwa der Ehemann in einem Vertrag verpflichtet, monatlich 500 € an seine Frau zu zahlen, liegt der Gegenstandswert bei 6.000 € (500 × 12).

Handelt es sich in derselben Angelegenheit um mehrere Gegenstände, werden die Werte zusammengerechnet. In der Regel gilt dann ein Jahresbetrag als Gegenstandswert.

> **BEISPIEL:** In einem Ehevertrag wird ein monatlicher Kindesunterhalt von 241 € für das eine Kind und 291 € für das andere Kind vereinbart. Darüber hinaus ein Ehegattenunterhalt von monatlich 500 €. Danach beträgt der Gegenstandswert:
>
> | | |
> |---|---:|
> | Kindesunterhalt von monatlich 241 € | 2.892 € |
> | Kindesunterhalt von monatlich 291 € | 3.492 € |
> | Ehegattenunterhalt von monatlich 500 € | 6.000 € |
> | **Gegenstandswert** | **12.384 €** |

Sofern noch eine Vermögensauseinandersetzung hinzukommt, etwa wenn ein Ehegatte an den anderen einen Zugewinnausgleich zahlt, erhöht sich der Gegenstandswert.

> **BEISPIEL:** Neben einem Ehegattenunterhalt von monatlich 500 € verpflichtet sich der Ehemann zur Zahlung eines Zugewinnausgleiches an die Ehefrau zur endgültigen Vermögensauseinandersetzung von 40.000 €, der in Form erbracht wird, dass der Ehefrau ein unbebautes Grundstück übertragen wird. Danach Gegenstandswert:
>
> | | |
> |---|---:|
> | Ehegattenunterhalt monatlich 500 € | 6.000 € |
> | Zugewinnausgleichsregelung | 40.000 € |
> | **Gegenstandswert** | **46.000 €** |

b) Umfang der Tätigkeit

Alsdann kommt es auf den Umfang der anwaltlichen Tätigkeit an. Also welche Tätigkeit der Anwalt verrichtet. Dazu gibt es verschiedene **Gebührentatbestände**. Insbesondere kommen hier in Betracht

- die Geschäftsgebühr (Ziff. 2300 Vergütungsverzeichnis) und
- die Einigungsgebühr (Ziff. 1000 Vergütungsverzeichnis).

aa) Geschäftsgebühr. Die Geschäftsgebühr deckt die gesamte Tätigkeit des Anwaltes in der betreffenden Angelegenheit ab. Sie entsteht mit der ersten Tätigkeit nach Erhalt des Auftrages und bezieht sich auf Besprechungen mit dem Auftraggeber, etwaigen Verhandlungen mit der Gegenseite und den gesamten Schriftverkehr bis zur Vorbereitung eines Vertragsentwurfes.

Die Geschäftsgebühr ist eine Rahmengebühr, die – je nach Umfang der Tätigkeit – zwischen 0,5 und 2,5 beträgt, Mittelgebühr ist 1,5. Eine über 1,3 liegende Gebühr kann nur verlangt werden, wenn die Tätigkeit umfangreich oder schwierig war.

> **BEISPIEL:** Eheleute trennen sich. Eine Scheidung ist absehbar. Die Ehefrau beauftragt einen Rechtsanwalt, der für sie zunächst Ehegattenunterhalt für die Zeit der Trennung geltend macht. Dazu führt der Anwalt ein erstes Beratungsgespräch mit der Ehefrau und anschließend schreibt er den Ehemann an. Der Ehemann erteilt bereitwillig Auskunft über seine Einkommensverhältnisse, woraufhin der Anwalt einen Unterhalt von monatlich 500 € geltend macht. Diesen Betrag zahlt der Ehemann ohne langen Schriftverkehr. – Darüber hinaus wird der Anwalt noch tätig zur Ermittlung des Zugewinnausgleiches. Er schreibt den Ehe-

mann deswegen an und fordert eine Auskunft zu dessen Vermögensverhältnissen, die der Ehemann auch erteilt. Die Ehefrau erteilt ebenso Auskunft. Ihr Anwalt errechnet einen Zugewinnausgleichsanspruch der Ehefrau von 40.000 €, den er in einem Brief an den Ehemann geltend macht, woraufhin der Ehemann zunächst nicht weiter reagiert.

In dem Beispiel war der Umfang der anwaltlichen Tätigkeit nicht überdurchschnittlich und die Angelegenheit war auch nicht besonders schwierig. Deshalb wäre die „Geschäftsgebühr" mit einem Faktor 1,3 in Rechnung zu stellen.

Der Rechtsanwalt würde folgende Rechnung schreiben:

Kostenrechnung
Gegenstandswert:
- Unterhalt: 6.000 € (monatlich 500 € x 12)
- Zugewinn: 40.000 €
- Gesamtwert: 46.000 €

Gebühren:

1. Geschäftsgebühr gem. Ziff. 2300 VV (1,3)	1.359,80 €
2. Auslagen	20,00 €
Summe	**1.379,80 €**
MwSt 19 %	262,16 €
Gesamt	**1.641,96 €**

bb) Einigungsgebühr. Die Einigungsgebühr entsteht für die Mitwirkung beim Abschluss eines Vertrages, durch den der Streit oder die Ungewissheit der Parteien über ein Rechtsverhältnis beseitigt wird. Die Einigungsgebühr hat den Faktor 1,5.

> **BEISPIEL:** Im vorherigen Fall schlägt der Rechtsanwalt dem Ehemann in einem Brief vor, den Betrag anzuerkennen und sich auf den Unterhalt von monatlich 500 € in einem Ehevertrag zu einigen, womit der Ehemann einverstanden ist. – Ferner schlägt der Anwalt dem Ehemann vor, auch den Zugewinnausgleich von 40.000 € freiwillig anzuerkennen ohne Gerichtsverfahren und damit eine endgültige Vermögensauseinandersetzung herbeizuführen und dies in einem Ehevertrag beurkunden zu lassen. Der Ehemann ist auch damit einverstanden. Beides wird in einem notariellen Ehevertrag beurkundet, sodass sowohl der Ehegattenunterhalt als auch der Zugewinn abschließend geregelt sind. Eines Gerichtsverfahrens bedarf es insoweit nicht mehr

II. Wie hoch sind die Kosten beim Rechtsanwalt?

In dem Fall käme die „Einigungsgebühr" für den Rechtsanwalt hinzu.
Der Rechtsanwalt würde folgende Rechnung schreiben:

Kostenrechnung
Gegenstandswert:
- Unterhalt: 6.000 € (monatlich 500 € × 12)
- Zugewinn: 40.000 €
- Gesamtwert: 46.000 €

Gebühren:

1. Geschäftsgebühr gem. Ziff. 2300 VV (1,3)	1.359,80 €
2. Einigungsgebühr gem. Ziff 1000 VV (1,5)	1.569,00 €
3. Auslagen	20,00 €
Summe	**2.948,80 €**
MwSt 19 %	560,27 €
Gesamt	**3.509,07 €**

Anderes BEISPIEL: Eheleute trennen sich. Die Ehefrau beauftragt einen Rechtsanwalt, Unterhalt für sie geltend zu machen. Nach zwei Aufforderungsschreiben an den Ehemann und einem Verhandlungsgespräch mit diesem gelingt es dem Rechtsanwalt, den Ehemann zu einer freiwilligen Unterhaltszahlung zu bewegen, ohne dass es eines Gerichtsverfahrens bedarf. Man einigt sich auf monatliche Zahlungen des Mannes von 300 €. Der Rechtsanwalt fertigt eine schriftliche Trennungsvereinbarung, die von den Eheleuten unterzeichnet wird. Die Rechtsanwaltskosten könnten dafür betragen:

Kostenrechnung:
Gegenstandswert:
- Unterhalt 3600 € (300 × 12)

Gebühren:

1. Geschäftsgebühr Ziff. 2300 VV (1,5)	367,50 €
2. Einigungsgebühr Ziff. 1000 VV (1,5)	367,50 €
3. Auslagenpauschale Ziff. 7002 VV	20,00 €
	706,00 €
MwSt 19 %	134,14 €
Summe	**840,14 €**

4. KAPITEL Kosten

Erfolgt seitens eines Anwaltes nur eine Beratung, wird eine Beratungsgebühr fällig. Die Gebühren des Rechtsanwalts richten sich diesbezüglich nach § 34 RVG. Daneben können weitere Gebühren entstehen, so etwa die Einigungsgebühr, wie auch Auslagen.

Sofern nur ein einzelnes Beratungsgespräch geführt wird, mit dem die Angelegenheit erledigt ist, kann der Anwalt nur eine sog. Erstberatungsgebühr von maximal 190 € fordern zuzüglich Mehrwertsteuer.

> **BEISPIEL:** Der Ehemann hat vom Anwalt seiner Ehefrau ein 3-seitiges Schreiben erhalten, in dem er allen möglichen Dingen aufgefordert wird, so zur Zahlung von Unterhalt, zum Verlassen der Ehewohnung und zur Herausgabe eines Pkw und zu einer Auskunft über seine Vermögensverhältnisse zur späteren Berechnung des Zugewinnausgleiches. Der Ehemann konsultiert ebenso einen Rechtsanwalt und legt ihm das Schreiben vor. Der Rechtsanwalt liest es durch und führt ein gut einstündiges Beratungsgespräch, in dem er den Ehemann über die Trennungsfolgen informiert. Er führt auch eine erste überschlägige Unterhaltsberechnung durch anhand mündlich ihm mitgeteilter Einkommensverhältnisse. Nach dem Gespräch dankt der Ehemann für die Beratung und teilt mit, er benötige zunächst keine anwaltliche Vertretung, er kümmere sich selbst um eine Beantwortung des Anwaltsbriefes. Er bittet um Erteilung einer Abrechnung.
>
> Der Rechtsanwalt könnte etwa wie folgt abrechnen:
>
> **Kostenrechnung**
>
> | | |
> |---|---:|
> | 1. Beratungsgebühr gem. § 34 RVG (Erstberatung) | 150,00 € |
> | 2. MwSt 19 % | 28,50 € |
> | **Gesamt** | **178,50 €** |

Anderes Beispiel:

> **BEISPIEL:** Es bleibt nicht bei dem ersten Beratungsgespräch. Es folgen mehrere weitere Gespräche. Zu den weiteren Gesprächen bringt der Ehemann diverse Einkommensunterlagen mit, die durchgesehen werden. Ferner bringt der Ehemann auch diverse Unterlagen zum Vermögen der Eheleute mit, anhand derer eine Berechnung des Zugewinns erfolgt. Der Ehemann möchte zunächst nicht, dass sein Anwalt nach außen in Erscheinung tritt, vielmehr möchte er sozusagen im Hintergrund

beraten werden. Schließlich werden die Forderungen des Anwaltes der Ehefrau aber dermaßen massiv, dass sich der Ehemann entschließt, seinen Anwalt antworten zu lassen. Es kommt zu Korrespondenz zwischen den Anwälten.
In einem solchen Fall geht die Beratungstätigkeit in eine Geschäftstätigkeit über, sodass der Anwalt des Mannes letztlich auch eine Geschäftsgebühr abrechnen kann. Diese richtet sich dann wiederum nach dem Gegenstandswert und dem Umfang der Tätigkeit. Was den Umfang anbetrifft, so würde man in diesem Fall durchaus einen überdurchschnittlichen Umfang annehmen können, sodass die Geschäftsgebühr mit einem Faktor 1,6 -2,0 in Ansatz gebracht werden könnte.

Hinweis:

Die Beteiligten sollten einen Anwalt nach den Kosten fragen.

In der Regel wird der Anwalt aber zumindest ein Beratungsgespräch führen müssen, bevor er die voraussichtlichen Kosten seiner (etwaigen) Tätigkeit schätzt kann. Denn er muss sich natürlich als Erstes ein Bild davon machen, was Gegenstand des Vertrages sein soll und wie der Aufwand ist. Der Anwalt sollte deshalb gezielt auf die Kosten angesprochen werden, zumal er einen gewissen Spielraum hat bei der Ausschöpfung des Gebührenrahmens. So vermeiden die Beteiligten unangenehme spätere Überraschungen, wenn die Rechnung kommt.

2. Vergütungsvereinbarung

Über das Rechtsanwaltshonorar können Eheleute eine Vereinbarung schließen, wodurch von den gesetzlichen Gebühren abgewichen werden kann. Insoweit gibt es unterschiedliche Möglichkeiten:

- Es kann ein Pauschalhonorar vereinbart werden, also ein fester Betrag.
- Es kann nach dem Zeitaufwand abgerechnet werden, den der Rechtsanwalt mit der Angelegenheit beschäftigt ist, sog. Stundenhonorar.

- Es kann auch ein bestimmter Faktor für die Geschäftsgebühr vereinbart werden, sodass die Höhe der Geschäftsgebühr begrenzt wird.

> **Achtung!**
>
> Jeweils ist zu beachten: Es muss dann eine „Vergütungsvereinbarung" in schriftlicher Form geschlossen werden.

Eine Gebührenvereinbarung ist in der Regel zu Beginn des Mandates zu treffen. Naturgemäß setzt eine Gebührenvereinbarung eine Einigung zwischen Anwalt und Mandant voraus, das heißt, es besteht kein Rechtsanspruch darauf, eine Gebührenvereinbarung zu schließen. Wenn Anwalt oder Mandant nicht damit einverstanden sind, bleibt es bei der gesetzlichen Gebührenregelung.

> **Hinweis:**
>
> Ein Ehegatte, der in einer Ehevertragsangelegenheit einen Rechtsanwalt aufsucht, sollte ihn auf eine Gebührenvereinbarung ansprechen, wenn es für den Ehegatten günstig erscheint.

III. Wer trägt die Kosten?

Grundsätzlich gilt hinsichtlich der Kosten im Zusammenhang mit der Erstellung eines Ehevertrages:

1. Bei Errichtung eines „vorsorgenden Ehevertrages"

Die Rechtsanwaltskosten trägt derjenige, der den Anwalt beauftragt. Unabhängig davon sind die Eheleute aber frei, sich darauf zu verständigen, dass sie die Kosten des Anwaltes je hälftig tragen.

Hinsichtlich der Notarkosten, die beim notariellen Vertrag entstehen, können sich die Parteien intern verständigen, wer diese Kosten tragen soll und dies auch entsprechend in den Notarvertrag aufnehmen lassen. So können sie bspw. im Notarvertrag festlegen, dass die

Kosten des Ehevertrages der Ehemann trägt. Von daher können sie also für sich intern regeln, wer für die Kosten aufzukommen hat. Jedoch haften nach außen im Verhältnis zum Notar beide Parteien als Gesamtschuldner.

2. Beim „Trennungs- und Ehescheidungsfolgenvertrag"

Die Rechtsanwaltskosten trägt wiederum derjenige, der den Anwalt beauftragt. Beauftragt jeder der Eheleute einen eigenen Rechtsanwalt mit der Interessenwahrnehmung, so trägt jeder Ehegatte seinen Anwalt selbst.

Kommt ein Trennungs- und Ehescheidungsfolgenvertrag letztlich zu Stande, etwa durch Aushandeln eines Anwaltes, dann kann man auch über die Übernahme der Kosten verhandeln.

> **BEISPIEL:** Nachdem der Rechtsanwalt der Ehefrau eine Regelung der Ehescheidungsfolgen für diese ausgehandelt hat, spricht er im Verhandlungsgespräch noch die Kostenfrage an. Er teilt dem Rechtsanwalt des Ehemannes, der über ein wesentlich höheres Einkommen verfügt, mit, dass seine Mandantin nur dann zum Abschluss des Ehevertrages bereit sei, wenn sich der Ehemann an den Kosten des Anwaltes der Ehefrau beteilige und/oder zumindest die Kosten des Notars übernähme.

Es lohnt sich durchaus, über die Kosten zu verhandeln. Entsprechend kann dann in einem Ehevertrag eine Vereinbarung aufgenommen werden, wonach die Rechtsanwaltskosten von beiden Eheleuten einer der Partner übernimmt.

> Der Ehemann verpflichtet sich, die Kosten des Rechtsanwaltes der Ehefrau zu übernehmen bis zu einer Höhe von maximal 3.000 €. Ein etwaiger darüber hinaus gehender Betrag wird von der Ehefrau übernommen.

Kommt es zu einem Notarvertrag, so sind auch diese Kosten Verhandlungssache unter den Eheleuten. Die Eheleute können sich intern darüber einigen, wer die Notarkosten übernimmt. Häufig ist die Regelung, dass die Notarkosten hälftig geteilt werden. Gelegentlich wird aber auch insoweit – wie hinsichtlich Rechtsanwaltskosten – die interne Vereinbarung unter den Eheleuten getroffen, dass ein Partner die Notarkosten alleine trägt.

> Der Ehemann trägt die Kosten des Notarvertrags in voller Höhe.

Unabhängig davon gilt für die Haftung nach außen im Verhältnis zum Notar bekanntlich eine gesamtschuldnerische Haftung beider Vertragsparteien.

3. Steuerliche Abzugsfähigkeit

Die Kosten im Zusammenhang mit der Erstellung eines Ehescheidungsfolgenvertrages sind in bestimmten Fällen steuerlich abzugsfähig, § 33 EStG. Allerdings sind die angefallenen Aufwendungen nach den Betrachtungen der steuerlichen Vorschrift um die „zumutbaren Belastungen" zu kürzen, wobei dies einkommensabhängig ist.

> **Achtung!**
>
> Genaue Informationen sollten insoweit beim Steuerberater eingeholt werden.

5. Kapitel

Mediation

I. Was ist Mediation?

Der Begriff kommt aus dem Englischen und heißt „Vermittlung". Mediation ist ein Verfahren zur Konfliktlösung in Konfliktsituationen. Durch Vermittlung soll der Konflikt gelöst werden.

Mediation ist ein freiwilliges Verfahren, in dem die Konfliktparteien mit Hilfe einer neutralen Person – dem Mediator/der Mediatorin – im persönlichen Gespräch miteinander eine interessengerechte Lösung ihres Problems entwickeln und verbindlich beschließen.

Mediation gibt es in vielen Bereichen, bspw. im Wirtschafts- und Arbeitsbereich, wie aber auch bei familiären Konflikten unter Eheleuten.

In den USA ist Mediation als Methode der Konfliktlösung gängige Praxis. In Deutschland ist Mediation bislang eher selten.

II. In welchem Verhältnis steht Mediation zum Ehevertrag?

Zum „vorsorgenden Ehevertrag" bestehen keine Gemeinsamkeiten, da Ausgangslage eines solchen Ehevertrages zwei glückliche Menschen sind, die lediglich ihre Rechtsbeziehung zueinander regeln wollen.

Eine Beziehung besteht jedoch zwischen dem „Trennungs- und Ehescheidungsfolgenvertrag" und einer Mediation im Familienrecht. Gemeinsame Ausgangslage ist ein Konflikt unter Eheleuten.

Ist es der Wunsch von Eheleuten, sich gütlich zu einigen und die Folgen ihres Auseinandergehens einvernehmlich zu regeln, können sie insbesondere zwei Wege einschlagen:

- Zum Einen können sie einen Rechtsanwalt mit ihrer Interessenwahrnehmung beauftragen, der mit dem anderen Ehepartner oder dessen Anwalt verhandelt mit dem Ziel des Abschlusses eines Ehevertrages.

- Zum Anderen können sich Eheleute für eine Mediation entscheiden, indem sie sich an einen Mediator oder eine Mediatorin wenden als neutrale Person mit dem Ziel einer Konfliktlösung. Verläuft die Mediation erfolgreich, wird regelmäßig eine Vereinbarung unter den Eheleuten geschlossen, häufig auch ein Trennungs- und Ehescheidungsfolgenvertrag.

Unterschiedlich kann der Inhalt eines solchen Ehevertrages sein. Da im Rahmen einer Mediation andere Ansätze zur Konfliktlösung angewendet werden, gelangen die Beteiligten oft zu anderen inhaltlichen Ergebnissen.

Unterschiedlich ist der Weg hin zu einem solchen Vertrag.

III. Wie ist der Ablauf einer Mediation?

1. Elemente des Mediationsverfahrens

Die Mediation orientiert sich an folgenden Grundsätzen:

Die Teilnahme an einem Mediationsverfahren ist nur freiwillig möglich. Die Eheleute müssen ohne Zwang den Wunsch haben, an dem Vermittlungsverfahren teilzunehmen. Es muss allen Beteiligten unbenommen sein, jederzeit das Mediationsverfahren zu beenden.

Der Mediator/die Mediatorin ist neutral. Es besteht kein spezielles Auftragsverhältnis zwischen dem Mediator/der Mediatorin und nur einem der Eheleute. Der Mediator/die Mediatorin ist nicht Parteivertreter. Vielmehr unterstützt der Mediator/die Mediatorin beide Eheleute darin, eine interessengerechte und im Ergebnis faire Vereinbarung zu erzielen.

Eheleute nehmen im Mediationsverfahren ihre Interessen und Bedürfnisse selbst wahr. Sie entscheiden auch eigenverantwortlich. Der Mediator/die Mediatorin entscheidet nicht an Stelle der Eheleute. Vielmehr müssen die Eheleute sich selbst für eine Lösung entscheiden.

Die Eheleute verpflichten sich wechselseitig, alle Informationen zu erteilen, die von Bedeutung sind. Sie haben beiderseits Bereitschaft zur Offenlegung von relevanten Fakten.

Jeder Beteiligte hat das Recht und auch die Pflicht, sich über die Rechtslage zu informieren.

Das Mediationsverfahren ist absolut vertraulich. Alle Beteiligten verpflichten sich im Rahmen der gesetzlichen Möglichkeiten, keine Informationen und Erkenntnisse aus dem Mediationsverfahren ohne ausdrückliche Zustimmung aller Beteiligten weiterzugeben. Insbesondere dürfen Informationen aus der Mediation – bei einem Scheitern der Mediation – in einem Prozess nicht gegen den anderen verwendet werden.

2. Ziele der Mediation

Das erste Ziel einer Mediation liegt in einer interessengerechten Lösung für die beteiligten Konfliktparteien. Zur Verdeutlichung wird insoweit gerne auf folgendes Beispiel verwiesen:

> **BEISPIEL:** Stellen Sie sich vor, zwei Kinder streiten sich um eine Apfelsine. Sie können sich nicht einigen, wer die Apfelsine erhalten soll. Sie wenden sich schließlich an die Mutter oder den Vater, die als Schiedsrichter entscheiden sollen. Von den Eltern kommt dann oft die Empfehlung, die Apfelsine zu teilen. Dadurch soll jeder eine Apfelsinenhälfte bekommen. Dabei wird das eigentliche Interesse der Kinder häufig nicht bedacht: Gestritten haben sich die Kinder um die Position, wer von ihnen die Apfelsine erhält. Hätten die Eltern die beiden Kinder befragt,

> weshalb sie an der Apfelsine interessiert sind, hätten sie erfahren, dass das eine Kind nur die Apfelsinenschale verwenden wollte, um einen Kuchen zu backen, während das andere Kind die Apfelsine auspressen wollte, um den Saft zu trinken. Hätte man das Motiv für ihre Forderungen erfragt, hätte beiden Kindern geholfen werden können.

Demzufolge ist es kein Ziel der Mediation, eine sachgerechte Lösung zu finden. Darüber hinaus ist es auch im Rahmen eines Mediationsverfahrens nicht von Bedeutung, eine vermeintlich gerechte Lösung zu finden. Vielmehr geht es wie gesagt um eine interessengerechte Lösung.

3. Mediationsvertrag

Zu Beginn einer Mediation wird regelmäßig eine Vereinbarung mit dem Mediator/der Mediatorin geschlossen. Diese Vereinbarung regelt Verfahren und Ablauf der Mediation.

Vereinbarung einer Mediation

> Frau.......
> Adresse
> Mann........
> Adresse
> 1.
> Ich erkläre mich bereit, im Rahmen einer Mediation gemeinsam mit meinem Ehepartner eine Regelung für folgende Punkte zu suchen:
> Frau
> 1.
> 2.
> 3.
> 4.
>
> Mann
> 1.
> 2.
> 3.
> 4.
> ....

III. Wie ist der Ablauf einer Mediation?

2.
Ich bin bereit, alle Informationen und Fakten offen zulegen und Auskünfte zu erteilen, um die obigen Punkte zu regeln.

3.
Die Mediationsgespräche sind vertraulich. Sie dienen dem Ziel einer einvernehmlichen Regelung. Die Inhalte der Gespräche werden Dritten gegenüber (z. B. dem eigenen Anwalt, dem Gericht) nicht verwendet. Dies gilt auch für die vom Mediator nach jeder Sitzung verfassten Sitzungsprotokolle.

4.
Ich verpflichte mich, während des laufenden Mediationsverfahrens keine Gerichtsprozesse einzuleiten oder fortzuführen. Ich verpflichte mich ferner, während des Mediationsverfahrens keine nennenswerten Veränderungen meiner Vermögensverhältnisse vorzunehmen ohne Einverständnis meines Ehepartners.

5.
Bei gegenseitiger Information dürfen Teile oder das gesamte Ergebnis der Mediation einem eigenen Anwalt zur Überprüfung vorgelegt werden.

6.
Jedem Beteiligten steht es frei, das Mediationsverfahren jederzeit zu unterbrechen oder zu beenden ohne Angabe von Gründen. Ferner besteht Einigkeit darüber, dass ich zwischen den gemeinsamen Sitzungen keine alleinigen Gespräche mit dem Mediator führe.

7.
Sollte ich an der Wahrnehmung eines Sitzungstermins gehindert sein, teile ich dies meinem Partner und dem Mediator spätestens 24 Stunden vorher mit.

8.
Was die Kosten der Mediation anbetrifft, so wurde mit dem Mediator für jede Zeitstunde seiner Tätigkeit (einschließlich Erstellung der Protokolle) ein Betrag von 160 € ausgehandelt. Für die Erstellung einer Abschlussvereinbarung kann der Mediator zwei weitere Stunden in Rechnung stellen. Sonstige Auslagen, wie Fotokopiekosten etc., werden gesondert in Rechnung gestellt.
Die Kosten des Mediators werden von uns Eheleuten zu je 1/2-Anteil übernommen.

Ort und Datum ....

Unterschrift der Frau ....
Unterschrift des Mannes ....
Unterschrift des Mediators ....

Ein Mediationsvertrag kann individuell zwischen den Eheleuten und dem Mediator ausgehandelt werden.

4. Anwaltliche Begleitung

Je nachdem um welche Themen es geht, ist es zweckmäßig, dass Eheleute sich parallel anwaltlich beraten lassen. Jeder Ehegatte ist also berechtigt, sich eigener anwaltlicher Hilfe zu bedienen. Eheleute müssen über die Rechtslage informiert sein. Auch die Rechtsfolgen einer angestrebten Vereinbarung müssen sie kennen. Insbesondere bei Fragen der Vermögensauseinandersetzung oder des Unterhaltsrechtes sind fundierte rechtliche Informationen der Eheleute notwendig. Zweckmäßigerweise wenden sie sich bei der Notwendigkeit einer anwaltlichen Begleitung an Fachanwälte für Familienrecht. Sofern sie einen eigenen Anwalt begleitend und beratend hinzuziehen, erfolgt dies für den Anwalt mit der Maßgabe, den Sinn des Mediationsverfahrens zu bewahren.

Zusammenfassend kann festgehalten werden, dass die Mediation eine alternative Konfliktlösungsmöglichkeit ist, die auch zu einem Ehevertrag hinführen kann.

IV. Was kostet Mediation?

Für das Mediationsverfahren gibt es keine eigene gesetzliche Gebührenordnung.

In der Regel werden die Gebühren mit dem Mediator/der Mediatorin vereinbart. Normalerweise wird nach Zeitaufwand abgerechnet, wobei pro Stunde ein bestimmtes Honorar vereinbart wird. Der Stundensatz ist unterschiedlich und liegt häufig zwischen 125 € und 200 €. Über die Höhe des Honorars schließt der Mediator/die Mediatorin zu Beginn eine „Honorarvereinbarung" mit den beteiligten Eheleuten.

Wenn keine Honorarvereinbarung getroffen wurde, bestimmen sich die Gebühren nach den Vorschriften des Bürgerlichen Rechts (BGB). Feste Geldbeträge sind darin nicht festgelegt. Vielmehr ist

IV. Was kostet Mediation?

von „üblicher Vergütung" die Rede (§ 612 Abs. 2 BGB). Da man üblicherweise auf ein Stundenhonorar abstellt, würde dann voraussichtlich ein bestimmter Stundensatz und der Zeitaufwand zugrunde gelegt. Auch in einem solchen Fall richten sich die Kosten also nach dem Zeitaufwand, den der Mediator/die Mediatorin benötigt.

Wird ein Rechtsanwalt als Mediator/Mediatorin tätig – und schließt keine Honorarvereinbarung –, dann richten sich dessen Gebühren nicht nach der Gebührenordnung der Rechtsanwälte (§ 34 Satz 2 RVG), sondern – wie oben – nach dem BGB. – Ab 1. 7. 2006 gelten für Rechtsanwälte, die als Mediatoren tätig werden, Höchstgrenzen für ein erstes Beratungsgespräch (190 €) bzw. für eine Beratung oder die Ausarbeitung eines Gutachtens (250 €), sofern der Auftraggeber Verbraucher ist.

Der Zeitaufwand dürfte unterschiedlich sein, je nach individueller Konfliktsituation. Von daher ist denkbar, dass für ein Mediationsverfahren mehr oder weniger Sitzungen benötigt werden. Oft kann von 5 bis 10 Sitzungen zu je 1 1/2 bis 2 Stunden ausgegangen werden. Zu beachten sind auch die Vor- und Nachbereitungszeiten, die hinzu kommen können. Über den voraussichtlichen Umfang sollten die beteiligten Eheleute zu Beginn mit dem Mediator/der Mediatorin sprechen, um so ihren Kostenaufwand kalkulieren zu können.

Verläuft die Mediation erfolgreich und es kommt zu einer Vereinbarung der Eheleute, dann sind die Kosten einer vom Mediator/der Mediatorin entworfenen Vereinbarung in der Regel gesondert zu vergüten.

Regelmäßig haften beide Eheleute gegenüber dem Mediator/der Mediatorin gesamtschuldnerisch, d. h. beide müssen für die Kosten „gerade stehen". Etwas anderes gilt nur, wenn man im Mediationsvertrag eine abweichende Kostenregelung vereinbart hat.

Besteht die zu schließende Einigung in einem notariell zu beurkundenden Ehevertrag, dann fallen dafür natürlich Notarkosten separat an.

Sachverzeichnis

A

Abänderbarkeit 156
Abfindungsregelungen 88
Abfindungszahlung 158
Altersunterhalt 80
Altersvorsorgeunterhalt 165
Änderung der Ausgleichsquote 50
Anfangsvermögen 31
Anfechtung, Täuschung 20
Anfechtung eines Vertrages 20
Anwaltliche Beratung 140
Aufhebung eines Vertrages 19
Aufstockungsunterhalt 82
Auslandsberührung 114, 136
Ausschluss bestimmter Unterhaltstatbestände 88
Außenverhältnis 147
Ausübungskontrolle 23, 69

B

Bankkonten 149
Bedarfsmethode 155
Begrenztes Realsplitting 163, 167
Betreuungsunterhalt 79
Bindungswirkung 113

D

Differenzunterhalt 154
Doppelverdiener-Ehe 7, 119
Doppelverdiener-Ehe mit Kindern 7
Drittwiderspruchsklage 92
Düsseldorfer Tabelle 169

E

Ehe mit Ausländern 12
Ehe- und Auseinandersetzungsvertrag 14
Ehebedingte Nachteile 81
Ehebedingte Zuwendung 15, 54, 126, 148
Ehegattenerbrecht 40, 101
Ehegattenunterhalt 152
Ehescheidungsfolgenvertrag 5, 139
Ehetypen 29
Ehewohnung 95, 180
Eigentumsschutz 91
Eigentumsvermutung 94
Elterliche Sorge 181
Endvermögen 31
Erb- und Pflichtteilsverzicht 180
Erbquote 102
Erbschaften 31
Erbschaftsteuer 41
Erbvertrag 11, 100, 135
Erbverzicht / Pflichtteilsverzicht 198
Erwerbsverpflichtung 153, 162
Externe Teilung 69

Sachverzeichnis

F

Fortgesetzte Gütergemeinschaft 63
Freistellung 174

G

Genehmigungsvorbehalt 151
Grundstücksauseinandersetzung 143
Gütergemeinschaft 59
– Auseinandersetzung 63
– Gesamthandseigentum 60
– Haftung für Schulden 62
– Steuerliche Aspekte 64
Güterrechtsregister 18
Güterstandsregelungen 30
Gütertrennung 39, 118
– Ehegattenerbrecht 40
– Erbschaftsteuer 41

H

Hausfrauen-Ehe 6
Hausrat / Möbel 90

I

Inflationsindex 163
Inhaltskontrolle 21
Innenverhältnis 147
Interne Teilung 68

J

Jugendamtsurkunde 177

K

Kernbereich 22, 74
Kinderbetreuungsmöglichkeiten 80
Kindergeld 169
Kindesunterhalt 168
Kosten 212, 215 f., 218
Kosten beim Notar 215
Kosten beim Rechtsanwalt 220 f., 223, 225
Krankenvorsorgeunterhalt 164
Kurze Ehedauer 8

M

Mediation 229
Mediationsvertrag 232
Modifizierte Zugewinngemeinschaft, Zugewinnausgleich im Todesfall 42, 123
Muster von Trennungs- und Ehescheidungsfolgenvereinbarungen 184
Musterbeispiele vorsorgende Eheverträge 118

N

Nachehelicher Unterhalt 78, 159
Nacherben 108
Negatives Anfangsvermögen 10
Notarielle Beurkundung 37

P

Pflichtteil 101

Pflichtteilsverzicht 11, 111
Präambel 18, 23
Private Regelungen 17
Privilegiertes Anfangsvermögen 127

Q

Quotenunterhalt 175

R

Räumungsverpflichtung 98
Rechtswahl 116
Rücktritt vom Vertrag 19

S

Scheidungserleichternde Vereinbarung 14
Scheidungsfolgenvereinbarung
- Abfindungszahlung 158
- Altersvorsorgeunterhalt 165
- Anwaltliche Beratung 140
- Düsseldorfer Tabelle 169
- Ehegattenunterhalt 152
- Ehewohnung 180
- Erwerbsverpflichtung 162
- Grundstücksauseinandersetzung 143
- Kindesunterhalt 168
- Krankenvorsorgeunterhalt 164
- Nachehelicher Unterhalt 159
- Quotenunterhalt 175
- Rücktrittsrecht 148
- Steuerliche Aspekte 149
- Übernahme von Schulden 147
- Unterhalt 152 f., 155
- Vermögensregelung 139
- Versorgungsausgleich 151
- Vollstreckbarkeit 165
- Zugewinnausgleich 146
Scheidungsvereinbarung 14
Schenkungen 32, 132
Schulden 34
Steuerliche Abzugsfähigkeit 228
Steuerliche Aspekte 149
Strafklausel 113

T

Testamentsvollstrecker 110
Trennungsvereinbarung 4, 139, 184, 187

U

Übernahme von Schulden 147
Umgangsregelung 183
Unterhalt 76, 152
- Abfindungsregelung 88
- Ausschluss Unterhaltstatbestand 88
- Begrenzung 89
- Zeitliche Begrenzung 86
Unterhaltsverzicht 83, 157
Unternehmer und Freiberufler 9
Unternehmer-Ehegatte 10
Unwirksamer Unterhaltsverzicht 78

Unwirksamkeit privater Regelungen 17

V

Verbraucherpreisindex 130
Verfügungsbeschränkung 58
Vergütungsvereinbarung 225
Vermögensverzeichnis 53
Verschuldete Partner 10
Versorgungsausgleich 65, 151
- Ausübungskontrolle 69
- externe Teilung 69
- Genehmigungsvorbehalt 151
- Interne Teilung 68
- Wirksamkeits- oder Durchsetzungsbedenken 151
Vollerben 107
Vollstreckbarkeit 165
Vorerben 108
Vorsorgender Ehevertrag
- Änderung der Ausgleichsquote 50
- Begrenzung Endvermögen 53
- Bewertungskriterien 49
- Ehebedingte Zuwendung 54
- Ehewohnung 95
- Festlegung Anfangsvermögen 51
- Güterstandsregelungen 30
- Gütertrennung 39
- Herausnahme von Erbschaften 47
- Kurze Ehedauer 46
- Nachehelicher Unterhalt 78
- Namenswahl 27
- Rollenverteilung 29
- Unterhalt 76
- Unterhaltsverzicht 83
- Verfügungsbeschränkung 58
- Vermögensverzeichnis 53
- Versorgungsausgleich 65
Vorsorgender Ehevertrag 2, 27
Vorweggenommener Erbfolge 126

W

Wertsteigerungen 126
Widerrufsklausel 134
Wiederverheiratete ältere Eheleute 10
Wiederverheiratungsklausel 112
Wirksamkeit des Ehevertrages
- Ausübungskontrolle 23
- Kernbereiche 22
- Vertrag zu Lasten Dritter 25
Wirksamkeits- oder Durchsetzungsbedenken 151
Wirksamkeitskontrolle 23
Wohnrecht 109

Z

Zeitpunkt des Vertragsabschlusses 15
Zugewinnausgleich 146
- Änderung der Ausgleichsquote 50
- Anfangsvermögen 31

- Endvermögen 31
- Erbschaften 31
- Schenkungen 32
Zugewinnausgleich im Todesfall 122

Zugewinngemeinschaft 30
- Zustimmung Ehegatte 37
- Schulden 34
Zustimmung Ehegatte 37